本书为天津市哲学社会科学规划项目
"天津市领导干部习近平新时代中国特色社会主义思想教育培训实效性研究"
(TJDJ20XSX-007)的结项成果

The New Age
Cadre Education
and
Training Case Teaching
and
Teaching Cases

新时代

干部教育培训
案例教学与教学案例

王伟华 著

天津出版传媒集团

天津人民出版社

图书在版编目（CIP）数据

新时代干部教育培训案例教学与教学案例 / 王伟华
著. -- 天津：天津人民出版社，2021.8
ISBN 978-7-201-17594-2

Ⅰ. ①新… Ⅱ. ①王… Ⅲ. ①中国共产党－干部教育
－研究 Ⅳ. ①D262.3

中国版本图书馆 CIP 数据核字(2021)第 174403 号

新时代干部教育培训案例教学与教学案例
XINSHIDAI GANBU JIAOYU PEIXUN ANLI JIAOXUE YU JIAOXUE ANLI

出　　版	天津人民出版社	
出 版 人	刘　庆	
地　　址	天津市和平区西康路 35 号康岳大厦	
邮政编码	300051	
邮购电话	（022）23332469	
电子信箱	reader@tjrmcbs.com	

策划编辑	王　康	
责任编辑	林　雨	
装帧设计	汤　磊	

印　　刷	天津新华印务有限公司	
经　　销	新华书店	
开　　本	710 毫米×1000 毫米　1/16	
印　　张	21.25	
插　　页	2	
字　　数	300 千字	
版次印次	2021 年 8 月第 1 版　2021 年 8 月第 1 次印刷	
定　　价	78.00 元	

前　言

在学习习近平总书记《序言》暨第五批全国干部学习培训教材出版座谈会上，中共中央政治局委员、中组部部长陈希强调"坚持把学习贯彻习近平新时代中国特色社会主义思想作为干部学习培训的重中之重"。同时，陈希还强调"加大案例教学力度，不断增强学习培训的时代性、针对性、有效性，使干部的思想、能力、行动跟上党中央要求，跟上时代前进步伐，跟上事业发展需要"。这些要求从内容和形式两个方面对新时代干部教育培训做出了明确的指导。

习近平新时代中国特色社会主义思想是马克思主义中国化的最新理论成果，是新时代干部学习培训最重要的必修理论课。以《中国共产党党员教育管理条例》为代表的党内法规制度和以《2018—2022年全国干部教育培训规划》为代表的相关政策制度都以制度的形式明确了习近平新时代中国特色社会主义思想的学习培训既是首要政治任务，也是理论教育的中心内容。理论武装的目的是指导实践，干部培训的目的就是帮助学员将理论学习成果转化为实际工作效果。案例教学法是理论通向实践的一座桥梁，是实现干部教育培训目标的必选方式。加大案例教学力度顺应了干部教育培训创新的时代要求。

伴随着习近平新时代中国特色社会主义思想的实践成效愈发明显，改革攻坚的实践探索愈发丰富，案例教学的案例材料愈发充足，案例教学的教学效果也不断提升。为了推进干部教育培训中案例教学理论与实践的进步，本书从两个方面展开研究。上篇是理论篇，对案例教学进行一般理论分析，阐述在干部教育培训中加大案例教学的力度的时代背景与客观要求，理清案例教学的概念与特征、理论基础与历史沿革，分析案例教学法在新时代干部教育培训运用中的必要性与可行性，阐述案例教学在新时代干部教育培训中的运用条件，以及案例教学对师资和参训学员的要求，总结案例教学实施设计的一般操作流程和方法。下篇重点研究有代表性的习近平新时代中国特色社会主义思想案例教学的 7 个教学案例，从案例材料的选取、案例教学实施过程、学习体验问卷调查、案例教学效果评估等方面，全方位、全流程、具体形象地展示案例教学的运用过程和教学案例的使用方法。

本书所选取的教学案例具有以下主要特点：一是从案例材料来源上看，兼顾了全国代表性与地方特色性，具体表现为以"贯彻落实习近平新时代中国特色社会主义思想、在改革发展稳定中攻坚克难案例"为主要选材来源，以具有天津本土特色的案例材料为重要选材来源；二是从实施过程看，兼顾了引导性与能动性，具体表现为教师对案例材料进行提纲挈领地解读，引导督促学员通过交流研讨、观摩调研等方式加深对案例中经验做法的理解和掌握，并提升分析和解决类似问题的能力；三是从调查问卷和评估结果看，兼顾了学员体验与组织要求，具体表现为体验调查问卷体现了对学员的尊重，调查问卷结果也显示了学员体验的良好状况，为坚持和改善案例教学、激发学员的学习积极性提供了有效反馈，同时，教学评估结果显示，案例教学能够实现既定教学目标，即提升学员能力，促进事业发展，有效满足培训的组织要求。

每个案例都是独立的，研究主题属于习近平新时代中国特色社会主义思想的一个重要组成部分，突出了习近平新时代中国特色社会主义经济思想、习近平生态文明思想、习近平总书记关于文化建设的重要论述、习近平总书记关于社会建设的重要论述等内容。每个案例都涵盖了背景、实践做法、经验启示和思考问题等内容，便于读者全面获取案例材料信息。教学案例还突出了教学建议，是针对从事干部教育培训案例教学的教师而言的，目的是进一步提升案例教学实效性。

本书的案例材料都来源于贯彻落实习近平新时代中国特色社会主义思想的成功实践，为领导干部攻坚克难提供了宝贵经验和启示。教学案例具体展示了案例教学的实施、教学反馈和评估过程，为开展案例教学提供了有益借鉴。

本书架构系统、内容全面、条理清晰、实操性强,是对党校案例教学法运用的一次系统梳理,是对案例教学理论与实践集成的一次积极尝试,也是对干部教育培训创新规律的一次有益探索,为干部教育培训对象提供了理论与实践连通的桥梁,为干部教育培训教师提供了运用案例教学法的有益借鉴。衷心希望,本书的出版发行,可以帮助广大干部有效提升能力素质,可以激发广大干部教育培训教师创新教学方式的热情,提升干部教育培训的实效性。

王伟华

2021 年 1 月

目　录

理 论 篇

实 践 篇

第九章 要培育市场化法治化国际化营商环境
——以天津市滨海新区中心商务区深化行政审批制度改革的实践为例

理论篇

第一章
加强、创新新时代干部教育培训的根本遵循

党的十八大以来,习近平总书记高度重视干部教育培训工作,围绕干部教育培训发表了一系列重要讲话,有许多重要的指示和批示。这些论述视野开阔、内涵深刻,涉及干部教育培训的方方面面,为干部教育培训工作指明了方向。认真学习领会这些重要论述,无论是对深化习近平新时代中国特色社会主义思想的理解掌握,还是对推进干部教育培训工作,都有着十分重要的意义。干部教育培训是建设高素质干部队伍的先导性、基础性、战略性工程,是加强党的执政能力建设和先进性建设的重要途径,是一项为增强综合国力服务的基础性工作,也是党和政府人力资源开发的一个重要组成部分。通过对干部教育培训的系统研究,进一步深入把握干部教育培训的内在规律性和特殊性,探索具有中国特色的干部教育培训体制和运行机制,不断提高教育培训的科学化水平,增强针对性和实效性,具有很大的政治意义和现实意义。

第一节　新时代干部教育培训的战略地位、根本任务

干部教育培训在干部队伍建设中居于先导性、基础性、战略性地位,对实现中华民族伟大复兴的中国梦和第二个百年奋斗目标及党的自我革命和自身建设都有着非常重要的作用。

一、关于干部教育培训的战略地位

(一)重视干部教育培训是推动党和人民事业发展的一条成功经验

2013 年 3 月，习近平在中央党校建校 80 周年庆祝大会暨 2013 年春季学期开学典礼上的讲话中指出："我们党历来重视抓全党特别是干部的学习，这是推动党和人民事业发展的一条成功经验。"①我们党的干部教育培训工作，历来是与党的事业紧密联系、同步发展的。在革命、建设和改革的各个历史时期，党始终把干部教育培训作为一项战略性、基础性的工作来抓。从建党之初到井冈山时期，党中央开始高度重视用马克思列宁主义思想教育和武装干部，先后创办了湖南自修大学、安源党校、农民运动讲习所和红军军官教导队等学校，教育和培养了大批干部，有力地推动了党的自身建设和革命事业的发展。新中国成立后，中国共产党从夺取政权到执掌政权，党的地位和面临的任务发生了根本性转变，为适应社会主义建设事业发展的需要，逐步建立起了完整的干部教育培训体系，为完成社会主义建设各时期的目标任务和推进党的建设发挥了重大作用。

习近平在 2019 年 2 月为第五批全国干部学习培训教材作序时强调："善于学习，就是善于进步。党的历史经验和现实发展都告诉我们，没有全党大学习，没有干部大培训，就没有事业大发展。"②习近平总书记用了三个"大"来说明学习培训与事业发展的关系，"大学习""大培训"是"大发展"的先决条件和前提保证，证明了学习培训在党和国家事业发展中的根本作用。

在 2015 年 12 月召开的全国党校工作会议上，习近平还指出，从中央到地方建立党校体系，专门教育培训干部，是我们党的一大政治优势。我们党大力推进干部教育，大力兴办党校、干部学院，取得了辉煌的成就，也引起了国际社会的高度重视。对党校的办学成就，国际上的有识之士也赞誉有加。一些外国政要对我们党办党校的举措赞叹不已，称之为中国共产党成功的"秘密武器"。③

①　习近平：《在中央党校建校 80 周年庆祝大会暨 2013 年春季学期开学典礼上的讲话》，《人民日报》，2013 年 3 月 3 日。

②　《习近平为第五批全国干部学习培训教材作序 要求加快推进马克思主义学习型政党学习大国建设》，《人民日报》，2019 年 3 月 1 日。

③　习近平：《在全国党校工作会议上的讲话》，《求是》，2016 年第 9 期。

（二）干部教育培训是实现中华民族伟大复兴中国梦的重要手段

毛泽东曾经指出："政治路线确定之后，干部就是决定的因素。因此，有计划地培养大批的新干部，就是我们的战斗任务。"邓小平强调："培养干部，才是最基本的建设。"干部教育培训是党的建设的重要组成部分，是贯彻党的路线、方针、政策的重要保证。习近平多次强调，实现全面建成小康社会奋斗目标、实现中华民族伟大复兴的中国梦，关键在于培养造就一支优秀的干部队伍。而要实现这一目标，需要"更加重视干部教育培训工作"，切实"做好新形势下党校工作"。

（三）干部教育培训是提升干部素质本领的必由之路

干部是我们党最宝贵的财富之一。落实党的路线、方针、政策，关键要靠干部。干部的能力和素养的高低，直接关系国家制度优势能否转化为国家治理效能，决定着党和国家事业发展的水平和效果。因此，提升干部的素质本领，是干部教育培训的主要任务。党的十八大以来，习近平总书记将"干部能力建设"提升到全局高度和战略视角，视之为治国理政的关键要素，做出了一系列战略部署，提出了一系列具体要求。在党的十九大报告中，习近平总书记进一步提出干部"既要政治过硬，也要本领高强"，明确指出干部需要增强学习本领、政治领导本领、改革创新本领、科学发展本领、依法执政本领、群众工作本领、狠抓落实本领、驾驭风险本领等"八项本领"。习近平总书记在2020年秋季学期中央党校（国家行政学院）中青年干部培训班的开班仪式上指出："面对复杂形势和艰巨任务，我们要在危机中育先机、于变局中开新局，干部特别是年轻干部要提高政治能力、调查研究能力、科学决策能力、改革攻坚能力、应急处突能力、群众工作能力、抓落实能力，勇于直面问题，想干事、能干事、干成事，不断解决问题、破解难题。"从增强"八项本领"到提高"七种能力"，既体现了新时代干部队伍建设思路的逻辑延续，又展现新形势下干部队伍建设工作的创新要求，是党执政理念和治国方略的鲜明体现和重要组成部分。

二、关于干部教育培训的根本任务

干部教育培训作为党的事业的重要组成部分,发挥着非常重要的作用,担负着重要的职责使命,其根本任务在于教育引导干部坚定理想信念,确保我们的江山不易色、道路不改变、政权不丢失。理想信念是人们信仰、向往、追求的奋斗目标,它是人生目的的直接反映,是人生价值的最核心表现,是人类不断进步的强大动力。习近平非常重视干部的理想信念问题,围绕增强干部理想信念作了大量论述。2014 年 1 月,他在党的群众路线教育实践活动第一批总结暨第二批部署会议上的讲话中指出:"理想信念是共产党人的精神之'钙',必须加强思想政治建设,解决好世界观、人生观、价值观这个'总开关'问题。"这段论述,把生命元素"钙"引入政治生活领域,高度概括了坚定理想信念的重要意义,科学分析了信仰迷茫的严重危害,进一步强调了加强理想信念对于矢志不渝地为实现中国特色社会主义共同理想而奋斗的巨大作用。信念不牢,地动山摇。"志不立,天下无克成之事。"理想信念动摇是最危险的动摇,理想信念滑坡是最危险的滑坡。2016 年 7 月,习近平在庆祝中国共产党成立 95 周年大会上的讲话中指出,一个政党的衰落,往往从理想信念的丧失或缺失开始。我们党是否坚强有力,既要看全党在理想信念上是否坚定不移,更要看每一位党员在理想信念上是否坚定不移。建设高素质干部队伍,首先要加强理想信念教育。因此,干部教育培训第一位的任务,就是要发挥"固根守魂"的功能,强化干部的坚定意志和坚守情怀。干部教育培训的根本任务是坚定干部理想信念。

那么怎么才能衡量干部的理想信念呢?习近平指出,衡量干部是否有理想信念,关键看是否对党忠诚。干部要忠诚干净担当,忠诚始终是第一位的。他在全国党校工作会议上强调,党校是教育培训干部的地方,必须自觉在思想上政治上行动上同党中央保持高度一致,而且要做得更好。在这上面出了问题,那就是方向性问题。不断把干部集中到党校来学习培训,一个重要目的就是帮助大家向党中央看齐。党校增强看齐意识,就是在坚持党校一切工作都必须围绕党中央决策部署来进行的同时,引导干部用习近平新时代中国特色社会主义思想武装头脑,向党中央的重大方针政策看齐。干部是否有理想信念,关键看是否对党忠诚。对党忠诚的具体体现,就是要增强"四个意识"、坚定"四个自信"、做到"两个维护",严守党的政治纪律和政治规矩,始终在政治立场、政治方向、政治原则、政治道路上同党中央保持高度一致。可以说,教育培训干部增强"四个意识"、坚定"四个自信"、做到"两个维护",是衡量干部教育培训成效的最重要指标,是衡量干部是否有理想信念的最重要指标。干部教育培训方方面面的工作都需要围绕增强"四个意识"、坚定"四个自信"、做到"两个维护"来进行。

第二节 新时代干部教育培训的主要内容

习近平总书记在推进全面从严治党的战略部署中,对党的干部教育培训工作给予了高度关注。他在不同时间、不同场合,就加强党的干部教育培训工作发表了多次重要讲话,涉及干部教育培训的必要性、重要性、时代背景、主要内容、主要方法、学风建设、机制创新、培训目标、作用功能、重要意义等都作了重要论述,对于指导新时代党的干部教育培训工作具有重要指导意义。这些重要论述深刻阐明了"为什么加强干部教育、如何抓好干部教育",为新形势下做好干部教育工作提供了科学指南。

一、深入开展马克思列宁主义基本原理和理论成果的教育培训

马克思主义认为教育是无产阶级与资产阶级开展阶级斗争的重要武器。列宁认为加强党政干部教育培训是把干部锻造成无产阶级革命战士的重要途径。马克思列宁主义是一个完整的、系统的、科学的理论体系。党章提出,广大党员干部要认真学习马克思列宁主义,干部要做到用马克思主义的立场、观点、方法分析和解决实际问题。

(一)深入开展马克思列宁主义基本原理的教育培训

1.加强对马克思列宁主义基本内容的教育培训

要按照习近平总书记提出的"读原著、学原文、悟原理"的要求,认真、深

入地学习马克思列宁主义。要结合课堂授课,根据马克思列宁主义的基本内容,列出关于基本原理方面的书单,督促干部读原文、学原著。

2. 着重组织好《共产党宣言》的学习

《共产党宣言》第一次阐述了科学社会主义理论,指出了共产主义运动的必然性,是一部伟大著作。要组织精兵强将,撰写授课稿,搞好《共产党宣言》课程备课,高质量拿出课程。要将《共产党宣言》课程广泛布置到各个班次,保证干部班次全覆盖。要引导干部全面学习《共产党宣言》,了解历史背景、基本观点、重要意义、现实启迪。要引导干部读原文、悟原理,逐字逐句、原汁原味地学习《共产党宣言》。并将《共产党员宣言》的学习和马克思列宁主义、科学社会主义、中国特色社会主义理论体系结合起来,做到有机的、深入的、系统的学习。

3. 组织好对马克思列宁主义专题论述的学习

在普遍学习马克思列宁主义基本原理的基础上,还可结合干部班次的主要培训任务,有所侧重地选择马克思列宁主义的一些篇章。

有关经济主题培训的干部班次,可着重学习马克思列宁主义关于剩余价值学说、经济增长理论、经济伦理理论、经济所有制理论、经济危机理论、经济分工理论、全球化学说、新经济政策等方面的重要篇章。有关政治主题的干部培训班次,可以着重学习马克思列宁主义关于国家理论、发展社会主义民主政治、建设法治国家和社会、建设廉价廉洁政府、人民公仆、政府公共性、加强权力监督和制约等方面的重要思想和论述。有关文化主题的干部培训班次,可以着重学习马克思列宁主义关于文化哲学思想、文化批判理论、文化生产理论及开展社会主义文化建设和文化革命的重要思想和论述。有关社会主题的干部班次,可着重学习马克思列宁主义关于社会发展理论、社会形态理论、社会结构理论、社会有机体理论、社会批判理论、社会公平理论、社会福利理论、社会冲突理论、公民社会理论、"社会-国家"理论等重要论述。有关生态主题的干部班次,可着重学习马克思列宁主义关于生态哲学思想、生态理论及生态观、生态批判理论、生态与资本关系理论等的重要篇章。有关党建主题培训的干部班次,可着重学习马克思列宁主义关于无产阶级政党理论、无产阶级政党建设理论、党内斗争、党内民主、党内监督的重要篇章。其他主题的干部班次,皆可以根据培训主题,有针对性地进行马克思列宁主义的教育和培训。

(二)深入开展中国化马克思主义理论成果的教育培训

1.加强对毛泽东思想的教育培训

(1)要引导干部全面、系统地学习毛泽东思想的主要内容。主要包括新民主主义革命和社会理论、思想政治工作理论、政策和策略理论、国际关系理论和外交方针等。

(2)要组织干部认真学习《毛泽东文选》,着重学习一些重点篇章

主要包括《中国社会各阶级的分析》《星星之火,可以燎原》《实践论》《矛盾论》《论持久战》《〈共产党人〉发刊词》《纪念白求恩》《新民主主义论》《改造我们的学习》《整顿党的作风》《反对党八股》《在延安文艺座谈会上的讲话》《为人民服务》《两个中国之命运》《论联合政府》《愚公移山》《党委会的工作方法》《论人民民主专政》《人民英雄们永垂不朽》《永远保持艰苦奋斗的作风》《论十大关系》《关于正确处理人民内部矛盾的问题》《一切反动派都是纸老虎》等。教育干部学习毛泽东思想,关键是教育领导干部学习其认识问题和解决问题的立场、观点和方法,理解和把握它的灵魂,用其领导具体工作。

2.加强对邓小平理论的教育培训

(1)要组织、引导干部全面、系统学习邓小平理论的主要内容

主要包括党的思想路线、社会主义本质论、社会主义初级阶段理论、社会主义市场经济理论、"一国两制"理论、对外开放和新时期军队建设理论、党的建设理论等等。

(2)要组织干部认真学习《邓小平文选》,着重学习一些重要篇章

主要包括《党与抗日民主政权》《根据地建设与群众运动》《克服目前西南党内的不良倾向》《骄傲自满是团结的大敌》《关于修改党的章程的报告》《马列主义要与中国的实际情况相结合》《今后的主要任务是搞建设》《共产党要接受监督》《正确地宣传毛泽东思想》《执政党的干部问题》《建设一个

成熟的有战斗力的党》《"两个凡是"不符合马克思主义》《尊重知识,尊重人才》《完整地准确地理解毛泽东思想》《在全国科学大会开幕式上的讲话》《坚持按劳分配原则》《实现四化,永不称霸》《解决台湾问题,完成祖国统一大业提上具体日程》《坚持四项基本原则》《高级干部要带头发扬党的优良传统》《社会主义也可以搞市场经济》《对起草〈关于建国以来党的若干历史问题的决议〉的意见》《社会主义首先要发展生产力》《党和国家领导制度的改革》《精简机构是一场革命》《设顾问委员会是废除领导职务终身制的过渡办法》《中国的对外政策》《中国共产党第十二次全国代表大会开幕词》《一心一意搞建设》《我们对香港问题的基本立场》《建设社会主义的物质文明和精神文明》《办好经济特区,增加对外开放城市》《一个国家,两种制度》《建设有中国特色的社会主义》《革命和建设都要走自己的路》《和平和发展是当代世界的两大问题》《改革是中国的第二次革命》《改革是中国发展生产力的必由之路》《社会主义和市场经济不存在根本矛盾》《关于政治体制改革问题》《旗帜鲜明地反对资产阶级自由化》《加强四项基本原则教育,坚持改革开放政策》《计划和市场都是发展生产力的方法》《中国只能走社会主义道路》《怎样评价一个国家的政治体制》《社会主义必须摆脱贫穷》《警惕日本极少数人复活军国主义》《我国方针政策的两个基本点》《一切从社会主义初级阶段的实际出发》《科学技术是第一生产力》《中央要有权威》《中国不允许乱》《保持艰苦奋斗的传统》《组成一个实行改革的有希望的领导集体》《在接见首都戒严部队军以上干部时的讲话》《第三代领导集体的当务之急》《致中共中央政治局的信》《社会主义的中国谁也动摇不了》《坚持社会主义,防止和平演变》《中国永远不允许别国干涉内政》《在武昌、深圳、珠海、上海等地的谈话要点》。

3. 加强对"三个代表"重要思想的教育培训

深入理解"三个代表"重要思想的科学内涵、主要地位和重要意义,把握、领会其精神实质、观点、方法,用以指导工作。主要包括《设置经济特区,加快经济发展》《人民政府要为人民办实事》《开发上海浦东新区》《真正无愧于共产党员的光荣称号》《认真消除社会分配不公现象》《在党的十三届四中全会上的讲话》《中国人历来是讲民族气节的》《把军队的建设和改革搞得更好》《为把党建设成更加坚强的工人阶级先锋队而斗争》《坚持和完善人民代表大会制度》《把我们的社会主义事业发展好》《部队要做到政治合格、军事过硬、作风优良、纪律严明、保障有力》《党的作风是党的形象》《科学对待马克思主义》《明确提出全面建设小康社会的目标》《领导干部要牢固树立正确的权力观》《就业是民生之本》《当今世界的三个大问题》等。

4. 加强对科学发展观的教育培训

（1）要教育干部深入学习、全面掌握科学发展观的基本内容

科学发展观的主要内容包括全面深化改革开放，加快转变经济发展方式，不断发展社会主义民主政治，扎实推进社会主义文化强国建设，积极构建社会主义和谐社会，大力推进生态文明建设，推动国防和军队建设科学发展，丰富"一国两制"实践和推进祖国统一，推动建设持久和平、共同繁荣的和谐世界，全面提高党的建设科学化水平等。

（2）要结合科学发展观，认真学习《胡锦涛文选》中的重点篇章

通过开展习近平新时代中国特色社会主义思想、毛泽东思想、邓小平理论、"三个代表"重要思想、科学发展观培训，引导党政干部深刻领会中国特色社会主义理论体系的科学内涵，增强"四个自信"，矢志不渝地为中华民族伟大复兴的中国梦而奋斗。要将马克思列宁主义基本原理和学习毛泽东思想、中国特色社会主义理论体系结合起来，与学习党的路线方针政策结合起来，与改革开放和社会主义现代化建设的生动实践结合起来，引导党政干部深刻理解和把握马克思列宁主义、毛泽东思想和中国特色社会主义理论体系的科学内涵，牢固树立辩证唯物主义和历史唯物主义世界观和方法论，提高战略思维、创新思维、辩证思想、底线思维能力，增强辨别大是大非问题的本领。

二、大力加强党性教育和党章党规党纪教育

（一）大力加强党性教育

我们党历来重视党性教育。习近平总书记指出："培养干部，要抓好党

性教育这个核心。"这一重要论述,凸显了党性锻炼和修养的重要性,为开展党的干部教育、党性教育指明了方向。在干部教育中加强党性教育,主要应把握好以下七个方面的内容:

1. 加强党的宗旨意识和群众路线教育

我们党来自人民,最怕脱离群众。党除了工人阶级和最广大人民群众的利益,没有自己特殊的利益。我们党的宗旨是全心全意为人民服务。要加强党的宗旨意识和群众路线的教育。

要以加强党的宗旨意识为主题,设计课程,做好讲授,深入解读党的宗旨意识的由来、意义、内容及具体要求。要全面、深入阐述习近平总书记提出的"以人民为中心"重要思想的科学内涵、主要内容及要求。习近平总书记提出的这一重要思想,是对党的宗旨意识的进一步的深化。

要突出马克思主义群众观点和党的群众路线教育,引导党政干部在工作中切实贯彻落实党的群众路线,坚持从群众中来,到群众去,一切依靠群众,一切为了群众,做一切工作,都要以人民群众答应不答应、高兴不高兴、满意不满意,作为衡量标准和根本尺度。

要通过加强党的宗旨意识和群众路线教育,引导干部牢固树立正确的世界观、权力观、政绩观,反对特权意识和特权思想,切实增强宗旨意识和公仆意识。要引导、教育干部永远不要脱离群众,藐视群众,或凌驾于群众之上。中国共产党党员必须全心全意为人民服务,不惜牺牲个人的一切。

2. 加强理想信念教育

习近平总书记在纪念中国共产党成立 95 周年大会上讲话指出:"共产主义远大理想激励了一代又一代共产党人英勇奋斗,成千上万的烈士为了这个理想献出了宝贵生命。""理想之光不灭,信念之光不灭。"他强调:"坚定理想信念,坚守共产党人精神追求,始终是共产党人安身立命的根本。"因此,在干部教育中,要重视对干部理想信念的教育。

3. 加强对干部党的优良传统和作风的教育

(1)加强对干部党的优良传统和作风的教育的重要意义。发扬党的光荣传统和优良作风,使各级干部始终保持共产党人的政治本色,是我们党取得革命、建设和改革事业不断胜利的宝贵经验。加强对干部的优良传统和作风的教育对增强党组织战斗力、维护党的团结统一具有重要意义。加强对党政干部、党的优良传统和作风的教育是适应新形势,应对新挑战的客观需要。加强对党政干部党的优良传统和作风的教育是推动高质量发展的重要保证。加强对党政干部党的优良传统和作风的教育是党的执政能力建设和先进性建设的重要内容。

(2)加强对中国共产党三大优良作风的教育和培训。毛泽东把中国共产党的优良作风概括为"理论和实践相结合的作风,和人民群众紧密地联系在一起的作风以及自我批评的作风",并指出这三大作风是中国共产党区别于其他政党的显著标志。毛泽东概括的党的三大优良作风,在党的历史上特别是新民主主义革命时期发挥了重要作用。当前,党情、国情、世情虽然已经发生了重大变化,但党的三大优良传统和作风仍具有重要价值。要结合党史、国史、党的理论,深化对干部三大优良传统和作风的教育,促进干部在实践中贯彻落实三大优良传统和作风。

(3)加强对"两个务必"优良作风的教育和培训。要教育干部,虽然我们的社会主义现代化建设取得了重大成就,但是我们仍处于社会主义初级阶段,仍然是全世界最大的发展中国家。相比于我们党提出的"两个一百年"的中华民族伟大复兴的中国梦和共产主义的最高理想和最终目标,实现社会主义仍有很多工作要做。因此,毛泽东同志在党的七届二中全会上提出的"两个务必"仍具有重要的理论和现实意义。

(4)加强对求真务实工作作风的教育和培训。求真务实,是我们党的一贯作风,也是贯彻党的实事求是思想路线的必然要求。习近平总书记多次强调,干部要树立求真务实的工作作风。要组织干部深入学习习近平总书记关于党的求真务实工作作风建设的重要论述,改进自己的工作作风,做到真抓实干,埋头苦干,察真情、说实话,出真招、办实事,下真功、求实效。要教育干部坚持"三严三实",即要坚持"严以修身、严以用权、严以律己;又谋事要实、创业要实、做人要实"。

(5)要教育引导干部继续反对"四风"。反对"四风",即反对形式主义、官僚主义、享乐主义和奢靡之风,是中共中央开展党的群众路线教育实践活动要集中解决的问题。经过开展党的群众路线教育实践活动,党的作风建设明显好转,反"四风"取得重要成效。但要看到,"四风"问题具有顽固性,至今仍不同程度地存在。

4. 加强党内政治文化教育

习近平总书记在党的十八届六中全会上强调,要注重加强党内政治文化建设,不断培厚良好政治生态的土壤。之后,他又在多个重要会议上强调了党内政治文化建设问题,凸显了党内政治文化建设的重要意义。习近平总书记指出:"党内政治生活、政治生态、政治文化是相辅相成的,政治文化是政治生活的灵魂,对政治生态具有潜移默化的影响。"一段时间以来,党内出现各种问题,从一个角度说就是政治文化出了问题。因此,在干部教育培训中应加强党内政治文化教育。

要以党内政治文化为题,在干部班进行专题讲授,使干部全面了解、掌握政治文化建设的背景、意义、内容和具体要求。通过开展党内政治文化教育,促使干部坚持学思践悟、知行合一,自觉增强党内政治生活的政治性、时代性、原则性、战斗性。

5. 加强对干部的反腐倡廉教育

反腐倡廉教育是党性教育的重要内容,是加强党的作风建设和反腐败斗争的基础性工作,意义重大。习近平总书记非常重视反腐倡廉教育。他强调:"要加强反腐倡廉教育和廉政文化建设,督促干部坚定理想信念,保持共产党人的高尚品格和廉洁操守,提高拒腐防变能力,在全社会培育清正廉洁的价值理念,使清风正气得到弘扬。"要加强对干部的反腐倡廉教育,筑牢思想防线。

6. 加强党史教育

学习党史是坚持和发展中国特色社会主义、推进党和国家事业继续向前的一门"必修课",领导干部学习党史,要做到学思用贯通,做党光荣传统和优良作风的忠实传人,在新时代新征程中奋勇争先建功立业。以史为镜,鼓斗志、明方向。知往鉴今,历史研究的目的不仅在于还原过去,更在于理解现实和预测未来。回顾百年奋斗征程，蕴含着共产党人无限的实践智慧和丰富的思想资源。以史崇德，强信念、聚力量。从井冈山上的"星星之火"，再到跨越百年迎来新时代的中国梦，共产党人在带领人民群众走向光明的长期革命斗争中，积累了丰富的经验，磨砺了坚强的意志，铸就了不朽的革命精神丰碑。以史明智，启智慧、塑品格。党的百年历史，蕴含着丰富的经验和智慧，是一笔宝贵的精神财富。回顾党的百年历史，一批批优秀共产党员深怀爱民之心，担当为民之责，用毕生奋斗诠释了对党和人民的忠诚。

7. 加强国情形势教育

推动中国特色社会主义伟大事业，干部除了加强理论武装，学习和掌握马克思主义基本原理之外，还要了解中国国情。因为只有全面认识、了解中国国情，才可能做到与马克思列宁主义基本原理的有机结合。习近平总书记非常强调学习、了解国情的重要性。2017 年 7 月 26 日，习近平总书记在省部级主要干部专题研讨班上发表重要讲话强调："谋划和推进党和国家各项工作，必须深入分析和准确判断当前世情国情党情。"

要结合党的十九大报告加强国情形势教育。党的十九大报告在国情方面做出了一系列重要论断，要将这些重要论断讲清讲透。

(二)大力加强党章党规党纪教育

党的十九大报告提出："必须以党章为根本遵循，把党的政治建设摆在首位，思想建党和制度治党同向发力，统筹推进党的各项建设。"党的十九大报告还提出，要推进"两学一做"学习教育常态化制度化。坚持思想建党和制度治党同向发力，是十八大以来党的建设的一个理论和方法创新。没有规矩，不成方圆。党章党规党纪，就是党的规矩，是用来约束党员干部的思想道德和行为规范的。其中，党章是党的总规矩。贯彻落实党章党规党纪，离不开对党章党规党纪的学习和教育。要按照推进"两学一做"学习教育常态化制度化的要求，坚持思想建党与制度治党相结合，在干部教育中抓好对干部的党章党规党纪教育。

1. 加强对新时代干部党章的教育培训

党章是规范和制约全党行为的总章程,是建党管党治党的根本大法。党章是把握党的政治方向的根本准则,是推进全面从严治党的根本依据,也是加强党员教育管理的根本标准。党章对党员的权利义务及党员干部应该具备的基本条件都作了明确规定,为加强党政干部教育培训提供了最好教材。

要把党章作为干部教育培训的必修课,精心安排课程,提高教学质量。要教育干部,对党章的基本内容,包括党的性质、宗旨、指导思想、奋斗纲领和重大方针政策,党员的权利和义务,党的制度和各级党组织的行为规范,党的各级干部的基本条件,党的纪律等知识都要全面了解和掌握。要引导党政干部把党章作为加强党性修养的根本标准,自觉遵守、贯彻和维护党章,做到使党章内化于心、外化于行。要引导党政干部通过学习党章,加强党性修养,增强党的意识、宗旨意识、执政意识、大局意识、责任意识,切实做到为党分忧、为国尽责、为民奉献。要引导干部加强自律、慎独慎微,经常对照党章检查自己的言行,加强党性修养,陶冶道德情操,永葆共产党人政治本色。要引导干部强化党章意识,把党章各项规定落到实处,做学习党章、遵守党章的模范,增强党的创造力、凝聚力、战斗力。

2. 加强对党规党纪的学习

党规党纪是党章规定的具体化和延伸,内容更加具体,要求更加细致、严格、明晰。党员干部要模范地遵守党规党纪。

要教育、引导干部将学习党的纪律规矩当作一门必修课,全面了解党的各项规章制度、各种纪律要求,准确把握具体内容,熟知纪律规定、具体要求,学深悟透,入脑入心,始终绷紧纪律规矩这根弦,做到心中有敬、心中有畏。要引导干部加强对党的纪律有关规定的学习。

要引导干部在学习党内重要法规纪律的基础上,根据自身实际,深入学习与本职岗位相关的纪律规定,增强党内法规学习的针对性和有效性。

要深化对干部党规党纪的培训,引导干部对照党规党纪,分析查找自身存在的问题与不足,分析查找本部门本单位本岗位可能存在的漏洞和薄弱环节,制定有效应对措施,着力防范风险。

要通过加强对干部党规党纪的培训，使干部增强党规党纪意识，知是非、明底线，对党规党纪有崇尚、敬畏之心，带头按党规党纪和规矩办事，按制度用权，在严格遵守党规党纪中体现党的先进性。

三、加强对新时代干部专业化能力培训

20世纪80年代，邓小平同志创造性地提出干部队伍建设必须坚持"四化"的方针，其中一个方面是专业化。习近平总书记也提出："干部要结合工作需要来学习，不断提高自己的知识化、专业化水平。"党的十九大报告在提出中国特色社会主义新时代新的历史使命、新目标，对"五位一体"总体布局进行部署的同时，在建设高素质专业化干部队伍方面强调要"注重培养专业能力、专业精神，增强干部队伍适应新时代中国特色社会主义发展要求的能力"。因为党的政治路线确立之后，干部就成为决定性因素。在干部教育培训方面，应重视对干部专业化能力的培养。要围绕中国特色社会主义"五位一体"总体布局、"四个全面"战略布局、党建工作，及国防军队建设、"一国两制"、外交工作，对干部进行专业能力的培训。

（一）加强干部中国特色社会主义市场经济建设能力培训

围绕贯彻创新、协调、绿色、开放、共享新的发展理念、建设现代化经济体系，大力培养干部在领导深化供给侧结构性改革、加快建设创新型国家、实施乡村振兴战略、实施区域协调发展战略、加快完善社会主义市场经济体制、推动形成全面开放新格局方面的能力。

（二）加强干部中国特色社会主义民主政治能力建设培训

围绕健全人民当家作主制度体系、发展社会主义民主政治，加强干部在推进社会主义民主政治制度、推进全面依法治国战略、深化机构和行政体制改革、巩固和发展爱国统一战线、贯彻落实民族宗教政策等方面的培训，组织干部系统学习中国特色社会主义法治理论，深入学习宪法和法律法规，着力提高干部科学执政、民主执政、依法执政的能力。

（三）加强干部中国特色社会主义文化建设能力培训

围绕坚定文化自信、推动社会主义文化繁荣兴盛，对干部大力开展宣传

思想工作、新闻舆论工作、哲学社会科学工作、网络综合治理等方面的培训，着力提高干部领导和推动意识形态工作的能力。大力开展深化文化体制改革、完善公共文化服务体系、健全文化产业体系与文化经济政策、推动文艺创作创新、加强国际传播能力等方面的教育培训，着力提高干部领导和推动社会主义文化事业产业繁荣发展的能力。

（四）加强干部中国特色社会主义社会建设能力培训

围绕提高保障和改善民生水平、加强和创新社会治理，大力开展打赢扶贫攻坚战、深化教育体制机制改革、就业优先战略和积极就业政策、深化收入分配制度改革、健全社会保障体系、实施健康中国战略、加强和创新社会治理、总体国家安全观等方面的教育培训，引导干部自觉担负好保障和改善民生的责任，着力提高带领群众不断创造美好生活的能力。

（五）加强干部中国特色社会主义生态文明建设能力培训

围绕加快生态文明体制改革、建设美丽中国，大力开展推进绿色发展、着力解决突出环境问题、进行生态系统保护、实施生态环境监管等方面的培训，引导干部牢固树立社会主义生态文明观，着力提高建设美丽中国的能力。

（六）加强干部新时代党的建设新的伟大工程能力培训

围绕坚定不移全面从严治党、不断提高党的执政能力和领导水平，推进全面从严治党战略及新时代党的建设总要求，大力开展推进党的政治建设、思想建设、组织建设、作风建设、纪律建设、反腐败斗争、国家监察体系改革等方面的教育培训，引导干部增强管党治党意识，履行管党治党责任，着力提高推进党的建设新的伟大工程的能力。

（七）开展国防军队建设、"一国两制"、外交工作的教育培训

在中国特色社会主义"五位一体"总体布局和"四个全面"战略布局之外，还有国防军队建设、"一国两制"、外交工作三大领域的工作布局。建设高素质专业化干部队伍，需要加强以上几个方面的教育培训。

（八）大力开展全面增强执政本领的培训

党的十九大报告指出："领导十三亿多人的社会主义大国，我们党既要

政治过硬,也要本领高强。"因此,要全面增强执政本领。要围绕党的十九大提出的增强学习本领、增强政治领导本领、增强改革创新本领、增强科学发展本领、增强依法执政本领、增强群众工作本领、增强狠抓落实本领、增强驾驭风险本领共八个方面的本领,坚持理论与实际相结合,对干部进行系统、深入的培训,以切实提升干部在以上八个方面的执政本领和能力,以更好地适应中国特色社会主义新时代和工作的需要。

(九)探索实施干部专业化能力提升计划

要紧紧围绕统筹推进"五位一体"总体布局和协调推进"四个全面"战略布局,突出问题导向、实践导向,加强中央重大决策部署和政策法规教育培训,开展履行岗位职责所需的专业知识培训。要发挥党校、行政学院、干部学院的主渠道作用,围绕"五位一体"总体布局和"四个全面"战略布局进行专题培训。要发挥部门行业专业优势,加强本部门本系统干部岗位专业培训,办好地方党政干部专题研究班。要发挥高校专业学科优势,开展各类各级干部专题研修。

第三节　不断提高新时代党政干部教育培训的实效性研究

党的十九大提出建设政治素质过硬业务本领高强的干部队伍,提高干部教育培训的实效性正是落实这一理念的关键。实效性是时代性、针对性、有效性的统一。干部教育培训必须顺应新时代的新要求,必须以问题为导向精准施策,必须注重培训效果评估。只有提高实效性,才能将干部教育培训的人才效力转化成党的建设效能和人民满意的服务效果。

做好党政干部教育培训,必须遵循干部教育培训规律,坚持质量第一,重效果而不是形式,重质量而不是简单追求数量;必须充分发挥党的政治优势、组织优势,发挥各地区、各部门的积极性、主动性、创造性;必须有开门开放的培训理念、科学管用的方式方法、协调高效的运行机制。

一、清醒认识新时代干部教育培训面临的机遇与挑战

走进新时代、开启新征程,迫切需要培养和造就一批能够肩负新时代执政重任、适应新时代要求的干部队伍。机遇与挑战并存。进入新时代,新情况新问题给干部教育培训工作又带来了新挑战。

（一）新时代带来新的理论

进入新时代,党的创新理论不断发展。十八大以来,以习近平同志为核心的党中央不断书写新的理论篇章,对改革问题、党的建设、国家安全等方面进行了大量深刻的阐释,形成了习近平新时代中国特色社会主义思想。这一光辉思想贯穿着马克思主义哲学的精髓,立意高远、涵盖广泛、意蕴深厚。能不能将党的创新理论成果率先学深弄懂讲透,对干部培训工作提出了更高要求。

（二）新时代带来新的目标

习近平总书记在党的十九大报告中提出要"建设高素质专业化干部队伍"和"全面增强执政本领",这是对干部队伍建设提出的新要求,归纳起来就是要求广大党员干部"既要政治过硬,也要本领高强"。能不能贯彻落实中央关于干部教育培训的新标准,更好地发挥教育培训在干部队伍建设上的引导作用,对干部教育培训工作提出了更高要求。

（三）新时代带来新的任务

进入新时代,党和国家全面深化改革的任务异常艰巨繁重,打赢精准脱贫、污染防治、风险防范三大攻坚战之余,还有更艰巨的任务,需要各级干部切实把思想和行动更好地统一到党中央的决策部署上来,及时深入地宣传改革政策,全面精准地解读改革举措,促进各级干部抓好工作落实,这对干部培训工作提出了更高要求。

（四）新时代带来新的需求

新时代干部队伍思维方式、年龄结构、文化层次、学习方式都发生了许多变化,由此带来的对教育培训的需求也发生了巨大改变。同时,外部环境发生了革命性的变化,主要体现在信息时代下,干部获取知识的渠道变得多

元化、分散化，各种社会思潮通过网络传播、碰撞，西方价值观通过网络向意识形态领域不断渗透。需要党员干部着眼这些新需求，创造性地开展工作，这也对干部培训工作提出了更高要求。

面对这些机遇和挑战，我们必须适应新要求、树立新理念、拿出新举措，推进干部教育培训工作再上一个新台阶。

二、准确把握新时代对干部教育培训工作的新要求

干部教育培训是加强党的执政能力建设推进事业发展进步的有力保障。进入新时代，我们必须以习近平新时代中国特色社会主义思想为指导，进一步把握新要求、迎接新挑战、强化新举措，不断开创干部教育培训事业新局面。

（一）中国特色社会主义进入新时代对干部队伍建设提出新要求

中国特色社会主义进入了新时代，对干部队伍建设提出了"高素质专业化""既要政治过硬、又要本领高强""增强八种本领"等新要求，这些新要求是做好新时代党政干部教育培训的出发点和着力点。

（二）全面从严治党对干部教育培训突出政治性提出新要求

在培训方向上，要坚持教育"姓党原则"，始终以党的旗帜为旗帜、以党的意志为意志、以党的使命为使命，绝不能在方向上犯错误、出偏差。在培训布局上，要紧抓理论教育和党性教育，进一步突出主业主课地位，按照70%和20%的比例要求，强化理论教育和党性教育的教学分量和比重，常抓不懈，不断提升干部的政治能力、理想信念、理论素养和党性修养。

（三）全面深化改革对干部教育培训服务中心工作提出新要求

要紧紧围绕党委政府中心大局抓培训。当前和今后一个时期，要努力把党员干部的思想和行动统一到中央精神和要求上来，为落实中央重大决策部署提供有力支撑，要紧紧围绕全面提高开放水平推进"走出去"培训，要实现更好发展，干部不仅要从"内"学，更要从"外"学，不断拓宽视野，提高科学判断国内外形势和进行战略思维的水平，不断借鉴各方成功经验、吸取失败教训，以面对纷至沓来的新情况新问题。要紧紧围绕服务经济转型升级

强化专业化能力培训。

(四)时代的信息化对干部教育培训加强改革创新提出新要求

要跟上当前社会经济的发展速度,干部教育培训必须加快相关培训内容的更新速度,帮助干部熟练运用"互联网+"思维处理事务,努力使干部教育培训内容始终站在时代前沿。要注重培训模式创新在新技术条件下展开,干部教育培训必须顺应社会发展趋势,通过"线下学+线上学""你教我学+互相教学""你让我学+我选我学"等新模式,让干部可以合理安排学习时间,让每个人既可以是知识的学习者也可以是知识的贡献者,并精准对接干部参训需求,要深化大数据、云技术等技术运用。技术革新是干部教育培训取得重大突破发展的主要增长点。利用大数据云计算、信息数据库管理等技术,快速实现"部署—落实—反馈—改进"的良性循环和学员档案、培训信息的电子化,为学员提供一站式精细化管理服务,必将成为干部教育培训工作未来的发展趋势。

(五)干部队伍结构深刻变化对干部教育培训强化精准施训提出新要求

要更加注重分层分类科学施训,对不同培训对象,在培训内容、方式等方面都要有所区别,实现差异化教学,做到"一班一策",要更加注重突出重点、统筹兼顾。统筹兼顾并不是说要上下左右平均发力,而是必须坚持"两点论"与"重点论"相统一,在兼顾各类干部教育培训的同时,必须从关键少数抓起,教育引导干部认识高一层、学习深一步、实践先一着,在党员干部中形成强大的示范效应、引领效应、带动效应。要更加注重教育培训的针对性。在有限的条件下,优化资源配置是集中力量办大事的有效方法。干部教育培训不能抱着完成任务的心态,搞无视干部需要的"大锅烩",必须坚持"缺什么补什么",进一步探索"按需成班"的培训模式,不断增强针对性、实效性。

(六)日益增长的培训需求对干部教育培训强化保障能力建设提出新要求

要进一步完善制度机制。要认真梳理总结经验,将其及时上升为制度规定。对已经出台的制度规定,要强化责任,强化督查,强化评估,确保每项制度落地生根,要进一步打造专业队伍。要着力提高干部教育工作者把握方向、统筹谋划、组织实施、运用规律的能力,引导其点面结合、久久为功、勤于思考地开展工作,要进一步加强硬件保障,要让干部走出去,要取得技术革新,都需要加大资金的投入。要实现精准施训,要做到点面结合,都需要加强培训阵地建设。

三、以改革创新精神推动新时代干部教育培训工作再上新台阶

(一)更加突出发挥新时代干部教育培训的政治功能

一是深化习近平新时代中国特色社会主义思想教育。在引导干部认真领会基本内容的同时,深入理解和掌握贯穿其中的马克思主义立场、观点、方法,尤其是坚定理想信念、鲜明人民立场、强烈历史担当。求真务实的作风、勇于创新精神和科学方法论,用以武装头脑、指导实践、推动工作。二是突出党性党风党纪教育。要加强党章党规党纪教育,重点强化党章学习教育,引导党员做党章的坚定执行者和忠实捍卫者;突出反面警示教育,依托警示教育基地,通过观看警示片、参观廉政展、参观监狱、旁听庭审等方式,让党员干部的思想受到震撼,心灵得到洗礼,不断增强抵御风险、抗腐拒变的能力。

(二)更加紧扣中心工作开展新时代干部能力培训

按照干部"四化"方针和"德才兼备、以德为先"的选用标准,党政干部能够从广大的基层干部中脱颖而出,成长为中高级干部,经受了很多的锻炼和考验,其理论功底、知识结构、业务能力及社会经验远非其他教育培训对象可比。这就对党政干部的教育培训工作提出了更高更严格的要求。因此,做好党政干部教育培训一定要有的放矢。

以提高运用理论解决重大现实问题能力为目的,聚焦党委政府关注的重点、难点问题,举行专题研修班,组织党员干部围绕问题开展课题攻关、战略研讨,运用科学理论指导实践,提升理论结合实际、运用理论解决实际问题的能力。要牢固树立按需培训理念,突出组织需求和岗位需求,把需求调研贯穿训前、训中、训后全过程。建立健全干部教育培训与干部选拔、管理、

监督部门之间的信息沟通机制,健全完善干部教育培训主管部门与培训机构、干部所在单位之间的协调,精准把握培训需求。

(三)更加注重加强马克思主义学风建设

深入推进从严治学,要严格组织调训,按照干部管理权限,统筹制定并严格执行年度脱产培训计划,越是重要岗位的干部,越是工作骨干,越要选调参加培训,越要压实单位在干部教育培训中的主体责任。

要大力弘扬马克思主义学风。坚持实践导向、问题导向,做到学以致用、用以促学、知行合一,引导学员始终保持虚怀若谷、如饥似渴的学习状态,努力营造善于学习、勇于实践的浓厚氛围。

要坚持艰苦奋斗、勤俭办学。开展干部教育工作,资金来源都是国家财政,使用的都是纳税人的钱,从国情和经费来源看都没有理由浪费钱财奢华办学。因此,在干部教育培训中,一定要切实贯彻艰苦奋斗、勤俭办学的原则,既节约了财政支出,降低了培训成本,也使干部在培训中加强了党性锻炼,继承了优良作风。

要始终恪守从严治学的根本要求,严格教师管理,注意区分政治原则问题、思想认识问题、学术观点问题,严肃教师讲课、参加会议、接受采访、发表文章等纪律要求,旗帜鲜明地反对和抵制各种错误观点。

强化纪律约束。培训机构要严守政治纪律和政治规矩,把姓党原则贯穿教学、科研、管理的全过程,落实意识形态工作责任制。实行学员培训领导谈话制度和学员承诺制度,建立"单位承诺书"制度,学员入学前签订承诺书,切实把纪律和规矩挺在前面。

深入推进从严治教。要严肃教学纪律,要求教师切实增强政治敏感性,牢记"姓党"的身份标识,始终站在党的立场上,用学术讲政治,宣传党的政策、凝聚力量共识。

(四)更加重视开创新时代干部教育培训新格局

要大力推行开门办学、开放办学。要在干部教育培训中引入新技术新手段,综合运用移动互联网、大数据、云计算、人工智能等现代科技促进培训模式创新,不断增强培训质量和效益。

（五）更加强化新时代干部教育培训基础保障

要不断优化专兼职师资队伍。在加强专职教师建设的基础上，加大兼职教师柔性引进力度，大力推进干部上讲台，选聘优秀企业家和知名专家学者担任兼职教师，把各行各业的先进典型、优秀基层干部请进干部教育的课堂，积极打造精品课程。要建立健全现场教学基地管理体制，实施动态管理机制，切实加强基地专职师资和管理员队伍建设，保证科学管理和高效运转。

（六）更加健全新时代干部教育培训运行机制

要健全培训计划生成机制，通过对培训需求的调查研究，深入把握党委政府的中心工作、改革发展的实际需要，充分了解干部履职和个人成长的个性化、差异化需求，以此为依据，设计培训计划。要完善培训项目评估机制，建立科学系统的学习效果跟踪评估体系，对干部培训实效开展定期跟踪评估，以评促改，以评促建，不断提高干部教育培训的匹配度和实效性。

（七）探索"互联网＋"教育培训新平台

充分利用河南干部网络学院等在线学习平台，运用微信、手机报等移动互联手段，多开发一些"交互式""互动式"的教学课程，多开发一些"一对一""一对多"的教学课程，加强在线研讨和交流，改善干部学习体验，着力增强干部的"可参与性"，合理整合利用干部碎片化时间，实现线上线下教育培训的常态化。

（八）坚持突出针对性与讲求实效性相统一

一是开展需求调研，科学统筹规划。各级组织人事部门和培训机构要定期开展干部教育培训需求调研，建立反映培训需求的动态反馈机制。在准确掌握需求的基础上，指导各地各单位把干部教育培训工作纳入党的建设和经济社会发展的总体规划。二是完善制度规范，破解重点难点问题。三是加强师资力量，改善教学供给。

（九）坚持系统思维以实现个性化差异化教育培训

组织部门在选择教育培训机构，以及培训计划的制定、培训内容的安排和培训方式方法的实施上要有所区别，要实施个性化差异性培训，提高干部教育培训针对性和实效性,搞好分层培训和按需培训。对于不同层级的党政干部要有相对应的培训内容和培训途径。在培训内容上,要充分考虑到党政干部的特殊需要。

(十)坚持创新思维以增强干部教育培训生机活力

严格培训机构管理。完善干部教育培训机构评估机制,根据时代要求按需完善评估内容,强化评估结果运用,以此推动干部教育培训机构教学改革和提高培训质量。建立健全干部教育培训工作督查制度。重点围绕中央关于干部教育培训工作的方针政策、法律法规、重大任务、学风建设等内容,定期开展督促检查和情况通报,发现问题及时整改。

一是完善质量评估指标体系。坚持定量与定性相结合,完善质量评估指标体系,全面推进干部教育培训机构、项目、课程质量评估。

二是加强新时代干部培训教学方法创新。根据培训内容要求和干部特点,改进教学方式方法,开展研讨式、案例式、体验式教学方法运用示范培训,研究不同类别教学方法的基本程序规范。推动国家级和省级干部教育培训机构高水平案例库建设。探索运用访谈教学、论坛教学、行动学习、翻转课堂等方法。要改进方式方法,优化教学布局,培训机构可将教学分为校内专题、现场教学、异地培训、拓展训练等板块,灵活采用讲授式、模拟式、体验式等多种教学方法,加大案例教学比重。

三是加快网络培训平台建设。建立全国统一的干部教育培训工作信息管理系统,实现全国干部在线学习平台的互联互通和全国党政干部的在线学习。教育培训机构要充分利用现代网络技术,探索"互联网＋干部教育培训"模式,搭建"网络平台",为党政干部提供不受时间、空间限制,集信息发布、教学管理和教学服务为一体的综合性网络在线学习平台。要深入开展"互联网＋"干部教育培训。要树立互联网思维,运用现代信息技术推动互联网与干部教育培训融合发展。统筹整合网络培训资源,建设兼容、开放、共享、规范的全国干部网络培训体系。

第二章
关于干部教育培训的教学方法创新

教学方法是教学的基本要素,是做好干部教育培训的基本工作和重要手段,直接影响着干部教育培训工作的质量和效果。毛泽东曾指出:"我们不但要提出任务,而且要解决完成任务的方法问题。我们的任务是过河,但是没有桥或没有船就不能过。不解决桥或船的问题,过河就是一句空话。不解决方法问题,任务也只是瞎说一顿。"①干部教育培训也是如此,选择恰当的教学方法,不仅能够生动有效地传授理论和知识,而且能够极大地调动领导干部的学习积极性,实现干部教育培训的预期目标。

第一节 教学方法是做好干部教育培训的重要手段

教学方法是干部教育培训教学整体结构中的重要组成部分,是教学的基本要素之一。想要加强和了解干部教育培训的教学方法创新,必须先了解教学方法的概念和其在干部教育培训中的重要作用。

一、教学方法的概念

干部教育培训的教学方法是指为达到既定的教学目标,完成预期的教学任务,遵循干部教育培训规律,将教育培训内容内化为干部素质能力而采取的方式方法或工具手段等。概括来说,就是为了实现干部教育培训的教学目标,教师和学员按照干部教育培训的相关要求采取的教和学相互作用

① 《毛泽东选集》(第一卷),人民出版社,1991年,第139页。

的活动方式的总称。

二、教学方法在干部教育培训中的重要作用

教无定法,贵在得法。在干部教育培训中,教学方法是实现干部教育培训目标和提升教育培训效果的重要途径,对提高干部教育培训质量起着决定性的作用。

(一)教学方法是干部教育培训加强理论联系实际的重要抓手

理论联系实际是我们党干部教育培训的优良学风和传统作风,是干部教育培训必须坚持的基本原则和目标遵循。在干部教育培训中,学员不可能将获得的知识信息自动转化为所需的能力素养,而需要教师依据学习的内容运用恰当的教学方法,以学用结合的方式、精心的设计、巧妙的实施,通过教师理论和实际相结合地教、学员理论和实际相结合地学,实现学员由理论学习到实际应用的转化。[1] 这种转化,不可能是举几个实际案例或是用案例简单进行理论佐证那么简单,而是要从干部教育培训的能力建设需求出发,选用合适的教学方法,在教学中潜移默化地帮助学员提高能力和素养,实现干部教育理论联系实际的优良学风。这既是干部教育培训教学方法创新的关键,也是理论联系实际优良学风的内在要求。

(二)教学方法是增强干部教育培训效果的关键因素

务实管用是习近平总书记关于干部教育培训重要论述的鲜明特征,也是检验干部教育培训质效的重要标准,更是开展干部教育培训的落脚点。在影响干部教育培训质效的诸多因素中,教学方法的改进和完善,是最直接、最具体,也是最容易推进的。[2]历年教学改革的经验表明,想要提高干部教育培训的效果,就要提高教学互动的效果,就要提高集体学习和探讨过程的质量。教学方法可以准确、生动、有效地帮助学员获得知识信息、强化能力训练,以轻松活泼的氛围增强教学的吸引力和感染力。而教学方法的叠

---

①② 毕艳红:《关于干部教育培训教学方法创新的思考》,《交通运输部管理干部学院学报》,2020年第3期。

加使用,比如理论讲授和互动答疑、交流研讨相结合,不仅能加强教学互动,加深学员对知识的理解,也能引发思考,强化集体教学效果。

(三)教学方法是激发学员学习主动性的重要手段

参与干部教育培训的学员因为学历、性格、学习习惯和工作职能不同,在培训中的学习态度和参与学习交流的主动性差别较大。学员只听不说,只提困难或问题,或是诉苦、发牢骚,懒于思考或交换意见等是当前干部教育培训课堂中的常见问题。调研显示,当前领导干部最喜欢研讨式、案例式和情景模拟式教学。这些新型教学方法以学员为主角,能够促使学员认真对待、积极参与和表达,不仅能吸引学员主动学习和思考,还能让学员拥有成就感。因此,科学合理地设计合适、多样的教学方法能够倒逼学员学、思、研,促进教学双方互动交流、互相启发,更好实现教学的双边性。

(四)教学方法是促进干部教育培训师资培养的重要举措

干部教育培训工作是一项学术性和技术性都很强的专业工作。培训对象学历较高、实践经验丰富、眼界开阔是目前干部教育培训界的普遍共识。教师虽然具备较好的理论基础,但普遍存在从"学校门"到"学校门"、依靠书本积累知识、缺少实践锻炼、对实践活动和具体工作缺乏足够了解的"先天不足",很难做到问道在先、经验引导。但合理地运用教学方法能够帮助教师补齐短板、延伸学习、认识实践。在干部教育培训中,教师的身份是培训师,既可以利用教学方法的设计和组织来主动转变自身角色,扮演好教学催化师和教学顾问,也能在引导学员参与活动、发现问题、分析问题、分享经验、深入探索、启发思考的过程中,进一步认识实践,了解学员需求,优化教学内容,不断提高授课的针对性和实效性,并在此循序渐进的过程中锻炼能力,实现对自身综合素质、专业水平和组织能力的培养。

第二节 教学方法创新具有深厚的历史积淀、时代必然和独特规律

一、教学方法创新具有深厚的历史积淀

继承传统和改革创新是中国共产党能够历经考验磨难,无往而不胜的重要法宝,也是干部教育培训工作实现高质量发展的关键因素。[①] 从党的历史来看,我们党十分重视干部教育培训教学方法的研究和创新,这为我们以后加强干部教育培训教学方法的创新积累了很多宝贵的经验。

1929 年,毛泽东同志在红四军第九次党代会(即古田会议)上明确提出了启发式、讨论式等 10 项干部培训方法和 18 种开展党内教育的方法。[②] 这些教学方法的提出,广泛宣传了马克思列宁主义,极大提高了党员干部的"政治水平线",从根本上解决了我们党领导和建设军队的根本问题,不断壮大了我们党的力量。1941 年,中共中央政治局《关于延安干部学校的决定》提出,"在教学方法中,应坚决采取启发的、研究的、实验的方式,以发展学生在学习中的自动性与创造性,而坚决废止注入的、强迫的、空洞的方式。在教学中,陕甘宁边区及其邻近地区的实际材料,应经过各种调查研究的方式充分的利用之"[③]。在延安时期,依据毛泽东对党校干部教学方法的多方位论述,各干部院校普遍采用"教、学、做"合一,启发、研讨、实习和调研相融合的教学方法,帮助学员理论联系实际,更好地生产和战斗,既彻底清除了王明"左"和右的错误在党内的影响,也为各条战线培养了一大批领导骨干,使我们党成为抗日战争的中流砥柱。[④] 改革开放以后,我们党把加强教学方法的研究作为保证干部教育培训质量的重要环节。1983 年中组部印发《全国

---

① 《关于干部教育培训的重要论述探析》,《西北工业大学学报》(社会科学版),2020 年第 1 期。
② 《毛泽东文集》(第一卷),人民出版社,1993 年,第 104～105 页。
③ 中共中央政治局:《关于延安干部学校的决定》,《解放日报》,1941 年 12 月 20 日。
④ 晓山:《干部教育培训工作二十六讲》,人民出版社,2014 年,第 121 页。

干部培训规划要点》、1984年中央批转的《关于加强干部培训工作的报告》，都强调要从干部的实际出发，加强教学方法的研究，紧密结合干部的业务需要和特点开展教育，不要照搬国民教育的教学方法。此后，每隔5年，中央都颁布实施全国干部教育培训规划，对教学方法的研究和创新做出部署提出要求。这一时期的教学方法适应了党和国家工作重点的战略转移，为推进干部队伍"四化"发挥了重要作用。进入21世纪后，中央更是明确要求各级干部教育培训机构要大力推进教学方法创新，不断适应新时期干部队伍建设需求，进而服务党的事业发展和改革创新发展的目标需求。2010年中央颁布《2010—2020年干部教育培训改革纲要》，明确要求改进讲授式教学，推广研究式、案例式、体验式、模拟式等现代教学方法，大大增强了干部教育培训的吸引力、感染力，干部教育培训质量稳步提高，有效提升了广大干部理论素养、党性修养和执政能力。

历史上，我们党对干部教育培训教学方法的每一次探索和创新，都极大推动了干部教育培训工作的发展，都极大推动了我们党的壮大和我们党的事业发展。因此，随着我们党面临的新形势和新任务的发展变化，不断调整和创新干部教育培训的教学方法，既是继承和发扬我们党一贯注重干部教育培训教学方法创新的优良传统，也是与时俱进，放眼未来，不断推动新时期干部教育培训工作的高质量发展。

二、教学方法创新是干部教育培训的时代要求

（一）教学方法创新是新时代贯彻落实中央干部教育培训任务的必然要求

干部教育培训总是与时代任务、事业发展、干部成长紧密联系在一起，这是提高干部教育培训质量的先决条件。当前，我国已进入新时代，这是我国发展新的历史方位。干部教育培训也要适应新时代党和国家的事业发展对干部队伍建设的新需求。教学方法是干部教育培训体系结构中的重要因素，推动教学方法创新，既是干部教育培训的优良传统和宝贵经验，也是新时代党和国家对干部教育培训的新要求。2015年中共中央根据新时代干部教育培训工作的新精神新要求印发了《干部教育培训工作条例》,明确要求"干部教育培训应当根据内容要求和干部特点,综合运用讲授式、研讨式、案例式、模拟式、体验式等教学方法,实现教学相长、学学相长,引导和支持干部教育培训方式方法创新"①。《2018—2022 年全国干部教育培训规划》进一步绘制了干部教育培训工作的宏伟蓝图,明确了干部教育培训的具体措施,明确提出要"根据培训的目标要求和项目特点,推广并规范研讨式、案例式、模拟式、体验式、辩论式等互动式教学方法的运用,干部培训机构主体班次运用互动式教学方法的课程比重不低于 30%"②。最新印发的《2019—2023 年全国党员教育培训工作规划》也要求"丰富教学方式,灵活运用讲授式、研讨式、模拟式、互动式、观摩式、体验式等教学方法,增强教育培训的吸引力感染力。要加强案例培训,选好用好各条战线各个领域各个行业的生动鲜活案例"③。

(二)教学方法创新是新时代干部教育培训规律的内在要求

认识和把握规律,按规律办事,是实现一切工作目标的首要前提。做好干部教育培训也是如此。多年的实践表明,干部教育培训必须适应党的事业和党的建设需要,促进党的事业和党的建设的发展,同时还必须适应干部成长规律要求,帮助和促进干部全面健康成长。干部教育培训对象是领导干部,他们往往具有丰富的工作经验和较强的工作能力,学习的目的性十分明确。这就使干部教育培训不同于普通教育,而是以干部为特殊对象的成人继续教育。针对领导干部,习近平指出:"要坚持干什么学什么、缺什么补什么,有针对性地学习掌握做好领导工作、履行岗位职责所必备的各种知识,努力使自己真正成为行家里手、内行领导。"④这是干部教育培训努力遵循的基本规律,体现在教学上,就是要将领导干部的能力培养贯穿教学培训

---

① 中共中央办公厅:《干部教育培训工作条例》,《人民日报》,2015 年 10 月 19 日。
② 中共中央办公厅:《2018—2022 年全国干部教育培训规划》,《人民日报》,2018 年 11 月 2 日。
③ 中共中央办公厅:《2019—2023 年全国党员教育培训工作规划》,《人民日报》,2019 年 11 月 12 日。
④ 习近平:《在中央党校建校 80 周年庆祝大会暨 2013 年春季学期开学典礼上的讲话》,《人民日报》,2013 年 3 月 3 日。

过程始终,从而全面提高干部德才素养和履职能力。干部教育培训的目标和内容需要相应的教学方法来实现,如果说干部教育培训的目的是解决干部能力建设问题,那么教学方法就是解决问题的工具。教学方法的创新和灵活使用能够促进组织要求和学员需求的有机融合,促进培训对象"主体"作用和培训教师"主导"作用的有机结合,帮助学员获得知识和信息,完成知识更新的同时完成从知识向方法和能力的转化。

（三）教学方法创新是提升干部教育培训针对性和实效性的重要载体

提高干部教育培训的针对性和实效性,是我国步入新时代,为实现"两个一百年"奋斗目标和中华民族伟大复兴的中国梦,培养造就一支忠诚、干净、担当的高素质、专业化干部队伍的重大时代课题。经过长期的积累和创新,当前干部教育培训所运用的教学方法已基本形成了讲授式教学不断改进,研究式、案例式、模拟式、体验式教学广泛运用的良好局面。[①] 但根据中组部干部教育局编制的《2018—2022 年全国干部教育培训规划》开展的调研结果显示,有 54.7% 的党政机关干部、50.7% 的基层干部、53.2% 的企业经营管理人员认为当前的干部教育培训"授课方式呆板,缺乏感染力"。另一份干部培训调研结果同样表明,在影响党政领导干部培训效果的因素中,"不注意教学方式方法创新"的比例最高,达 71.6%。[②] 存在上述问题的主要原因无外乎两点:一是传统的教学方法仍然过多地注重知识的灌输,在凸显学员的主体性和个性化方面依然不足,难以满足新形势下干部对工作解惑、能力和素质提升的迫切需求;二是对教学方法创新的重视度仍然不够,研究仍不深入,综合运用仍然不足,部分机构和教师仍然存在对新的教学方法不想用、不敢用和不会用等情况,从而导致新的教学方法使用不足,具体的教学方法不够生动,教学效果不理想等现象。由此可见,教学方法的创新和灵活恰当的使用是解决干部教育培训针对性和实效性不强的重要途径和载体。

---

①② 毕艳红:《关于干部教育培训教学方法创新的思考》,《交通运输部管理干部学院学报》,2020 年第 3 期。

三、干部教育培训的教学方法具有独特规律

教学方法除了以讲授式为主的传统教学方法,还有案例式、研究式、演练式、论坛式、现场教学式等创新性教学方法。干部教育培训因为教学的目标、内容和教学对象而有别于一般的国民教育和成人教育。因此,同样的教学方法运用到干部教育培训中就有其独特的规律和特色。

（一）讲授式教学

讲授式教学是传统的教学方法,在干部教育培训中也是最基本、最普遍,运用最广泛的教学方法。所谓讲授,就是通过教师系统地向学员讲解需要掌握的业务理论知识,使学员逐步理解、消化和吸收,从而运用到工作中去。[①] 讲授式教学不是简单的填鸭和说教,"讲"是为了达到不用讲,"教"是为了达到不用教。因此,讲授式教学最忌讳面面俱到、四面出击,授课教师要注意选择好讲授内容,突出重点、难点和关键点,以实现以点带面、以简驭繁。在干部教育培训中,讲授式教学要取得好的教学效果,还需要教师知己知彼,认真了解学员,因材施教,尽量做到学员需要什么,课堂就尽量讲什么,对于不同的学员同样的内容也要有不同的重点和切入点。教师要学会说话和对话,说话要说清楚、会讲道理也会讲故事,对话要有主题,有主导,能发挥教师作用。教师还要兼顾好"有用"和"无用"之间的关系,既要讲好"形而下"有用的知识信息和方法技术,也要能信手传输"形而上"的价值导向、世界观和方法论。

讲授式教学具有其独特的优势,长期以来在干部教育培训中经久不衰。一是讲授式教学以教师为主导,应用简便,容易掌控。教师可以围绕授课主题和学员的特点、需求,选择并组织相应的教学内容,在规定的时间内有计划、有系统地将准备好的内容向学员传授,是最可行、最能有效地传授大量知识的教学方法。二是讲授式教学通俗直接,既有教师对前人知识的消化

---

① 周文彰主编,陆林祥、丁文锋、许正中副主编:《公务员培训教学研究》,国家行政学院出版社,2016 年,第 188 页。

理解,也有老师自身的学识、修养和情感融入,便于教师将抽象深奥的理论转变成学员易懂、易理解的具体知识和信息,能帮助学员规避认识过程中不必要的重复和曲折。三是讲授式教学应用广泛,适用于各层次、各类别的干部教育培训,是干部教育培训体系的核心,也是其他教学方法的基础。纵观各级各类干部教育培训机构,无论教师采取何种教学方法,都离不开讲授,其他教学方法的运用都必须与讲授相结合才能充分发挥其价值。当然,随着时代进步和教学手段的丰富,讲授式也与其他教学方法相互渗透,比如以讲授式为主,其他教学方法为辅,能够大大提升讲授式教学的互动性和生动性,充分调动学员的学习积极性和参与性。

(二)案例式教学

案例式教学是一种开放式、启发式、互动式、讨论式的新型教学方法,是对传统教学方法的改革和创新。在干部教育培训中,案例式教学选取实际工作中的真实事例作为教学案例,在进行典型化处理后,由教师引导学员开展独立研究和讨论,帮助学员获取知识、提高决策能力和综合素质的一种教学方法。与传统讲授式教学不同,案例式教学不为单纯地获取新知识,而是要求学员运用已学的知识解决案例中的实际问题,这既符合干部教育培训的目标要求,也适应领导干部的认知规律和实际需求,是目前最受领导干部欢迎的教学方法之一。

案例式教学起源于1870年的哈佛大学情景案例式教学课,因方法独特迅速成为全球培训界公认的最行之有效的培训方式之一。2000年左右,中央党校最先尝试案例式教学。2008年5月,中央党校在案例教学交流研讨会上明确指出案例式教学是提高领导干部素质和能力的一种行之有效的教学方法,并在全国各级党校推动案例式教学的应用和改革。目前,案例式教学应用广泛,主要有三个方面的优势:一是在指导思想上,案例式教学主张以启发式教学代替填鸭式、灌输式教学,鼓励学员主动参与、主动表达和反省思考;二是在教学功能上,案例式教学以学员为主体,教师为主导,倡导由教给学生知识转变为教会学生应用知识并提高分析解决问题的能力;三是在教学方法上,案例式教学强调学员学习的主动性和独立性,倡导师生互动,实现碰撞思维和共同提升。

经过十余年的发展,国内干部教育培训的案例式教学形式主要有四种:与讲相结合的案例式教学、作业式的小组案例分析、与角色扮演相结合的案例式教学、案例当事人直接参与的案例式教学。从实际的运用效果来看,案例式教学虽然取得很好的教学反响,但还存在案例素材获取和优秀案例编写困难,对师资要求较高,易受讨论主题和学员个体差异等教学局限影响,需要进一步加强案例库建设、师资培训和教学创新。

（三）研究式教学

研究式教学是干部教育培训由学理性向实践性转变的一种新型的教学方式,也是基于我国政府管理工作中的代表性议题所开发的重要教学形式。[①] 研究式教学主要指学员以研究小组的形式从经济社会发展中选择和确定专题进行调查研究,通过教学双方互动,帮助学员在调查研究中获取知识、解决问题、提高能力的一种教学方法。与案例式教学一样,研究式教学以学员为主体,教师为主导,强调内在动机和认知需求的重要性,注重在研究探索的过程中不断提升学员的自主学习能力、实践能力和创新能力,在干部教育培训中是最受领导干部欢迎的教学方法之一。[②]

研究式教学最早出现在 1996 年第 2 期《探索》的《党校研究式教学方法探讨》一文中。2000 年 12 月 6 日,中央党校在第三次全国党校教学工作会议上明确指出要提倡研究式教学方法,并从 2002 年开始在中央党校的春季学期教学中推行研究式教学。经过多年的发展,研究式教学具有研究性、情境性、开放性、互动性、探索性等五个特点,教师和学员以协作的形式对活动任务进行分解,并在研究的基础上重新构建课堂关系,形成了独具特色的两个主要教学方面。教师方面,"授人以渔",研究式地"教":教师在深入了解和研究教学内容和教学对象的基础上,通过提出问题、启发思考、指导研究,

---

① 周文彰主编,陆林祥、丁文锋、许正中副主编:《公务员培训教学研究》,国家行政学院出版社,2016 年,第 356 页。
② 苏刚:《党校系统教学方法研究现状与展望——基于 1994 年—2013 年中国知网（CNKI）数据库论文样本》,《沈阳干部学刊》,2014 年第 3 期。

引导学员独立思考、自主学习、解决问题。学员方面，自觉主动，研究式地"学"：学员在教师的组织和引导下有针对性参与研究、发现并解决问题，进而提高观察问题、分析问题和解决问题的能力。[①] 研究式教学以发现和解决问题为抓手，以教学双方的研究和互动为途径，最终实现了解决问题、提升能力的教学目的，是非常高效的教学方法。但这种教学方法，对教师的教学组织、管理水平和科研能力都有较高要求，否则很难达到预期的效果。

（四）模拟式教学

模拟式教学是一种新型的干部教育培训的教学方法。模拟式教学是指模拟具体工作情景，通过对被测对象的行为加以观察与评估，鉴别、预测受训者的各项能力与潜力的一种教学方法。[②] 与其他教学方法相比，模拟式教学形式相对生动活泼，更加注重领导干部实践能力的锻炼和教师与学员、学员与学员之间的互动，是现代领导干部最喜欢的三种教学方式之一。

模拟式教学主要包括设计模拟方案，准备模拟场地和器材，公布模拟课题和背景资料，分配模拟角色和演练任务，模拟演练准备，模拟演练实施，模拟效果验证，教师点评和组织撰写模拟演练报告等环节，其教学优势和教学局限都非常明显。教学优势方面，模拟式教学的教学环境和教学过程与事件或事物发生发展的真实情景比较接近，学员在模拟事件发生、发展的各个环节过程中可以利用角色演练真实地感受某些角色或岗位的处境、地位、作用和工作要领；教师可以借助教学器材和计算机辅助系统等在模拟后通过录像回放开展分析点评，帮助学员查找不足、发现潜能、增强对实际问题的预测和处理能力。因此，模拟式教学具有教学形式新颖，教学内容综合性强、实战性强，教学实效性针对性和能动性强等优势。教学局限方面，模拟式教学需要还原逼真的工作场景，对场所和各种设施要求很高，结束后整个过程的收集整理和分析反思耗时较长；模拟式教学是一个多项互动、教学双方相互交融的学习过程，教学过程具有动态性和不确定性，对教师的组织、引导和对整个课堂的掌控能力要求较高；学员个体和参与程度不好预测，教

---

①② 晓山：《干部教育培训工作二十六讲》，人民出版社，2014年，第122页。

学实效不可预知。[1]

（五）论坛式教学

论坛式教学属于对话式、启发式教学，是一种新型的互动式教学方法。因方法新、效果好、务实管用，论坛式教学日益受到领导干部的欢迎和关注，目前已被各级各类干部培训机构广泛使用。

论坛式教学是由主持人组织学员、教师、学界专家和政府领导干部等相关人员就某一主题各抒己见，聚焦所共同关注的问题，以对话和思想碰撞的方式、共同研讨解决问题的方法和途径的一种教学方式。[2] 在干部教育培训中，论坛式教学一般由一名教师主持、两到三名专家和若干学员担任嘉宾，其他学员共同参与互动讨论的对话过程。教学流程一般包括主持人介绍主题和规则、演讲人陈述观点和认识、点评嘉宾发言点评、全班学员互动交流、主持人总结点评等五个环节。论坛的主题一般选取经济社会发展或改革推进过程中学员普遍关心的热点、重点或难点问题。与普通国民教育使用论坛式教学来启发知识不同，干部教育培训采用论坛式教学方法的目的是要搭建一个平等对话平台，教学双方互为主客体，以团队合作的形式开展学习和教学，从内在激发学员的积极性，启发学员的创造性。因此，论坛式教学效果很好，在干部教育培训中很有优势：一是学员学习热情高，愿意主动参与对话教学；二是学员发言都是亲身经历或实际工作经验，以事实说话，体验真切；三是现场平等的团体互动研讨，可以克服思维定式和路径依赖，全面地分析问题、借鉴经验、实现知识互补和集体开拓、启迪智慧的效果。但论坛式教学毕竟是一种新的教学方法，我们对它的研究时间较短、经验不足，还有许多环节需要进一步完善和优化。而且不同主题、不同对象、不同地点的论坛式教学也要依据具体的情景采用不同的形式，这都需要我们进一步的创新研究，才能取得预期的效果。

（六）现场教学

---

[1] 张伟主编：《基层干部教育培训模式研究》，苏州大学出版社，2015年，第129页。
[2] 周文彰主编，陆林祥、丁文锋、许正中副主编：《公务员培训教学研究》，国家行政学院出版社，2016年，第347～348页。

现场教学是一种集合了研究式、案例式、体验式、模拟式四种教学方法的新型教学方法。所谓现场教学,就是把课堂设在具有经济社会发展典型经验和实践特色的地方,通过参观考察、主题演讲、研讨交流、互动答疑等方式,提高学员认识、分析和解决问题能力的一种教学方法。[①] 现场教学最早开始于 20 世纪初的医学院学生的生理解剖和临床教学,后被用于地质冶金方面的教学实践。随着信息网络技术的广泛应用,特别是从工业社会向网络社会的转型升级中,各种热点难点问题急速增多,领导干部迫切需要能够解决现实问题,直接学习借鉴社会实践一线经验的学习培训机会。自此,各级各类干部培训机构纷纷试行现场教学。[②] 现场教学以现场为课堂、以事实为教材、以实践者为教师、以学员为主体、以教员为主导,在学员具有一定理性认识的基础上,通过创造教学情境,引导学员进入特定"知识场"亲历体验感悟,帮助学员理解、建构知识,拓展思路,提高能力,是一种适合现代干部教育培训,符合干部成长规律的有效教学方式。

现场教学不是现场经验介绍,而是一个以学习为目的,将现场教学点上已经发生、正在发生和将要发生的事情以鲜活的案例呈现在学员面前,供大家思考和研究的准社会实践活动。现场教学是一个逻辑严密,具有连续性的教学体系,主要包括确定现场教学基地、开展干部培训需求调查、设计教学方案、现场教学预热、现场教学实施、强化教学效果和现场教学评估等流程。与其他教学方式相比,现场教学研究的是现实问题,学习的是当前经验,既有教员指导、事实对照,又有同学交流和当事者答疑,学员对社会现实和客观对象的认识更加全面、真实,对事物本质和规律的掌握更加透彻,更能通过同类问题类比,异类问题启发思考来拓展思维、深化认识,进而提高研究和解决实际问题的能力。作为一种新型的教学方法,现场教学还有许多需要完善的地方,需要主讲教师加强与基地教学人员、学员的互动交流,及时跟踪总结现场教学的实施效果,不断完善和调整教学思路,保持现场教

---

① 张伟主编:《基层干部教育培训模式研究》,苏州大学出版社,2015 年,第 134 页。
② 浙江行政学院课题组、刘振华:《现场教学法研究》,《天津行政学院学报》,2008 年第 5 期。

学的连续性和稳定性。此外,现场教学也要与时俱进,根据时代需要加快现场教学点的转型升级。

（七）行动学习式教学

行动学习式教学是一种新型的干部教育培训方法,因倡导学用结合,更贴近领导干部多样化学习需求而被越来越多的培训机构所采用。所谓行动学习法,就是一种人们共同工作并致力于开发人才的方法,该方法把实际课题或问题的完成过程作为学习的方式。[①] 体现在干部教育培训上,就是在一个专门以学习为目标的背景环境中,学员以小组的形式,以组织面临的重要问题为载体,对实际工作中的问题、任务、项目等进行处理,从行动中产生"活知识",完成由"知道"到"做到"的学习飞跃。

行动学习法最早由英国的雷格·瑞文斯在1971年正式提出。他认为,"没有行动就没有学习,没有学习(冷静的深思熟虑)就没有行动",并在行动学习中实现对问题的解决。行动学习法是一个螺旋式推进、经验式循环、学习并不断实现水平提升的过程。[②] 1991年,我国的培训机构开始关注行动学习法。1998年,中组部培训中心以国际合作项目为依托,采用国内研究和国外学习相结合的形式正式将行动学习法引进我国干部教育培训领域,并先后在甘肃、青海、四川、内蒙古、广西等西部省区的推广实践中取得良好的培训效果。2006年,国家行政学院结合我国干部教育培训实际和其自身特点,对行动学习法大胆实践,创新提出了"行动学习式教学"。这种教学方法主要包括重要紧迫的任务、问题或项目,包含4～8名成员的多元化小组,提出问题和交流心得的流程,制定并执行行动策略,对学习的承诺,行动、学习、教练等六个必要因素。[③] 经过多年的实践探索,"行动学习式教学"已形成独具国家行政学院特色的培训步骤,主要包括三个阶段、九个过程。前期筹备

---

① [美]朱迪·奥尼尔、维多利亚 J. 马席克:《破解行动学习:行动学习的四大实施路径》,唐长军、郝君帅、曹慧青译。江苏人民出版社,2013年,引言第1页。

② 孙伟:《提高干部教育培训的时代性针对性实效性——学习〈2018—2022年全国干部教育培训规划〉的体会》,《中共山西省委党校学报》,2020年第4期。

③ [美]迈克尔·马奎特、H. 斯基普顿·伦纳德、阿瑟 M. 弗里德曼、克劳迪娅 C. 希尔:《行动学习:原理、技巧与案例》,郝君帅、刘俊勇译,中国人民大学出版社,2013年,第19页。

阶段,主要包括确定培训选题、成立行动学习项目组、确定学员人选组织学员调训、确定培训方案四个过程;实施行动学习阶段,主要包括启动行动学习项目、集中培训、分组实施行动方案、组织项目总结会四个过程;行动学习成果运用转化阶段,即将学习成果转化为现实。

行动学习式教学注重结构化思维和多元视角,坚持"在行动中学习,在学习中行动"的教学理念,鼓励集体智慧和共同思考,具有问题导向性、过程反思性、学习行动性、学员自主性、团队合作性等鲜明特征,其教学本质就是把每一次教学过程当成解决问题和学习提升的平台,让学员把整个培训项目看作推进工作、提升能力的资源,通过小组成员间的互动,对已有经验的质疑,重新改造过去看待世界的经验,并在实践中应用,从而提升能力、突破瓶颈。[1] 与其他教学方法不同,行动学习式教学不是一种教学方法,而是通过多种教学方法组合,在教师主持与催化下开展的把多种形式的课堂教学、研讨交流、行动体验融合为统一目标服务的持续性的教学互动过程。因此,行动学习式教学优势明显,更贴近领导干部的多样化学习需求,有利于解决干部教育培训中较为突出的工学矛盾和针对性不够、实效性不强等难题。但同时,行动学习式教学也存在许多教学局限,比如能够引发共鸣、确实重要的好问题不易确定,存在选题难问题;小组会议组织容易流于一般化或走过场,存在现场组织实施难问题;行动学习式教学对教师的科研、教学和临场应变能力要求都很高,存在师资队伍建设难问题;行动学习项目周期较长,存在学员调训难问题;行动学习式教学是一个系列、持续的过程,存在项目成本太高等问题。

第三节　干部教育培训教学方法的创新原则和思考

教学方法是实现干部教育培训目标、体现干部教育培训创新的有力载

---

[1]　周文彰主编,陆林祥、丁文锋、许正中副主编:《公务员培训教学研究》,国家行政学院出版社,2016 年,第 412 页。

体。教学方法的创新是做好干部教育培训最基本的工作,也是新时代适应干部培训需求,提升干部教学培训针对性和有效性的关键路径。

一、干部教育培训教学方法的创新原则

当前,研究式、案例式、模拟式、论坛式等新的教学方法已经普遍进入干部教育培训的主体班教学,课程占比不断提高,应用规模不断扩大。同时,为适应新时代干部教育培训的新要求和新需求,各类干部教育培训机构紧紧围绕干部素质和能力提升这一创新方向,结合自身工作实际谋划教学方法创新,并逐渐探索出与自身培训需求相适应的教学方式。虽然这些教学方法的创新侧重和具体内容各不相同,但创新的基本原则大致相同,那就是要适应教学目标、适应教学内容、适应教学对象和适应自身定位。

(一)适用教学目标原则

教学方法的创新要与教学目标相适应。教学目标是干部教育培训要实现的预期教学效果或结果,是指学员通过干部教育培训所引发的行为方式的变化。在干部教学中,教学目标是导向,教学方法是手段。教学方法的选择和创新要服从教学目标的制约,不能脱离教学目标。当前,干部教育培训的教学目标是"高质量教育培训干部、高水平服务党和国家事业发展"。教学方法的创新就是要聚焦"高质量教育培训干部、高水平服务党和国家事业发展"的"双高"目标,既鼓励原发创新或对现有的教学方法进行优化创新,也鼓励借鉴、引进新的教学方法,从而适应并服务于"双高"目标的实现。

(二)适用教学对象原则

教学方法的创新要与教学对象相适应。干部教育培训的对象是全体干部,重点是县处级以上党政领导干部和优秀的中青年干部。近年来,全国组织工作满意度调查结果显示,干部教育培训的满意度逐年提升,其中一个重要原因就是干部教育培训的教学方法不断创新,更加符合干部的特点和需求,培训实效不断增强。做好干部教育培训的关键是以干部为本。因此,教学方法的创新要尊重干部的学习主体地位,针对干部学习的特点和需求创新教学方法,增强干部教育培训的吸引力和感染力。在服务不同的培训对象时,使用同样的教学方法,教学效果也会因年龄、层级、工作性质、人生阅历、知识背景、理论功底和培训需求等有所差异。因此,教学方法的创新还要在干部需求的个性化和履职尽责的多元化方面有所侧重,要根据不同行业、不同层次、不同类别、不同岗位的要求,对教学方法的实施过程加以创新或优化。

（三）适用教学内容原则

教学方法的创新要与教学内容相适应。教学内容是指在干部教育培训过程中,需要传授给培训对象的思想观念和知识技能等。在干部教育培训中,教学内容是教学工作的核心,教学方法是表现教学内容的手段,与教学内容有从属的关系。因此,教学方法的创新必须服务于教学内容的需要,不能为方法而方法,为创新而创新。教学方法与教学内容之间并不存在一一对应的关系,但有些教学内容对教学方法有一定要求,需要我们在准确把握每一种教学方法基本特征的基础上,依据教学内容选择最能表现教学内容的教学方法,并根据不同班次、不同课程、不同对象的特点和需要灵活操作,优化创新。这种创新可能是对一种教学方法,也可能是对多种教学方法的综合运用和操作。

（四）适用定位原则

教学方法创新要与培训定位相适应。干部教育培训不同于普通的学历教育,也有别于一般的成人教育。干部教育培训的根本目的是要服从服务党和国家的工作大局,首要任务是帮助干部提高思想政治素质。与其他教育相比,干部教育培训更加注重政治性,更加突出实践性,更加强调针对性。在干部教育培训中,学员作为特殊的培训群体,在教育背景、岗位职责和学习期待等许多方面也呈现出区别一般学历教育和成人教育的独有需求和特点。这些不同就要求干部教育培训的教学方法虽然也采用一般学历教育或普通成人教育的教学方法,但不能照搬照抄。在实际操作中,不同的干部教育培训机构要根据各自的功能定位、资源特点和学员情况对教学方法进行创新,形成具有自身特色和各自优势的教学方式。

二、干部教育培训教学方法的创新思考

习近平总书记强调："干部教育培训工作，既要坚持运用行之有效的传统方法，又要通过改革创造新的方法，不断提高教育培训科学化水平。"作为干部教育培训教学创新的重要元素，教学方法的创新必须遵循教育规律、适应需求、立足实际，以实实在在的培训成果为提升干部教育培训的实效服务。

（一）教学方法创新要遵循和把握干部成长规律

随着干部教育培训对能力培训要求的不断提升，长期占据干部培训主导地位的讲授式教学在教学互动和调动学员的积极性等方面日益暴露出许多不足。为提升干部教育培训的质量，干部教育培训机构普遍开始对教学方法进行反思。这种反思不仅仅是引入新的教学方法，更主要的是研究干部成长规律，深入把握教学方法背后蕴含的干部学习和发展的规律性特征。

一是把握学员作为成人愿意自主学习的特点，注重调动学员的学习积极性和参与性。干部教育培训的对象是领导干部，具有成人学习的特征，即自主意识强，愿意主导自己的学习节奏。教学方法的创新要围绕并研究领导干部作为特殊成人的自主学习特征，更加突出以学员为主体的自我导向性学习，注重引导学员由被动的接受式学习向主动的自主式学习转变，使他们愿意主动贡献自己的经验和想法，能够深入学习，互相启发。比如案例式教学、研究式教学、模拟式教学等，都对填鸭式的讲授式教学进行了创新和改良。

二是把握学员基于经验学习的特点，注重对经验的深入挖掘和反思。学员参加干部教育培训之前都在工作、学习和实践中积累了丰厚的经验和体会，都形成了以自己的经验或阅历为背景的思维方式和价值判断。想要引发学员与既有知识和价值体系的思想碰撞，实现经验反思和价值观再造，以及教学方法的创新，就需要考虑与学员的经验建立联系。比如，案例式教学就是通过学员实际工作的典型案例重现来引导学员对直观感受和以往的经验进行分析和整理，促使学员反思和超越。

三是把握学员注重学习实用性的特点,将问题意识贯穿教学始终。参加干部教育培训的学员都是带着问题来的,参加干部教育培训的目的全在于解决工作中急需解决的实际问题。教学方法的创新要以能力培养为目标,注重理论联系实际。比如,模拟式教学选择工作中的实际问题,教学活动的场所仿真于实际工作环境,教学活动的环节模拟于实际工作过程,能把学习培训和问题研讨结合起来,把课堂教学和社会实践结合起来,帮助学员将理论知识和培训成果转化成解决问题的能力和思维。

(二)教学方法创新要以能力提升为动力

与普通教育提供通用通识教育不同,干部教育培训的对象是已定岗定位的各级各类干部,培训的目标就是要提高他们的履职尽责能力和素养。当前,我国正处在从世界上最大的发展中国家向世界强国迈进的历史发展期,各种复杂的"实际问题"层出不穷,党和国家的事业发展迫切需要全面加强干部队伍能力建设以适应新时代中国特色社会主义的发展需要。教学方法是实现教学目标的重要手段。教学方法的创新要围绕干部能力要求来谋划,教学方法的流程优化要以干部能力导向来细分。

一是按照干部的能力要求设计和创新教学方法。美国著名的学习专家爱德加·戴尔的"学习金字塔理论"表明,学习效果和教学方法密切相关,采用不同的教学方法,受训者两周以后能记住的内容不同:阅读的方式可以保留10%,"声音、图片"的方式可以保留20%,观摩、示范的方式可以保留30%,小组讨论的方式可以保留50%,演练或做的方式可以保留75%,实践应用、讲授或教别人可以保留90%。知识运用和能力提升的前提是要记住教学的内容。因此,教学方法的选择和创新要和干部能力提升紧密关联起来,避免"纸上论能力"的现象。换句话说,干部教育培训要尽量选择实践性强的教学方法,教学情境要尽可能还原干部能力发挥作用的环境,尽量缩短干部从知识学习到提升能力之间的距离。以模拟式教学中的新闻发布会为例。新闻发布会是一种能力提升教学,主要是为了弥补领导干部在媒体沟通方面的能力滞后问题。在这种教学方法中,学员自己扮演新闻发言人,按照教学主题,实景实地地接受记者(由专家或学员扮演)采访,通过亲身实践和角色反思有针对性地提高学员应对媒体和临场应变能力。

二是按照干部能力培训目标优化和细分教学方法。按需培训是干部教育培训的基本遵循。这里的按需包括组织需求、岗位需求和个人需求，主要是组织需求。需求决定目标，目标决定方法。因此，教学方法的设计和创新要以干部能力提升的需求为基本导向，按照干部能力提升的目标来细化教学方法，优化教学过程。以案例式教学、情景模拟式教学和研讨式教学为例。如果我们的培训目标是要提升干部解决问题的能力，那就选择案例式教学，并围绕现实中的工作案例、培训人群和想要达到的教学效果对教学方法的具体过程进行设计或优化。如果我们不强调解决问题而是要培养干部的思维能力，那就选择研讨式教学，并按照不同层次和岗位细分来设计和优化教学过程。如果我们想要通过体验来提高干部的反思能力，那就选择情景模拟式教学，并依据不同情景设计激发干部不同的经验反思能力。由上可以看出，这些方法虽然都包括研讨和交流等相似环节，但因为培训的能力诉求不同，教学方法的选择和设计的侧重点就不同。

（三）教学方法的创新要坚持继承性与创新性相结合

教学方法的创新并不意味要抛弃以往的教学方法，也不是说以往的教学方法就不适用于现在的干部培训，而是要坚持继承性和创新性相结合，多样性和实效性相统一。

一是教学方法创新要坚持继承性和创新性相结合，既鼓励原创，也尊重传统。对于那些长期被实践证明行之有效的传统教学方法，比如讲授式教学，要继续发挥其在干部教育培训中的重要作用，同时按照"联系实际创新路，加强培训求实效"的总要求，进一步解放思想，开拓创新，利用"用学术讲政治"推进讲授式教学的"微创新"和与时俱进。同时，也要鼓励科学合理的借鉴优化和原发创新。以往的实践表明，在教学方法的创新探索中，我们通常会把国外一些有着良好培训效果的现代培训方法引入我们的干部教育培训中，并根据我国干部的特点和干部培训的实际情况设计出符合我国干部教育培训目标要求的教学方法。此外，我们在干部教育培训的过程中，会根据学员的培训结果和教学反馈系统研究如何对教学方法进行优化，并在此基础上自主开发出符合我们自身培训要求的教学方法。比如,我们常使用的结构化研讨就是在借鉴国外教学方法之后,在教学实践中发现许多学员往往依靠直觉思考问题,容易把问题本身和问题形成的原因混为一谈。为了提升学员的思维逻辑性,促使学员深入思考而不是急于做感性的判断,我们对原有教学方法的方法目标、步骤流程、班级的组织形式和适用的思维工具等都逐步进行了完善,最终形成了我们现在的结构化研讨的教学方法。①

二是教学方法的创新要考虑多样性和实效性相统一。世界上许多国家的公务员培训都会采用灵活多样的教学方法,以适应不同的培训需求。比如,美国经常采用案例教学、模拟教学、现场观摩、理论讲授、练习、小组教学等社会实践教学,以培养公务员独立思考和创新能力,并适应于电子政府的网络课程培训等。澳大利亚、新西兰特别注重课堂互动,要求学员针对讲义提出问题,还开发了针对高级官员学习特点的情景演练、模拟场景、相互点评等教学方法。② 我们的干部教育培训也要遵循干部培训的规律和特点,把教育培训的普遍性规律和干部的特殊需求结合起来,把培训学习和问题研讨结合起来,把课堂教学和社会实践结合起来,把传统教学方法和现代教学手段结合起来,灵活运用多种教学方法,坚持在丰富多彩中按需施教,在追求实效中提倡灵活多样,努力实现教学方法的多样性和实效性的最优组合。

教学方法的创新还体现在多种教学方法的交叉融合。每种教学方法都有其独特的优势,但也有一定的局限,多种教学方法的组合运用,可以互相补充配合,发挥教学方法的整体合力,提升教学质效的同时实现多种教学方法的集成创新。比如,在讲授式教学中增加互动研讨环节,可以提高学员的参与度。此外,随着多媒体计算机技术和网络通信技术的迅猛发展,网络培训也成为教学方法创新的重要形式。据统计,2008—2012 年全国参加网络培训的人次已达 1.35 亿,在干部教育培训中的占比已达 40%。网络化学习将成为干部终身教育过程中的普通学习方式。因此,充分利用互联网、大数

① 高智雄:《教学方法创新谈》,《学习时报》,2017 年 4 月 14 日。
② 晓山:《干部教育培训工作二十六讲》,人民出版社,2014 年,第 181 页。

据等现代信息技术和网络学院、学习微平台、微论坛等学习载体,围绕干部多样化的学习需求,多开发能够促进干部交流经验、研讨问题、分享成果、开阔眼界、提升思维的网络教学方法,加强干部网络培训信息资源的建设和资源整合,推动干部教育培训信息资源的共建共享和互联互通,将是未来教学方法创新的主要发力点。

第三章
案例教学概述

案例教学是以案例教材为核心内容,以教师为主导,以教学对象为主体的,以开放性、互动性为特征的一种现代成人培训方法。案例教学的历史沿革非常久远。在中国教育史上,案例教学可以追溯到春秋时期。在西方教育史上,案例教学可以追溯到古希腊时期。这样深厚的历史积淀,决定了案例教学是在坚实的理论和实践基础上产生和不断发展的。

第一节　案例教学的概念与特征

建立起对案例教学概念与特征的准确认识,是正确运用案例教学法的认知基础。由于案例材料是案例教学的核心,因此必须准确判定、选取或编撰适合案例教学的案例材料,才能开展案例教学。把握案例教学的特征是准确运用案例教学法的重要前提。用案例教学与其他教学方式相比较的方法更容易理解案例教学的特点。

一、案例教学的概念

案例教学是一种教学方法或形式,其核心是案例。因此,必须先弄清案例教学中的案例到底是什么,才能理解案例教学的概念。

（一）什么是案例

对于案例是什么这个问题,不同的学者从不同的角度做出过解释,大致可以分为以下三种观点:

1.情景描述说

这种观点认为案例就是对特定情景的描述。如中国案例研究会会长余凯成教授认为:"所谓案例,就是为了一定的教学目的,围绕选定的问题,以事实作素材,而编写成的某一特定情景的描述。"①

2.实例展示说

这种观点认为案例就是对所发生的事实的记录。正如格柯所说:"案例,就是一个商业事务的记录;管理者实际面对的困境,以及作出决策所依赖的事实、认识和偏见等都在其中有所显现。通过向学生展示这些真正的和具体的事例,促使他们对问题进行相当深入的分析和讨论,并考虑最后应采取什么样的行动。"②

3.教学实践描述说

这种观点认为,案例是包含多种因素在内的故事。如理查特认为:"教学案例描述的是教学实践。它以丰富的叙述形式,向人们展示了一些包含有教师和学生的典型行为、思想、感情在内的故事。"③

上述观点对于案例概念的界定虽然各有千秋,但是有一点是达成共识的,即案例一定是以事实为基础的。没有真实的情景、实例或故事存在,案例是无法形成的。案例不是空想虚构出来的,也不可能从抽象的理论中演绎出来。案例要客观反应实际情况,这也正是案例的独特魅力,是案例对教学的巨大贡献。

基于上述理解,我们可以给案例下个定义了,案例是以事实为素材,为实现教学目的而撰写成的,具有真实性、典型性、实效性、针对性、问题导向性和启发性的教学材料。

(二)什么是案例教学

理解了什么是案例,就容易理解什么是案例教学了。我们可以从三个层面理解案例教学的定义:

---

① 王希华、路雅洁:《"案例教学"法探析》,《中小学教师培训》(中学版),1994 年第 2 期。

② 郑金州:《案例教学:教师专业发展的新途径》,《教育理论与实践》,2002 年第 7 期。

③ 刘双:《"案例教学"若干问题的辨析》,《教学与管理》,2003 年第 6 期。

1. 案例教学以培养能力为教学目标

教学目标是所有教学活动的核心,案例教学也不例外。教学目标是教学活动预期达到的结果或标准,是对学习者通过教学以后将能够掌握什么知识、技能、理念的一种明确的表述。案例教学的教学目标不是传授知识,而是提升能力。

2. 案例教学以案例教材为载体

案例教学区别于其他教学方式的最大特点就是以案例教材为载体。这种真实性、客观性、典型性、针对性很强的案例教材是理论付诸实践的经验、教训。案例教材是紧扣教学目标撰写的,本身就具有明显的问题导向性和启发性。

3. 案例教学是以启发式教育为主要方式的

启发式教育就是指教师主导下的学生自主学习行为。在案例教学过程中,教师只是引导员,把编撰好的案例材料传递给学生,并传授给他们分析问题和解决问题的方法。学生才是阅读、思考、分析、讨论案例材料的学习主体。学生通过一系列的自主学习行为,加深了对理论的理解,从而提升了分析问题和解决问题的能力,即用理论指导实践的能力。

综上所述,可以把案例教学的概念界定为,案例教学是以培养用理论指导实践的能力为教学目的,以特定的案例教材为载体,以启发式教育为教学方式,从而提升学生的理论理解力和实践行动力的一种教学方法。

二、案例教学的特征

对于案例教学特征进行归纳的研究成果很多。西南师范大学的张家军、靳玉乐撰写的《论案例教学的本质与特点》一文,将案例教学的特点归纳为五个,即明确的目的性、客观真实性、较强的综合性、深刻的启发性、突出的实践性。

除从上述五个方面理解案例教学的特征外,还可以从案例教学与传统教学的比较中发现案例教学的特点。

（一）以能力培养为教学目标

相对于传统教学形式以知识传播为教学目标而言，案例教学的教学目标是能力培养。往往在案例教学之前，学生已经完成了基础知识的学习，有了一定的知识储备。案例教学就是要培养学生用已学知识或理论来分析问题和解决问题的能力。案例教学主要通过一个或几个独特而又具有代表性的典型案例，让教学对象在对案例进行阅读、思考、分析和讨论中，建立起一套适合自己的、完整而又严密的逻辑思维方法和思考问题的方式，从而提高分析问题、解决问题的能力，进而提高综合素质。

（二）以案例材料为最重要教学载体

传统教学一般以教科书为载体，大多教科书是统编的教材。还有些专题讲座类的传统讲授课，是以教师搜集整理的资料为载体，这些资料也大部分是通识性理论材料与教师自主研究成果的集成结果。总而言之，传统教学的载体是理论性、知识性较强的教材。案例教学的载体是案例教材。本节第一个问题中已经详细阐述过案例教材的特点，在这里就不再重复了。

（三）以启发式教学为主要教学方式

传统教学主要是讲授式的。这种教学方式是单向传递，亦被称为填鸭式的教学。对于基础比较薄弱的受教育者来说，用这种方式打好基础是很有必要的。对于以传授理论知识为教学目标的课程来说，讲授式教学方式是效率最高的。然而，案例教学的教学对象往往具有一定的理论基础，他们更需要加深对理论知识的理解，更需要提升理论与实践相结合的能力。在这种情况下，启发式教学对于他们学习需求的满足就显得更有意义了。案例教学是一种启发式教学方式，是一种双向互动的学习形式。教师在启发式教学中发挥的是主导作用。教师的教学任务是引导学生分析案例，为学生点拨思路。学生在启发式教学中发挥的是主体作用。学生的任务是阅读案例，分享观点，分析问题，积极思考。

（四）以解决问题为教学效果

教学效果与教学目标是有统一性的。传统教学以知识传播为教学目标，因此，必须要以学生系统掌握理论或专业知识为教学效果。案例教学以培养能力为教学目标,因此必须要以是否帮助学生解决了思想问题或实际问题来检验教学效果。

第二节 案例教学法的理论基础

案例教学法是一种被广为接受的教学方式,其在实践中被广泛接受的背后是其深厚的理论基础。古今中外的很多教育教学理论为案例教学法的产生和发展奠定了坚实的理论基础。

一、建构主义理论

(一)建构主义理论的内涵

建构主义理论是认知学习理论的分支理论,所以在理解建构主义理论的内涵之前必须要理解认知学习理论。认知学习理论突破了将学习者看作是被动反应的知识灌输对象的行为主义学习理论,承认了学习者是主动进行信息加工的主体,这就为建构主义理论的生成打下了认知基础。学习者的信息加工就是对其所学习到的知识的加工。学习者将原有知识与新知识建立起联系,通过吸收、消化完成了具有创造性和协调性的建构过程。

我国教育理论界在综合各种建构主义流派观点的基础上,从知识观、学习观、课程观、教学观等方面构建我国教育教学的建构主义理论与实践。现将其要点概括如下:

(1)建构主义理论指导下的知识观,主张创建一种开放的、浸润性的、积极互动的学习方式,以帮助学生克服汲取知识的惰性,增强知识的弹性,促进知识的迁移。

(2)建构主义理论指导下的学习观,主张每个学习者都不应等待知识的传递,而应基于自己与世界相互作用的独特经验去建构自己的知识,并赋予经验和意义,提高学习的积极性、建构性、积累性、目标指导性、诊断与反思性、探究性、情境性、社会性和问题导向性,注重基于案例的学习和内生驱动的学习。

（3）建构主义理论指导下的课程观，强调用真实复杂的故事呈现问题，营造问题解决的氛围，以帮助学生在解决问题的过程中活化知识，将事实性知识转化为解决问题的工具，从而启发学生的思维。由此支撑并鼓励学生开展解决问题的学习、基于案例的学习、拓展性的学习与基于项目的学习，并以此方式参与课程的设计和编制。

（4）建构主义理论指导下的教学观，强调教学是通过设计一项重大任务以支撑学习者积极的学习活动；是设计真实、复杂、具有挑战性、开放式的学习环境，诱发并驱动学习者的探索、思考与解决问题的活动；是提供机会并支持学习者对学习的内容进行反思与调控，从而帮助学习者成为学习主体的活动。

（5）建构主义理论指导下的评价观，强调案例教学法要以目标自由、真实任务、知识建构、经验建构、学习背景、社会建构和协商主义为标准进行教学效果评价。

（二）建构主义理论对案例教学实践的指导

威廉斯指出案例教学反应了建构主义学习原则的六项特征：一是案例教学法乃利用真实情境脉络的教育问题进行教学；二是案例教学法强调学习者建立自己的观点，并以此为基础了解其他更多不同的观点；三是案例教学法强调学习者主动参与包括分析资料、发现问题、形成和考验假设、发展与评鉴解决方案等在内的认知活动；四是学习者针对案例材料所提出的问题形成有针对性的解决方案，可以转换到未来的教育经验中；五是案例教学法提供具有支持性的教学辅导制度，鼓励学生成为得力的学习者，并让学习者对自己的学习承担更多责任；六是案例教学法提供合作与支持的班级环境，让学生分享彼此的观点和想法，承担提出问题解决方案的风险，形成学习的社群。

在构建主义理论的指导下，案例教学法坚持知识是构建的而不是灌输的，这为课堂坚持学生的主体性奠定了认知基础。学生在分析问题、思考问题的过程中坚持对客观实际的尊重，而不是对标准答案的记忆。案例教学法强调对理论的活学活用，而不是机械刻板的复制。案例教学法的讨论过程就是知识构建的过程。既然知识构建的主观性较强,那么就很难生成标准答案,没有绝对权威。教学对象对案例材料的分析和对解决问题策略方法的思考,就是见仁见智的,自然也不是无懈可击的。因此,作为教学对象,就要在讨论过程中独立思考、彼此尊重、虚心倾听、取长补短。

二、信息加工理论

(一)信息加工理论的内涵

信息加工理论是认知心理学的基本理论。这一理论是从人脑的机能入手进行分析的,将人脑机能与计算机处理器的机能相类比而得出结论,即人脑在行为水平上与计算机处理器的信息加工系统极为相似。人的认知过程就是人脑对信息的加工过程,包括搜集、选择和接收信息,对信息进行编码、内化和组织,从而利用这些信息做出决策和指导行为等。学习也是一种认知过程,包括习得和使用信息。人类不同于计算机之处就是人类是有机体,人脑的信息加工过程无法像计算机那样有一致的编码,而更多的是具有强烈主观性和经验性的信息加工。正如"一百个人眼里有一百个哈姆雷特",同样的信息在不同的人脑中加工出的行为指令也很有可能是不同的。

信息加工理论认为信息可以分为描述性信息和程序性信息两种。描述性信息基本不需要加工就可以直接生成行为指令。程序性信息是以产生方式为表征的,其基本原理是一个条件能产生一个活动,也就是说当某个"条件"出现时,就会产生某个活动。

(二)信息加工理论对案例教学实践的指导

传统教学方式注重陈述式信息的传递,而案例教学方式则注重程序性信息的传递。在案例教学提供的情境描述中,教学对象会被置身于一个个具体条件之下,并基于案例材料中所提供的条件设想相应的行为。在这个过程中,教学对象就能够将其原有的知识储备完全调动起来,甚至可以在解决问题的过程中不断重组或优化知识结构。

三、教学交往理论

(一)教学交往理论的内涵

教学交往理论认为,"学习者在学习的过程中,可以通过与共同学习的其他人以及周边环境进行交往的方式,构建起自己的知识结构"。该理论甚至将"交往"视为教学的"必需要素"。之所以有这样的判断,是因为"交往"的确能为教学效果的实现提供必要条件。如"交往"能为学习者提供资源共享的机会、合作的机会、自我实现的机会。"交往"的主体具有平等性,特别是教师和学生之间的关系是平等的,而非传统认识中的"教师为主学生为客""教师主动学生被动"的关系。这种平等关系是实现学生全面发展、实现教学目标的必然要求。这种平等关系是教学交往的核心。但现实中,教师与学生的关系往往并不是平等的,因此促进双方"教学相长、取长补短"是实现教学交往的关键。

(二)教学交往理论对案例教学实践的指导

在案例教学中,最重要的角色就是教师。教师要对教学交往理论有高度认同,并主动明确自己在平等师生关系中的定位。在初期尝试案例教学的阶段,教师需要刻意调整师生关系:一是提醒自己对教学内容没有什么权威性,因为案例教学并不是以既定知识为核心内容的;二是提醒自己不是课堂的操纵者、控制者,只要课堂纪律不混乱、研讨内容不过分偏离,教师尽量不要干涉学生的自主学习活动;三是鼓励学生积极参与教学交往,特别是鼓励学生之间充分沟通、充分讨论,总结提炼讨论观点。总而言之,案例教学过程中充满着"交往"——师生之间交往、学生之间交往、小组之间交往、个体与组织之间的交往。如果说案例教材是案例教学的载体,那么"交往"就是案例教学的核心。

四、顿悟学习理论

(一)顿悟学习理论的内涵

顿悟学习理论源自格式塔心理学。通过实验得出结论:学习不是依靠

"尝试"，而是由于"领悟"，即突然理解了。所谓顿悟，就是突然地理解，就是不经分析和推理，仅凭直觉一下子领悟到学习对象的本质特征。所谓顿悟学习，就是通过重新组织直觉环境并突然领悟其中关系而发生的学习。顿悟学习理论认为学习是认知重组，是对事物之间关系的顿悟。顿悟学习不易遗忘，不仅可以避免多余的错误尝试，而且顿悟学习本身具有奖励的性质，使学生产生积极的愉快体验。基于顿悟的优势可以判定：注重概念化、思考及对技能的领悟性学习，在激发学习兴趣方面，优于遵循重复练习原则的技能、习惯和记忆的学习。

（二）顿悟学习理论对案例教学实践的指导

案例教学充分重视讨论。在教学过程中必须设置小组讨论和班组讨论的环节。在讨论中，由于不同的学生原有的认知结构不同，对案例中各种关系的认知也不同。个人可以在发表自己的观点和倾听他人观点的过程中取长补短，从较为全面的角度认知问题。在讨论中，频繁的观点碰撞和教师点拨，能够为顿悟的发生提供充足的养分。教师运用案例中富有启发性的问题，引导学生进行讨论，减轻了学生的学习被动性，以及对记忆的过分依赖，促进学生积极思考，寻找问题的答案。

五、学习迁移理论

（一）学习迁移理论的内涵

学习迁移理论，是指一个人在一种情境中的学习影响他在其他情境中的学习。该理论认为，人们可以根据已有的知识经验解决新的问题，换句话说就是可以在解决新问题的过程中实现旧知识经验的迁移。迁移理论并不是经验主义或本本主义，而是一种基于对解决问题实践的观察研究而形成的理论。

学习迁移理论包括很多学说，如形式训练说、相同要素说、经验类化说、迁移假设说等，其中迁移假设说是案例教学最为直接的理论依据。

莱文的迁移假设说认为，一个人在解决问题的过程中，会提出一系列的假设，形成一套解决问题的思考顺序和假设范围。这种通过假设形成的思考顺序和假设范围会影响以后类似问题的解决,迁移到以后的类似问题解决活动中去。这一学说提出,学习的情境与日后运用所学内容的实际情境相类似,有助于实现学习迁移。

(二)迁移理论对案例教学实践的指导

案例教学就是教师把学生带入一个解决问题的过程。教师把案例材料和相应的问题布置给学生,要求学生自主分析材料、讨论研究解决问题的办法。在这个过程中学生一定会产生一系列的思考和假设。他们主要思考的是如何用已经学过的原理、方法等基本理论知识来解决实际问题。学生会通过一系列的假设,将理论知识与实际问题结合起来,从而形成解决问题的亲身经验。再通过总结,学生会初步形成解决此类问题的思考顺序、一般步骤和方法策略,这一过程大大丰富和提升了学生解决类似问题的经验和能力。案例教学具备了迁移假设理论的条件,从而有效地促进问题解决的迁移。

基于案例教学的真实性、目的性、客观性和实效性,案例教学的学习情景会与学生工作生活的实际情境相似度很高。这种相似情境的学习非常有利于实现学习迁移。学生在案例教学课堂上学到的理论与实践相结合的思考方式和处理问题的方法,以及提升的解决问题的能力,都能很好地迁移到实际工作生活中。

基于以上分析,学习迁移理论中关于相似学习情境促进知识迁移的原理,支撑了案例教学具有理论与实践相结合功能的科学性,成为案例教学重要的理论基础之一。

第三节 案例教学的历史沿革

把案例作为一种教学素材是教学这一活动兴起之初就存在的。可以说,案例与生俱来地具有教学素材的天然属性。在教学中最经常使用的案例教学方法就是举例子和打比方。这些例子和比方有的是真实发生的事实,有的是为了说明道理而设计出来的故事。无论是事实还是故事,案例这种教学素材能够深入浅出地分析问题、解释道理。相比于案例素材出现在教学中的历史而言,案例教学作为一种教学方法并形成教学概念的历史并不算久远。"关于案例教学法的首次使用,很多人都存在误区,一般认为是哈佛大学法学院院长克里斯托弗·哥伦布·兰戴尔首创。但实际上,早在19世纪60年代,这一方法就已经被克拉克在自己的法学院中运用,也被波莫诺在纽约和黑斯廷大学运用过。"①兰戴尔之所以被很多研究者看作案例教学的创造者,是因为他对于案例教学法推广运用的贡献。在他的推动下,案例教学法在众多教学方法中的地位不断提升,甚至对法律教学的教学效果发挥了决定性作用,形成了系统性的运用模式。

一、启发式教学对案例教学发展的影响

(一)中国教育史上启发式教学的理论与实践

1. 孔子"举一反三"的理论与实践

孔子是中国历史上著名的教育家,被世人公认为"至圣先师""万世师表",为中国的教育事业留下了很多宝贵的教育理论和实践遗产。孔子开创了我国启发式教学的先河。关于启发式教学的最早记载可见于《论语·述尔》:"不愤不启,不悱不发。举一隅不以三隅反,则不复也。"

孔子生活在春秋末期,那是一个在思想上"百家争鸣,百花齐放"的年代。诸子百家都竭尽全力地宣传自家的主张。当时,很多受众的受教育程度并不高。为了让受众易于接受自家的观点,各家先贤不断创新自己的宣传手段。于是,"用故事讲道理"的寓言式宣教方法自然而然地成为思想宣传者们纷纷追捧的一种宣教方法。这些寓言故事的传播力和影响力千年不衰,对后世的宣传教育工作仍然发挥着巨大作用。

在诸子百家中,孔子是运用这种"用故事讲道理"宣教方法最为出色的一位。像"一鸣惊人""买椟还珠"等出自《论语》的寓言故事,我们至今耳熟能详。孔子最善于用故事引导人,在看似简单的事例中让人有所领悟,实现

---

① 刘晓善:《案例教学法历史溯源及其对经济法教学的影响》,《今日南国》,2009年第5期。

"不愤不悱,不启不发"。孔子不但在实践中成功地运用了这种教学方法,而且还将其上升到理论的高度提出了"举一反三"的教学思想。

"举一反三"这个成语本身就是一个案例,是对于孔子教育学生的一段真实故事的记录。有一天,孔子对他的学生说:"举一隅不以三隅反,则不复也。"意思是说,我举出一个墙角,你们应该要能灵活地推想到另外三个墙角,如果不能的话,我也不会再教你们了。后来,大家就把孔子说的这段话变成了"举一反三"这个成语,意思是说,学一件东西,可以灵活地思考,运用到其他相类似的东西上。

"举一反三"的教学思想,对于案例教学法而言,具有理论基础的作用。"举一反三"中的"一"就是案例素材。"举"就是教师运用案例素材引导学生思考、研讨的教学组织过程。"反三"就是案例教学法要达到的教学效果,即学生通过在教师引导下自主地研究、分析、讨论案例材料,从而找到解决问题的方法,总结出解决类似问题的普遍性规律,提升在实践中解决类似问题的能力。

孔子首倡的启发式教学法对学生和教师都提出了要求。他告诫学生:"学而不思则罔,思而不学则殆",要求学生在学习过程中一定要勤于思考、善于发现问题。他对教师提出的要求则更高,既要坚持"因材施教""循循善诱"的教育原则,还要善于运用"一以贯之""由博返约""扣其两端"等多种教学方法启发学生思考,从而培养他们的思辨能力,防止他们成为"书呆子"。

2. 孟子的"引而不发""时雨之化""有答问者"的理论与实践

孟子是我国历史上著名的儒家学派思想家,继孔子"至圣先师"的美名之后被称为"亚圣"。孟子虽然不是孔子那样"弟子三千"的著名教育家,但是作为儒家学派的第二大宗师,也在传播儒家思想的过程中积累了很多教育实践经验,特别是继承和发展了孔子的启发式教学理论与实践。

与孔子的启发式教学相比,孟子有两个方面的突破。

一方面是孟子更注意激发学生的学习主动性。《孟子·尽心上》曰:"大匠不为拙工改废绳墨,羿不为拙射变其彀率,君子引而不发,跃如也,中道而立,能者从之。"这句话的意思是,高明的木匠不会因为笨拙的徒工而改变或者抛弃必不可少的墨线,善射的后羿不会因为徒弟笨拙,就改变弯弓的标准限度,君子教人,应该像后羿教人射箭一样,师傅搭建拉弓,做好示范,但是并不把箭射出去,而是"引而不发",启发学生模仿、思考,让学生提高能力自己学会射箭。这段话也阐述了孟子关于启发式教学要"引而不发"的主张。

另一方面是孟子重视激励学生的"质疑精神"。《论语·为政》有云:"多闻阙疑,慎言其余,则寡尤。"这里"阙疑"的意思是"对疑惑不解的东西不妄加评论。把疑难问题留着,不做主观推论"。换句话说"阙疑"也就是"存疑"。孔子鼓励学习者思考,因为只有思考才能产生疑问,才能发现问题并解决问题。相对于孔子鼓励的"阙疑精神",孟子鼓励的"质疑精神"更加具有开拓性。孟子更鼓励学生发起对权威的挑战。他曾经说过"尽信书,则不如无书"。在实践中,孟子鼓励学生大胆怀疑,甚至对书中明确的理论知识都可以提出质疑。孟子用这种方法建立起了启发式教学的流程,即"设疑—思考—领会"。

孟子曰,"君子之所以教者五:有如时雨化之者,有成德者,有达财者,有答问者,有私淑艾者。此五者,君子之所以教也"。这里孟子提出了教学方法的五个重点,其中"时雨之化"阐述了启发学生要注重时机的把握。"有答问者"阐述了启发学生要给予具体的操作方法。

"时雨之化"中的"时雨"有"及时雨"的意思,指的是久旱之际,禾苗因缺水就要枯死了,在这紧要关头,来了一场甘霖般的大雨,禾苗得到雨水滋润很快就起死回生了。这场久旱之甘霖就是孟子所说的"时雨"。后人将这种适时而降的久旱甘霖称为"及时雨"。孟子将这种自然现象类比到教育行为中,意思是指,当学生遭遇困惑的关键时刻,教师应适时施教。此时教师的教导对于学生来说,就如同"及时雨",会令学生有醍醐灌顶、豁然开朗之感。"时雨之化"强调对教育时机的把握,强调教育教学要注重针对性。只有时机适宜、针对性强的教育,才能让学生领会于心。这种教育思想摒弃了强制性、填鸭式教育的弊端,具有潜移默化、循循善诱的特点,能达到春风化雨、润物无声的效果,正像古诗所说"沾衣欲湿杏花雨,吹面不寒杨柳风"。

"投其所好"是"时雨之化"教学理论的逻辑起点,"润物无声"就是"时雨之化"理论运用于教学实践的最高境界。

"时雨之化"中的"时雨"就体现了案例教学中的针对性和问题导向性。学生在实际工作和生活中往往会遇到很多难题。此时他们就像是要被干旱而枯死的禾苗,迫切地希望能有人为其答疑解惑。而案例教材所描述的情境与他们所遭遇的困境非常相似,他们会产生强烈的研究分析案例的学习欲望,这就是"投其所好"。"化"就是学生在教师引导下积极主动地分析问题、解决问题的过程。在这个过程中,学生自然而然地、非被动性地提高了分析问题、解决问题的能力,这就是"润物无声"。

"有答问者"的意思是学生要主动提出问题,教师要有问必答。如果学生没有问题,那教师就无从答起。孟子敏锐地发现,有些学生只是被动地听老师讲课,不会主动地问老师问题。学生不问,老师即使自问自答也很难达到教育的目的。因此,孟子强调要"有答问者",就是要培养学生提问的能力,这样教师才能行"时雨之化"。学生会提问题,教师才能给出解疑释惑的答案。孟子特别注重启发式教学,激励引导学生积极思考,提出问题。

"有答问者"其实就是案例教学法运用中的互动过程。在案例教学法运用过程中,师生间的互动、学生与学生间的互动、个人与组织间的互动往往都是以问答的形式展开的。"问"能激发思考。孟子曰:"尽信书,则不如无书。""问"就是学生将学习到的理论知识在实践中灵活运用的具体表现。案例所描述的现实情境往往比理论知识的假设更为复杂,学生通过分析研究案例,往往会提出诸如"用何种理论工具解决这一实际问题""如何运用这些理论工具解决问题呢"之类的问题,在讨论过程中,教师或其他学生会积极思考这些问题,从而给出自己的答案。这些答案会对学生有所启迪。

3. 朱熹"自由平等学术环境"的理论与实践

宋代理学家朱熹也是我国历史上一位著名的教育家。他对孔孟启发式教学的发展贡献突出,体现在提出了自由平等的学术环境是启发式教学的重要客观条件。

朱熹曾道:"如银坑有矿,谓矿非银不可,然必谓之银不可,需用烹炼然后成银。"意思就是银是从矿中烹炼出来的，人才是磨练出来的，真理永远都是在百家争鸣，自由辩驳中发现与发展的。① 自由平等的学术环境是学生独立思考的客观条件。学生只有在这样的环境中，才能勇敢地提出质疑，才能坚持自己的观点，接收到各种各样经过独立思考而产生的问题和结论。

朱熹启发式教学思想的特征是"以学生为主体、教师为主导、师生平等合作"。他对"学生主体性"的重视，从其创办的白鹿洞书院的办学宗旨"开发其聪明，成就其德业"中就充分体现出来了。白鹿洞书院的学生跟我们现在普通教育体系中的学生不同，他们在年龄、阅历等各个方面都是千差万别的。因此，朱熹十分注重发挥各个学生的主动性和创造性，甚至要求教师针对不同学生制定个性化的教学方案。为了充分尊重学生的主体地位，书院营造了自由平等的学术环境，鼓励学生提出疑问，教师要与学生共同探讨。

关于"教师主导性"，朱熹在《朱子语类》中做出了详细阐述，并提出了具有可操作性的要求，即"某此间讲说时少，践履时多，事事都用你们去理会，自去体察，自去涵养。书用你自去读，道理用你自去究索。某只是做得个引路底人，做得个证明底人，有疑难处，同商量而已矣"。这段话的意思是，教师在教学过程中是学生的引路人，通过激发他们的积极性来引导他们学习思考。教师的职责是为学生指明一个正确的方向，并确保他们不偏离正轨并循序渐进地学习。教师的主导性是建立在学生主体性的前提下的，只有学生积极主动地学习思考，教师的引导才能发挥作用，达到预期效果。

关于"师生平等"的主张是朱熹启发式教学最为鲜明的特征。中国传统文化中历来主张尊师重道，所以在教学过程中，教师往往是处于权威地位的。实际上，教学过程是教师与学生平等合作的过程。"教"与"学"之间是相互促进的。朱熹的启发式教学强调师生之间的平等合作，认为教师和学生之间应该是一种亦师亦友的关系，主张教学要在一种自由民主的氛围中进行，师生双方互相交流沟通，共同学习和进步。

中国历史上还有很多教育家对启发式教学进行过探索，并取得了很多

---

① 韩钟文:《朱熹教育思想研究》，江西教育出版社，1989 年，第 323 页。

理论和实践成果。明代教育家王阳明就提出，在做学问的过程中，教师要发挥指点开导的作用，做好学问的关键还是要靠学生的思考和实践。《传习录》卷二中记载："学问也，要点化，但不如自家解化，自一了百当。不然，也点化许多不得。"这充分体现了以"点化"为引、"解化"为主的王阳明启发式教学的观点。再如，清代学者王夫之十分注意学与思、知与行、动与静、教与学的关系。他认为："学非有碍于思，而学越博思越远；思有功于学，而思之困则学必勤；有自修之心则来学，而因以教之，若未能有自修之志而强往教之，则虽教无益。"他指出，在教学活动中要发挥教师和学生两方面的积极作用，才能取得良好的教学效果。[①] 著名教育学家陶行知先生认为，"教育中要防止两种不同的倾向：一种是将教与学的界限完全泯除，否定了教师主导作用的错误倾向；另一种是只管教，不问学生兴趣，不注重学生所提出问题的错误倾向。前一种倾向必然是无计划，随着生活打滚；后一种倾向必然把学生灌输成烧鸭"。这一观点体现了陶先生对启发式教学要充分把握好启发度，谨防出现"无计划"和"灌输"两个极端。

（二）西方教育史上启发式教学的理论与实践

1. 苏格拉底的"产婆术"

苏格拉底是古希腊著名的哲学家、思想家和教育家。他最具代表性和影响力的教育思想就是"产婆术"。他认为，真知不是既定的理论，更不可能通过灌输的方式存在和传播。因为每个人的心中都有真知的存在，所以教师的职责就是要引导人们找到自己内心的真知。他把教师形象地比喻为新生思想的"产婆"。他在教学实践中不断探索"产婆术"的教学方法。他很少用单向教授的方式把学生应知应会的知识灌输给他们，而是常常通过讨论问答，甚至辩论来引导学生产生对知识的兴趣，激发他们的求知欲望。

苏格拉底的具体做法是首先对学生提出问题。当接收到学生错误的答案时，他也不像大多数教师那样直接指出错在什么地方，或分析为什么学生会回答错误，而是继续提问。这些问题是经过巧妙设计的，能够引导学生认

---

① 鲍日元：《我国古代启发式教学探究》，《厦门教育学院学报》，2007 年第 1 期。

识到自己答案的混乱和自相矛盾之处。当学生充分认识到自己的错误时，就会产生强烈的求真欲望。这时，苏格拉底会以各种各样的事例来启发学生，引导他们独立思考，自己得出正确的答案。这种教学理念和方法就是著名的"产婆术"，是国外启发式教学的最早探索。

苏格拉底曾这样描述教师在做学问过程中的"产婆"形象。他说他虽"无知"，却能帮助别人获得知识，正像他的母亲是一个产婆，虽年老不能生育，却能接生一样。但是"产婆术"存在着天然的局限性，就是只适用于一对一的教学模式。在苏格拉底生活的年代，教学往往都是教师和学生一对一地进行，所以双方都有足够的时间和精力共同讨论，甚至相互激发、共同求索、教学相长。

2. 夸美纽斯的"和谐教育"

夸美纽斯是17世纪捷克的伟大爱国者、伟大的民主主义教育家，也是西方近代教育理论的奠基者，被誉为"现代教育之父"。他在教育理论方面的代表作《大教学论》，是西方教育学史上一部划时代的著作。书中提出"人爱和谐，渴求和谐，这是很明显的"。这成为贯穿其整个教育思想体系的"和谐教育"理论。他认为渴求和谐是人的天性，人生来就带着和谐的"种子"，教育就是要培养和谐发展的人。

主张"和谐教育"的夸美纽斯对于当时出现的不和谐教育现象进行了旗帜鲜明的批判。他指责当时的注入式教学是迫使学生"用别人的眼睛去看，用别人的脑筋去使自己变聪明"，"结果是大多数人都有知识"。他认为这样的注入式教学泯灭了学生的"悟性"，造成了人的身心不和谐，是违背自然规律的。他主张："凡是没有被悟性彻底领会的事项，都不可用熟记的方法去学习。"

3. 赫尔巴特的"形式阶段"理论

赫尔巴特是德国教育家。他提出把启发学习者已有的经验和知识作为学习的出发点。他把人们用"旧知"去融化吸收"新知"的心理现象统称为"统觉过程"。他提出这一过程会分成四个阶段，每个阶段人都会产生相应兴趣，这就是著名的"形式阶段"理论。四个阶段的基本特征如下：一是明了阶段,教师会明确地讲授给学生新知识;二是联合阶段,教学双方会将新知识与旧知识联系起来;三是系统阶段,教师会作概括和结论;四是方法阶段,把所学知识用于习题或书面作业。这四个阶段决定着各种课堂的教学程序。

后来,赫尔巴特学派把这种依据教学程序来启发学生思想的理论用于任何年级和课程制定的教学,从而形成了固定的教学模式。这种机械的、形式主义的固定模式就演变为启发式教学的反面,违背了启发式教学的"学生中心"理念,而倒退到传统的"教师中心"和"教材中心"理念。

随着现代科学技术的进步和教学经验的积累,启发式教学不断地得到丰富和发展。二战以来,一些国家教学方法改革中的许多创造和见解,都是批判地继承了过去的教学理论,且大都是同启发式教学相关联的。诸如,美国斯金纳的程序教学法、布鲁纳的发现法、布卢姆的掌握学习法、兰本达的探究法,苏联马秋斯金的问题教学法,德国瓦根舍因的范例教学法,法国弗雷·内的自治教学法,保加利亚洛扎诺夫的暗示教学法,日本的铃木教学法等。从对历史的回顾中我们可以看出,启发式教学并不是一种特指的教学方法,它不具有一套固定不变的教学环节和模式,而应随着时代的进步不断被注入新的精神。[①]

4. 举例说明法

启发式教学中最常用的一种方法就是举例说明法。举例说明法,是指用一些具体的例子来说明某些概念、定义和原理。在传统教学方法中,举例说明法运用非常广泛,而且实用性非常强。传统教学方法是以讲授式为主的,如果一味地讲专业、抽象甚至枯燥晦涩的理论知识,受众的头脑中很难产生形象的认知,更无法留下深刻的印象。因此,讲授者往往会用举例子的方法对理论知识进一步说明,一个个鲜活、生动、具体的例子会使受众产生强烈的代入感,从而对理论知识有更具象的认知,并留下深刻印象。

---

① 刘捷:《苏格拉底"产婆术"与西方启发式教学的历史演变》,《中外教育思想史与人物研究》,2009 年。

举例说明法在传统教学中的运用是非常灵活的,可以一个例子反复使用,也可以为说明一个观点、讲清一个知识点或道理举出若干个例子。举例说明法在传统教学中的应用也是非常便捷的,对课堂环境要求不高,教师在讲授的过程中可以随时随地根据内容需要,随机举例,只要能达到说明原理的目的即可。

举例说明法是案例教学法的前身和最初级形式,为案例教学法的产生和发展打下了坚实的实践基础。

二、案例教学在教学中的普遍应用

在最初的时候,案例教学是被当成一种速成教学和短期培训的教学方法出现在哈佛大学的课堂上,后来被广泛使用到全日制教学的各个阶段运用,从速成教学发展为日常教学。之后,我国教育界也开始研究和尝试案例教学,并在各种教学场景中迅速应用和推广。

(一)案例教学法在当代西方教学中的应用

1. 案例教学首先应用于法学教育

真正意义上的案例教学出现于哈佛大学。[①] 美国哈佛大学法学院院长兰德尔被誉为案例教学法的先驱者。他认为,唯有通过仔细分析法官在判决重要案件时的推理过程,方能洞悉潜在的法律原理,他相信案例能够成为理论教学最有力的媒介。[②] 从 1870 年开始,他就倡议并尝试着在大学法学教育中运用案例教学法来提高法学院学生的能力。

当时的法学教学领域,最为盛行的教学方法是"讲授和背诵"。很多学生在根本不理解这些枯燥法律条文的情况下,仅仅依靠死记硬背来加深对知识的印象。这种填鸭式、灌输式、强迫式的教学方式导致当时的很多法学学生失去了对法学的兴趣。更为严重的后果是,即使学生能牢记法律条文,也不会运用,根本没有处理复杂案件的能力。

---

① 付永刚、王淑娟:《管理教育中的案例教学法》,大连理工大学出版社,2008 年,第 7~9 页。
② [美]朱迪思·H.舒尔曼:《教师教育中的案例教学法》,郅庭瑾译,华东师范大学出版社,2007 年,第 3 页。

兰德尔案例教学法的应用对于当时的法学教学来说,可谓是"时雨之化"。兰德尔的教学思想在其著名的《合同法案例》(*Selection of Cases on the Law of Contracts*)一书中有所体现:"被作为科学的法律是由原则和原理构成的。每一个原理都是通过逐步的演化才达到现在的地步。换句话说,这是一个漫长的、通过众多的案例取得的发展道路。这一发展经历了一系列的案例。因此,有效地掌握这些原理的最快和最好的途径就是学习那些包含着这些原理的案例。"①

案例是英美法系国家主要的法律渊源,而且法学本身就是一个理论性和实践性都非常强的学科,因此,案例教学在法学教育中得到认可和推广具有天然的可行性。因此,自哈佛大学法学院首先尝试使用案例教学法之后,案例教学法在美国、英国、法国等英美法系国家的法学院迅速风靡。

2. 案例教学在商学、医学、师范教育中的推广应用

1908 年,哈佛商学院的首任院长盖伊(Gay)邀请商人参与"企业政策"授课,课上需要学生对提出的商业问题进行分析,并完成书面报告并进行讨论。这些报告便是哈佛商学院最早的真实的案例。② 1919 年,唐哈姆(Donham)出任哈佛大学商学院第二任院长。唐哈姆毕业于哈佛法学院,精通法律,这样的背景让他看到了法律和商业管理教学之间的关联性。他邀请著名的营销专家科波兰德(Opeland)教授专门从事案例开发,并于 1920 年 9 月出版了第一本商业方面的案例集,奠定了管理教学中案例教学法的基础。1921 年,哈佛商学院开始正式推行案例教学。

哈佛医学院引入的案例教学与著名的《弗莱克斯纳报告》有关。1910 年,弗莱克斯纳(Flexner)对当时美国和加拿大的医学培训状况进行调查,发表了《美国和加拿大的医学教育》(Medical Education in the United States and Canada)的调查报告(亦称《弗莱克斯纳报告》)。报告对美国的医学院校提

---

① Amy Raths McAninch, *Teacher Thinking and the Case Method*: *Theory and Future Direction*, Teacher College Press, Columbia University, 1993, p. 64.

② Jeffrey L. Cruikshank, *A Delicate Experiment*: *The Harvard Business School*, *1908 – 1945*, Harvard Business School Press, 1987, p. 74.

出了非常尖锐的批评,提出要通过临床操作培养学生的质疑探究精神。在该报告的影响下,哈佛医学院对当时传统的医学教学进行改革,采用临床实践和临床病理学会议两种案例教学形式。①

案例教学在教师教育中的应用,最早可追溯到 1925—1932 年间的美国蒙特科莱的新泽西州立师范学院。"学院推行了收集案例材料的计划,要求实习学生详细记录实习过程中遭遇的困难、分析的过程和最终的解决办法,以此作为专业课程重要的教学素材。这种做法在很大程度上保证了案例法在新泽西州立师范学院的成功。"②1986 年,美国教育家舒尔曼在美国教育研究协会组织的会议上呼吁案例教学应该被应用于师范教育。舒尔曼认为,随着师范学校的消亡,教学法的教学已经类似于一般大学课堂的教学,在这些课堂中,充满了各式各样的演说、背诵、项目和实地经验。舒尔曼在实践中将案例教学法设计为四个步骤:一是选取案例原材料,通过一级经验接触收集所需的一手材料;二是编撰案例教材,把原材料加工成案例材料,再概括个案中所蕴含的普遍原理;三是案例学习的心理活动,如活动、反思、合作;四是案例学习与教师共同体的关系,互相促进,相辅相成。

3. 案例教学法应用于公共管理教学

到 20 世纪 30 年代中期,公共管理案例的教学开始形成。1934 年至1941 年间,美国社会科学委员会公共行政分委员会开始探讨公共管理案例教学的可能性,并出版了具有重要意义的《案例报告》。《案例报告》的出版,标志着公共管理案例教学的开始。案例报告出版后,获得了较高评价,行政官员和教师们纷纷把这些案例用于培训和研究。由于时代所限,《案例报告》在案例教学法指导思想、案例选材、案例内容编排方面存在着一定局限性。③

1941 年—1950 年,公共管理教学中的案例教学应用进入规范化时期,案

---

① 杨光富,张宏菊:《案例教学:从哈佛走向世界——案例教学发展历史研究》,《外国中小学教育》,2008 年第 6 期。

② 王少非:《案例法的历史及其对教学案例开发的启示》,《教育发展研究》,2000 年第 10 期。

③ 万鹏飞:《行政案例的方法与应用》,北京大学出版社,1995 年,第 9~10 页。

例教学在课程设置、教材建设、教学条件等方面逐步走向规范化。此后,案例教学逐渐向成熟多样化发展。从20世纪50年代开始,案例教学法传入英国、法国、德国、日本、加拿大等国,相应地,全世界管理教育界掀起了案例教学研究的高潮。经过长期的积累和发展,很多国家的大学和培训机构将公共管理案例分析作为公共管理教学的重要形式和手段,并逐步完善,从而取得了重要成果。如哈佛大学肯尼迪政府学院60%的课程使用了案例教学,学院MPA的学生两年中学习了100~140个案例。肯尼迪政府学院对外国官员进行的公共管理培训课程,也同样采取案例教学的方式,案例教学已经成为其教学的突出特色和鲜明品牌。①

(二)案例教学法在当代中国教学中的应用

案例教学在中国的发展,主要集中在管理领域。② 中国的案例教学始于20世纪80年代。1980年夏,由美国商务部与中国教育部、经贸委合作举办的"袖珍MBA"培训班,将中美合作培养MBA的项目执行基地设在大连理工大学,成立了"中国工业科技管理大连培训中心"。为更加有效地开展针对中国管理者的MBA教育的管理培训,美国教师团与中国教师对特许开放的四座城市的20余家企业进行采访,撰写了首批用于教学的83篇中国管理案例,并编写了《案例教学法介绍》一书,可视为中国管理案例和案例教学法的开端。1986年,太原成立了国内第一个民间学术团体——"管理案例研究会",1987年开始创办学术刊物《管理案例教学研究》。1997年,MBA教育指导委员会正式提出在56所MBA培养院校推广案例教学。1998年,清华大学、北京大学投入数百万元建设工商管理案例库。哈佛商学院、加拿大西安大略大学毅伟商学院等国外著名商学院也开始向中国输出案例教学法及各类案例资源。2007年,在MBA教育指导委员会的领导和支持下,"中国管理案例共享中心"成立,"该中心日常工作机构设在大连理工大学管理学院,中心在组织层次、案例资源利用、师资培训、案例科学研究等层面为中国管

① 郭春甫:《西方公共管理案例教育发展史评析》,《教育现代化》,2016年第38期。
② 付永刚、王淑娟:《管理教育中的案例教学法》,大连理工大学出版社,2008年,第7~9页。

理案例建设开创了一种新模式"。①

　　随着中国工商管理教育,特别是 MBA 教育的蓬勃兴起,以哈佛商学院为代表的欧美商学院对中国管理教育市场的培育开发,案例教学在中国开始备受关注。国内的许多院校教师和学者,在学习和熟悉国外案例教学方法的基础上,结合中国国情,对案例的编写和教学方法均进行了有益的改进。一部分商学院开始致力于中国本土案例库的建设,如大连理工大学案例库现有案例超过 1 万个,其中自编案例超过 800 个,在全国院校中高居榜首,比自编案例数位居第二的院校多数百个。除了高等院校以外,各种类型的管理教育机构,如长江商学院、培训公司等纷纷推出案例教学班,积极探讨案例教学模式,市场上也随处可见各种案例教学的书。自 20 世纪 80 年代中国恢复公共行政与公共管理教育以来,在行政学界的专家和行政管理工作者的努力下,中国的公共管理研究取得长足的发展和进步。在理论研究方面,建立了较为完善的理论体系;在研究方法方面,采用了比较研究方法、案例研究方法、行为科学研究方法等多种方法进行研究。自 2001 年中国进行首次 MPA(公共管理硕士)招生之后,案例教学作为 MPA 教育的重要教学内容和手段已经受到社会各界的重视,高等院校、政府部门纷纷投入力量进行公共管理案例教学研究,使得中国公共管理案例教学进入一个新的发展阶段。②

　　案例教学在工商管理学之外的其他学科教学中也逐渐展开推广应用。但是毕竟案例教学引入我国教育教学领域的时间只有 40 年左右,这样短的时间内难以积累丰富的本土案例,而且案例的编撰难度也非常大,经典案例更是一案难求,所以,中国案例教学的发展应该尚处于初级阶段。

---

　　① 冯茹、于胜刚:《面向教育硕士的教学案例开发研究:困境与路径》,《中国高教研究》,2019年第 6 期。

　　② 钟曼丽、陈小燕、陈雅宁:《案例教学的发展历程及存在的问题》,《中国管理信息化》,2010年第 23 期。

第四章
案例教学法在新时代干部培训中运用的必要性与可行性

新时代对干部理论水平与实践能力的要求都有了新的提高。因此,干部教育培训必然更加注重提升培训对象运用科学理论指导实践的能力。这样的新要求决定了加大案例教学力度成为新时代干部教育培训的必然选择。新时代关于干部教育培训的党内法规和政策也对"加大案例教学力度"提出了明确要求。新时代是个理论与实践创新成果都极为丰富的时代,这些成果为案例教学的开展提供了丰富的案例材料。新时代干部教育培训的参与者的创新意识提升很快,对于创新教学方式的适应能力非常强。这些有利条件都大大提升了案例教学的可行性。

第一节 加大案例教学力度是坚持马克思主义学风的必然选择

马克思主义学风的核心要义是理论联系实际。案例教学是理论联系实际的桥梁。基于此,案例教学就成为坚持马克思主义学风的必然要求。

一、马克思主义学风的核心要义是理论联系实际

理论联系实际是中国共产党的三大作风之一,是党的唯物主义思想路线的具体体现,是进行理论宣传和理论教育必须遵循的根本原则。理论联系实际的马克思主义学风是党在伟大实践中形成的优良作风,是党不断进步的关键所在,成为干部培训必须坚持和弘扬的学风。

（一）理论联系实际的马克思主义学风是中国共产党的优良传统

毛泽东同志将马克思主义基本原理同中国革命实践相结合，确立了理论联系实际为中国共产党的三大作风之一。1941年5月，为给延安整风运动做好充分准备，毛泽东在延安高级干部会议上作了《改造我们的学习》的报告，号召全党树立理论和实际相统一的马克思主义学风。延安整风运动开始后，他在给中央研究组同志的信中指出，学习理论要"以研究思想方法论为主"。破除错误的思想方法，畅行正确的思想作风，最重要的就是要遵循实事求是的思想路线，做到理论联系实际。

邓小平同志也多次强调理论联系实际的重要性，明确指出只有一切从实际出发，理论联系实际，社会主义现代化建设才能顺利进行。改革开放初期，《实践是检验真理的唯一标准》一文的刊发，引发了一场全党全国范围内关于真理标准问题的大讨论。文中有一个核心观点，即"理论与实践的统一，是马克思主义的一个最基本的原则"。这一观点在讨论中得到了充分证实，获得了广泛共识。

当中国这艘航船前进到中国特色社会主义新时代的历史方位上，理论与实际相统一的马克思主义学风更加坚定而强劲。习近平总书记在党的十九届一中全会上指出，在新时代的征程上，全党同志一定要弘扬理论联系实际的学风，并提出四个"紧密联系"作为新时代工作的要求。回顾党的奋斗历程可以发现，我们党之所以能够不断历经艰难困苦创造新的辉煌，很重要的一条就是始终重视思想建党、理论强党，坚持科学理论武装，并敢于善于从实际出发进行理论创新和实践创新。

（二）坚持理论联系实际的马克思主义学风的必要性

我们党之所以一直坚持并不断弘扬理论联系实际的马克思主义学风，是因为我们对于规律的正确认识和把握。理论是源于实践的，理论的正确与否也是要在实践中得到检验的，这是理论与实践相统一的天然逻辑联系。只有经过充分调查研究，才能从实践中提炼出具有普遍性、客观性、规律性的科学理论。只有源于实践的科学理论才能推而广之去指导更广范围的实践活动。理论是否具有真理性，还需要经过实践的检验，才能得出结论。那些脱离实际的理论,往往会成为僵化的教条。理论一旦陷入了教条,就会出现两种结局:一种对实践毫无作用,只作为一种空想存在于空谈家的口中或被尘封在故纸堆中;另一种结局更为糟糕,就是成为权威式的指令或命令去指导实践,从而造成巨大的现实损失。中国共产党在长期的革命斗争中,曾经出现过理论脱离实际的错误。幸运的是,我们具有同违反理论联系实际的教条主义和经验主义作斗争的智慧和勇气,能一次次从失败中重新站立起来,并不断地发展和壮大。

干部教育培训是党的思想教育的最重要途径,必须更加坚持理论联系实际的马克思主义学风。干部教育培训中的理论学习同一般学校的理论学习,在目的上有很大不同。干部教育培训以提升干部解决实际问题能力为直接目的,因此干部必须在学习党的基本原理、基本路线、基本方略的过程中,直面现实情况、直击现实问题。要做到理论联系实际,就要切实把握现实的、具体的、生动的社会发展现状。只有做到了深入调查研究,切实把握现状,才能运用马克思主义的理论观点、方法来分析研究社会问题,进而把握事物发展变化的本质及规律,正确地指导实践。

(三)坚持理论联系实际的马克思主义学风的时代性

2016 年,习近平总书记在全国党校工作会议上指出:"要坚持理论联系实际的马克思主义学风,坚持问题导向,注重回答普遍关注的问题,注重解答学员思想上的疙瘩,反对主观主义、教条主义、形式主义,防止空对空、两张皮。"[1]这是以习近平同志为核心的党中央对于新时代干部教育培训必须坚持马克思主义学风的明确要求。坚持马克思主义学风的要求就是基于新时代的新问题而提出的。新时代的新问题必须依靠理论联系实际才能得以解决。

马克思主义的科学态度和创造精神蕴含在习近平新时代中国特色社会主义思想之中。如果脱离了理论联系实际的马克思主义学风,那么对于习

---

① 欧阳英:"坚持理论联系实际的马克思主义学风",人民网,http://theory. people. com. cn. / n1/2016/1212/c49157 - 28941133. html。

近平新时代中国特色社会主义思想的学习贯彻就会陷入教条。因此,在新时代干部教育培训工作中坚持马克思主义学风就是要提升干部理论武装的科学化,力戒形式主义、本本主义,更好地贯彻执行新时代马克思主义中国化的最新成果,用生动而真实的中国实践让马克思主义在新时代的中国充满生机活力。

对于新时代的干部教育培训工作来说,坚持马克思主义学风,既要准确、明确、精确地传播习近平新时代中国特色社会主义思想的精髓要义,还要引导学员研究、掌握这一科学理论成果在实践中落地生根深化发展的经验方法,更要启迪学员思考、创新如何用科学理论指导实践的思路和举措。

二、案例教学法是理论与实践一体化的教学方法

案例教学法是一种极具问题导向性、注重理论与实践相统一的有效教学方法。案例教学法主要通过描述具体情境,将抽象的理论代入到具体的实践情境之中,引导学生展开课堂讨论,激发学生在讨论中形成分析问题和解决问题的思路。

案例教学法的实施过程就是围绕案例材料进行课堂上的"实景体验"。案例教学法是理论教学和实践教学同时进行的,既不同于一般的理论课那样抽象,又不同于现场教学课那样只注重实景体验而缺乏对理论、做法、经验与启示的分析和思考。这种理论与实践一体化的教学方法有利于学习者对理论知识产生更加直观更加深刻的印象并了解知识应用的场景和方法。

干部教育培训中案例教学在案例材料的真实性上大大强于普通的案例教学,基本上选取的都是改革攻坚和执政行政过程中的真实案例。这样的案例更容易将学员带入实景之中,便于实现四个转变,即抽象理论形象化、宏观政策微观化、整体要求具体化、普遍问题个性化。这四个转变的过程就是理论与实践统一的过程。下面,我就以《以绿色发展理念引领农村人居环境整治——浙江实施"千万工程"造就万千美丽乡村的生动实践》案例教学课为例分析理论与实践统一的过程。

（一）抽象理论形象化

习近平总书记在浙江任省委书记期间首次提出了"绿水青山就是金山银山"的理念。这一理念是习近平生态文明思想的核心理念，解释了经济发展与生态环境保护之间的对立统一关系。习近平总书记把这种关系形象地描述为"绿水青山就是金山银山"。虽然已经很形象了，但是毕竟还是理论，抽象性是无法避免的。为了进一步实现抽象理论形象化的转变，案例教学课用浙江省安吉县余村"美丽转身"的形象变化为学员解释清楚了"绿水青山"和"金山银山"是如何统一的。曾经以矿山、水泥厂和竹筷企业为经济支柱的余村，由于这种粗放的发展方式，环境遭到严重破坏，村民的生命健康都受到了威胁。于是，2003—2005 年，余村停掉了这些污染产业，可是村集体经济出现断崖式下跌。正当余村进退两难之时，习近平同志来到余村，肯定了他们的做法，并首次提出"绿水青山就是金山银山"理念。习近平的肯定坚定了余村"美丽变身"的决心，从此，余村重新规划乡村发展，养山用山、治水净水、改造厂区。环境得到改善的余村有了发展农村生态旅游的资源。2018 年，余村的集体经济收入达到 400 多万元，村民人均纯收入超过 4 万元。"绿水青山"回来了，"金山银山"也回来了。在对这个案例分析的过程中，学员反映说："我仿佛亲眼看到了经济发展与生态环境保护的统一，真信真懂真想干了！"

（二）宏观政策微观化

农村人居环境整治是覆盖全国的大政策。始于 2003 年的"千万工程"是覆盖浙江全省的大工程。我们的学员大多都是县处级干部、乡镇干部，他们更需要将宏观政策落实到微观举措上。于是，在案例教学过程中，引导学员研究分析"建立循序渐进、迭代升级的发展机制"的做法。"千万工程"是个大工程，必须先找到一个突破口。浙江决定从群众反映最强烈、花钱少见效快的整治环境"脏乱差"问题入手，整治垃圾、处理污水、硬化道路。有位学员在分析过程中谈道："这个突破口找得好，我一下子就知道从哪儿入手干活了。回去就先在我们镇每个村都配齐垃圾箱。"

（三）整体要求具体化

"千万工程"的首要经验就是"建立党政主导、多方协同的责任制"。2003年，省委成立由12个部门组成的工作协调小组，一竿子插到底，事由部门干，钱由财政出。省里做好顶层设计，提出总体要求；市县做好统筹协调，抓好组织实施；村镇负责具体实施，做好建设管护。学员在分析这一做法时激动得直拍大腿："如果省里有这样的具体指导，各部门能有这样的服务，那我们基层的工作可就好开展啦！老师，这条经验做法您得给省里领导去讲讲！"教师也很兴奋地说："好呀！我一定努力，你们也要积极向省里建言献策呀！"

（四）普遍问题个性化

2003年的浙江农村人居环境差是个普遍性问题，但是每个村差得都有个性。因此，习近平同志在《从规划开始强化特色》一文中提出："注意围绕特色做文章，杜绝盲目攀比，反对贪大求洋，防止照搬照抄，避免千村一面。"于是，各个村就因地制宜地制定建设规划。以宁波市象山县鹤浦镇大沙村为例，他们依托自身的海岛地貌，利用自然景观优势，上马了沿海植物造景、景观平台、边坡生态设计等整治工程，开启了有典型海洋特色的渔家乐。不但整治了村人居环境，还发展了海岛渔家乐产业富民增收。我们一个来自山区乡镇的学员深有感触地说："我们镇原来是我们区最穷的镇，就是因为在山里不利于发展工业。但是现在看来，幸亏当时没发展工业，我们镇的生态环境才保持全市最好，现在我们既成了生态涵养区还可以搞生态养老、生态旅游、生态农业，现在生态产业成为我们镇的支柱产业了。"

第二节　案例教学是干部教育培训教学方式创新的必然要求

新时代的干部教育培训愈发重视培训的实效性，愈发重视提升受训干部能力。这样的变化在关于干部教育培训的党内法规和相关政策中都有明显体现。

一、在干部教育培训中运用案例教学法是刚性要求

（一）党内法规和中央文件的要求

《中国共产党党校（行政学院）工作条例》明确指出，党校要努力创新教学方式，大力推行研究式教学，综合运用讲授式、案例式、模拟式、体验式等教学方法，加大案例教学力度，推动案例库建设。

《2018—2022 年全国干部教育培训规划》进一步对教学方法提出了量化要求，即研讨式、案例式、模拟式、体验式、辩论式等互动式教学方法的课程比重不低于30%。由此可见，案例教学已经以党内法规和国家政策的形式被明确为党校创新教学方式的必须选择。

（二）案例教学法在党校干部教育培训中的应用日益广泛

为深入贯彻落实党内法规和中央文件精神，各级党校对案例教学方式的重视程度日益提升。

2020 年 5 月中央党校（国家行政学院）网刊登了《黑龙江省委党校（行政学院）大力推进案例教学工作》的报道。报道显示，黑龙江省委党校（行政学院）全面加大案例教学推进力度，坚持把制度建设作为推动案例教学实践、提高案例教学质效的重要抓手，研究制定《关于推进案例教学工作的实施办法（试行）》，并将案例教学列入校（院）2020 年重点工作，着力从拓宽案例开发渠道、规范案例教学环节、推进教学案例库建设三个方面将案例教学工作落细、落实、落地。坚持高起点谋划、高标准推进。在教学案例开发上，统筹推进主体班学员、外请兼职教师和校（院）教师案例教学开发，重点开发贯彻落实习近平总书记对黑龙江省重要讲话和重要指示批示精神、在改革发展稳定中攻坚克难，丰富实践案例和党性教育案例。同时，校（院）克服疫情因素影响，利用线上资源举办培训班，进一步加大对教师案例教学的培训力度。

与此同时，中共陕西省委党校也加大主体班次中案例教学专题课的比重、积极推动案例库建设，2020 年 4 月 20 日教务部下发了《关于组织撰写教学案例的通知》，要求各教研部（院、中心）积极组织本部门教师撰写教学案

例,案例应为该省贯彻落实习近平新时代中国特色社会主义思想,在经济建设、政治建设、文化建设、社会建设、生态文明建设、党的建设、防范化解重大风险等领域的实践案例。教务部会适时组织专家进行评审,评审合格并试讲通过后,将有序安排这些案例教学课进入主体班课堂。

山东省青岛市委党校制定《推进案例教学进课堂的工作方案》,聚焦实施中的重点、难点,建立横到边、纵到底的责任清单,定目标、定任务、定人员、定时间。按照教学阶段的统一导向,将案例教学贯穿于整个教学的组织环节和管理过程中,把授课、课后交流、小组讨论、班级讨论、学员论坛、社会考察和撰写研究报告各个环节纳入统一布局。加大案例教学招标力度,将典型案例教学列入重点教学专题进行招标,动员广大教师结合"典型引领稳阵地",更多地开展典型研究,主动收集、编撰、用好典型案例。建立案例教学专题三级准入机制,严格筛选案例。强化教研部集体备课的优势和作用,汇聚集体智慧进行精心打磨。针对通过试讲的专题,采取授课教师"汇报讲授",教学指导委员会和外请专家"集体会诊"的方式,进行精细化打造,提高案例教学的质量和水平。

习近平总书记指出,我们党既要政治过硬,也要本领高强,全党同志特别是各级领导干部,都要有本领不够的危机感,都要努力增强本领,都要一刻不停地增强本领。干部队伍要注重增强适应新时代中国特色社会主义发展要求的本领,即学习本领、政治领导本领、改革创新本领、科学发展本领、依法执政本领、群众工作本领、狠抓落实本领、驾驭风险本领。这八项本领归结起来都是实践本领。

党校干部教育培训对案例教学的实际应用力度的加大,正是适应对干部理论联系实际的能力和干事创业的本领的新的高要求。

党校是干部教育培训的红色学府。教育的目的是提升干部的理论素养,培训的目的是增强干部的实践本领。党校的教学方式是以讲授式为主的,这种教学方式在理论知识的传递上很有优势,但是在实践本领的提高方面就显出不足。为了及时弥补这一短板,党校教学就不断进行教学方式的创新,而案例教学就是提高干部实践本领最为有效的方式之一。

二、案例教学是符合成人学习规律的教学方式

以教育培训对象来划分，干部教育培训应属于成人教育培训范畴。成人教育培训与普通学校教育相比，既有教育培训的共性，也有独特性。成人学习理论形成于美国，林德曼、桑代克、诺尔斯、梅基洛等都是具有代表性的成人教育学家。其中，美国著名成人学习之父马尔科姆·诺尔斯（Malcolm S. Knowles）的成人教育思想影响最为广泛。他认为："现代的成人教育，多有失败，皆起因于把成人当成孩子，把用于儿童教育的原理和技术用于成人教育。"他将成人学习特征归纳为以下四点：一是成人拥有独立的自我概念，具有明确的自我导向性；二是成人拥有丰富的实践经验，极易受到以往经验的影响；三是成人学习是以问题为导向的学习，追求学习的有用性和实效性；四是成人学习具有明确的任务性。

案例教学方式与成人学习特征非常匹配。具体体现在以下四点：

（一）案例教学能满足成人学习的自我导向性需求

案例教学的载体是案例教材，案例教学的主体是学生，而非教师。成人的自我导向性与其教学主体性具有天然一致性。成人学员通过案例呈现问题，教师通过案例引导学员探讨、比较、评判和决策，从而激发成人主动思考、积极探究、最终解决问题。这一教学方式适应成人教学的特点和规律，符合成人学习的认知需求和心理特征，非常适合将其应用到干部教育培训中去。尽管案例教学方式能够满足学员主动学习的需求，在具体案例教学的实施过程中，教师还需要充分考虑成人学习者学习目的性强的特点，通过更有逻辑性和针对性的表达进行引导，借助高度凝练和严谨组织的文字材料，适时适当地运用体态语言增强课堂的呈现效果，这样才能够更好地挖掘学员主动学习的愿望和需求。

（二）案例教学是打通理论培训者与实践受训者之间屏障的重要途径

对具有一定层次的干部开展培训采用案例教学的方式，针对性强，培训效果好，能够帮助学员提升分析和解决实际问题的能力，因此案例教学一直

是干部培训过程中重要的培训方法之一。① 案例教学将受训者置身于决策者的地位，这自然就赋予其强烈的责任感和使命感，激发了他们学习的积极性和主动性。因此，在案例教学的过程中，教师作为培训者不需要以外部力量推动受训者学习理论、运用理论，受训者会基于自己的决策者地位，产生强烈的自我导向性，从而主动地学习理论、运用理论。

（三）案例教学有助于党校教育培训质量的提高

党校教育培训对象不是普通教育体系的学生，而是具有较高理论水平和丰富实践经验的党员干部。他们还拥有广阔的教育渠道和充分的教育资源，"学习强国App""好干部在线"及各种线上线下培训机会。长期的教育培训和实践锻炼，甚至将党校学员培养为某一领域的专家。党校学员特有的经验体系和知识体系，决定了他们很难接受灌输式的教育培训方式。换句话说，传统灌输式的教育培训方式很难提升党校干部教育培训的质量。

案例教学是一种互动式教学方式，教员与学员之间，学员与学员之间可以在课堂上充分交流，分享知识和经验、共享智慧和启示。党校学员来自不同区域、不同岗位、不同行业，他们之间的深入交流能够产生观点的碰撞和思想的升华。

党校学员群体是成年人群体中的心智成熟程度非常高的群体。在成人世界中就很少有定于一尊的解决问题模式和放之四海而皆准的标准答案。他们更善于辩证地分析问题，更善于结合自身阅历和工作经验分析案例中的问题，更善于运用探讨、争论的方式探讨问题的解决方法。成人学习往往不会拘泥于既定的答案，更不擅长背诵和记忆大量的事实知识和原理知识。对于知识的获取，他们更善于以理解的方式获得。由于案例教学侧重对过程的分析，而非追求统一的正确答案，因而非常符合成人学习的规律。心智成熟的人会在过程分析中，充分理解案例所蕴含的事实和原理知识，并通过讨论、争论、情景模拟等方式提升解决问题的能力。

---

① 张家军、靳玉乐：《论案例教学的本质与特点》，《中国教育学刊》，2004 年第 1 期。

三、"加大案例教学力度"成为新时代干部教育培训发展的必然趋势

在学习习近平总书记《序言》暨第五批全国干部学习培训教材出版座谈会上,中共中央政治局委员、中组部部长陈希强调"坚持把学习贯彻习近平新时代中国特色社会主义思想作为干部学习培训的重中之重"。同时,陈希还强调"加大案例教学力度,不断增强学习培训的时代性、针对性、有效性,使干部的思想、能力、行动跟上党中央要求,跟上时代前进步伐,跟上事业发展需要"。这体现了中央层面对在中国干部教育培训工作中"加大案例教学力度"的重视。

习近平新时代中国特色社会主义思想是马克思主义中国化的最新成果,是当代中国的马克思主义,将马克思主义基本原理运用于中国特色社会主义伟大实践而生成的极具实践性的理论创新成果。鉴于其鲜明的理论性与实践性,在学习贯彻习近平新时代中国特色社会主义思想的干部教育培训中,必须加大实践类教学方法的力度。

教育培训的理论和实践都充分证明了案例教学法是一种实践效果明显的教学方法。将案例教学运用于习近平新时代中国特色社会主义思想的理论培训中,能够引导学员在鲜活生动的实践做法和实际效果中,加深对新思想的立场、观点、原理和方法的理解。

以真实案例编撰的案例教材是对社会生活、现实问题、突出矛盾的真实反映,往往是理论形成的实践源泉。这些真实的案例能够将抽象理论具体化,将复杂理论直观化,将宏观理论微观化。对于绝大多数理论思维能力并不太强的干部而言,案例教学是帮助他们加速消化吸收理论的极其有效的培训方法。

习近平总书记在"不忘初心、牢记使命"主题教育工作会议上强调:"要宣传正面典型,宣传党员干部身边可信可学的先进人物,推广一批可复制可普及的好经验。要深刻剖析反面典型,以案例明法纪、促整改,发挥警示作用。"为深入学习贯彻习近平新时代中国特色社会主义思想,提高干部攻坚克难本领,精准施治干部不敢为不会为,经党中央批准,中央组织部有关部

门分专题分领域编选了一批党的十八大以来攻坚克难的典型案例,形成了《贯彻落实习近平新时代中国特色社会主义思想在改革发展稳定中攻坚克难案例》。这些案例集中展示了习近平新时代中国特色社会主义思想在波澜壮阔的社会实践中的巨大指导作用,是帮助党员干部学习领会这一重要思想的生动教材,也是破解改革发展稳定重点难点问题的重要参考。

从教员的角度而言,案例教学能在一定程度上弥补实践短板。在干部培训中,长期以来存在一个巨大的不平衡,那就是教员与学员在实践经验方面的不平衡。案例教材的出现,在一定程度上缓解了这种不平衡。教员通过对真实案例教材的分析,可以克服时空障碍,提升自己对实践的认知。近些年来干部培训的方式不断创新,在传统教学方法的基础上,各种诸如课堂讨论、情景模拟、现场教学等创新教学形式和方法层出不穷。在诸多创新教学形式和方法中,案例教学以其教学材料的真实性、典型性、客观性、实效性、针对性和问题导向性等特点,深受教员们青睐。这类教材的首要特性就是真实性,不同于人为设计出来的案例教材,其没有理想化或略显牵强的各种假设,是最能赢得信任的教材;这类教材所选取的案例往往都是具有典型性的案例,虽然有些突出,但是绝对能代表一系列类似问题和情况,能够达到一叶知秋的效果;这类教材还具有鲜明的客观性,原原本本呈现客观事实,没有主观分析和评论,能够充分尊重学员的自主研究权利;这类案例教材往往都会分类编撰,会根据理论知识模块对应不同的案例,既能总结经验教训,也能找准突出问题;这些案例的实效性也很强,是能够反映当前实际情况的;这类案例教材最大的特点就是极具问题导向性,特别是对于热点、难点问题的解决极具启发性,能引导学员积极思考。

第三节　案例教学在新时代干部教育培训中的可行性分析

加大案例教学在干部教育培训中的力度,是顺应干部教育培训时代要求的必然发生的变化。新时代干部教育培训的任务、目标、内容等都发生了变化,这种变化为干部教育培训教学方式创新提供了更充分、更有利的条件。

一、案例教学适应了新时代干部教育培训的新变化

(一)干部教育培训任务的变化

2015年10月18日,中共中央印发《干部教育培训工作条例》。之所以出台新的条例,是因为新时代形势任务和干部队伍状况都发生了变化,2006年中央颁布的《干部教育培训工作条例(试行)》已经不能完全适应新的要求了。《干部教育培训工作条例》第二条明确了干部教育培训工作的新任务:"干部教育培训工作必须坚持以马克思列宁主义、毛泽东思想、邓小平理论、'三个代表'重要思想、科学发展观为指导,深入贯彻习近平总书记系列重要讲话精神,紧紧围绕全面建成小康社会、全面深化改革、全面依法治国、全面从严治党的战略布局,以坚定理想信念、增强执政意识、提高执政能力为重点,把'三严三实'要求贯穿干部教育培训全过程,培养造就信念坚定、为民服务、勤政务实、敢于担当、清正廉洁的好干部,推动学习型、服务型、创新型马克思主义执政党建设和学习型社会建设,推进国家治理体系和治理能力现代化,为不断夺取中国特色社会主义新胜利、实现中华民族伟大复兴的中国梦提供思想政治保证、人才保证和智力支持。"①

2020年10月10日,习近平在秋季学期中共中央党校(国家行政学院)中青年干部培训班开班式上强调,干部特别是年轻干部要提高政治能力、调查研究能力、科学决策能力、改革攻坚能力、应急处突能力、群众工作能力、抓落实能力。干部是事业发展的关键,所以我们党一贯重视培养和锻炼干部的能力。当大政方针、法规制度制定出来以后,事业成败的关键就在于各级干部带领人民群众去实干了。干成了,事业成功;干不成,事业失败。

由此可见,新时代干部教育培训的一项极为重要的任务就是"提升能力"。教育培训的理论和实践都证明:案例教学法是有效提升能力的一种教

①《干部教育培训工作条例》第二条。

育培训方法。

（二）干部教育培训目标的变化

中共中央印发《2018—2022年全国干部教育培训规划》明确了新时代新三年干部教育培训的主要目标。

目标一：以习近平新时代中国特色社会主义思想为中心内容的理论教育更加深入，使之系统权威进教材、生动有效进课堂、刻骨铭心进头脑，广大干部的马克思主义水平和政治理论素养不断提高，"四个意识"不断增强，"四个自信"进一步坚定，"四个服从"成为普遍自觉，思想行动高度统一。此目标中的"系统权威进教材"已经实现。中央组织部组织编选的《贯彻落实习近平新时代中国特色社会主义思想、在改革发展稳定中攻坚克难案例》丛书，生动展示了习近平新时代中国特色社会主义思想在波澜壮阔的社会实践中的巨大指导作用，是帮助党员干部学习领会习近平新时代中国特色社会主义思想的鲜活教材。"生动有效进课堂"和"刻苦铭心进头脑"就需要将案例教材用好，以案例教学的形式让习近平新时代中国特色社会主义思想的理论武装过程更加"生动有效"，理论武装成果更加"刻骨铭心"。

目标二：党性教育更加扎实，广大干部理想信念、党性观念、宗旨意识进一步强化，思想觉悟、政德修养、品行作风进一步提高，信仰之基、从政之基、廉政之基进一步牢固。党性是需要用行动体现出来的。此目标的内在要求是提升党性教育的实效性，让党员党性提升成效能在实际行动中反映出来，将思想自觉转化成行动自觉。理论武装对于形成思想自觉是有直接意义的，而案例教学所促成的行为改变才是形成行动自觉的体现。

目标三：专业化能力培训更加精准，广大干部适应新时代、实现新目标、落实新部署的能力明显增强，干一行、爱一行、精一行的专业精神进一步提升。此目标强调专业化能力培训的精准性。在技能培训领域，专业化能力的精准性往往以实际操作课程为载体。干部的专业化能力培训虽然不是技能培训，但也会涉及很多处理具体问题的技术和能力。案例教学课程与实际操作课程在教学理念、教学目标、教学方法、教学手段和教学效果上都非常相似。因此，案例教学法是实现"专业化能力培训更加精准"的必然选择。

目标四:知识培训更加有效,广大干部履职的基本知识体系不断健全、知识结构不断改善、综合素养不断提高,复合型领导干部的培养取得新进展。此目标的关键词是"有效"二字。通常情况下的知识培训都是以讲授课程为载体的。学员听完课后能达到对知识的识记和理解,但是很难达到融会贯通,甚至只会纸上谈兵。这主要是因为理论知识没有与实践相结合。前文谈到了案例教学是理论连通实践的桥梁,这一功能使得案例教学成为"知识培训更加有效"必然选择。

目标五:干部教育培训体系改革更加深化,干部素质培养的系统性、持续性、针对性、有效性不断增强,具有先进培训理念、科学内容体系、健全组织架构、高效运行机制的新时代中国特色社会主义干部教育培训体系不断完善。此目标的关键词是"改革",培训方式创新是改革的题中应有之义,而加大案例教学力度是培训方式创新的题中应有之义。

通过以上分析可以得出一个结论:新时代干部教育培训的目标决定了"加大案例教学力度"势在必行。

(三)干部教育培训内容的变化

干部教育培训的任务和目标的变化决定了培训内容的变化。进入新时代,干部教育培训的内容必须以"习近平新时代中国特色社会主义思想"为理论培训的核心内容。新时代是实现全面建成小康社会的第一个百年目标,向着社会主义现代化强国的第二个百年目标迈进的时代。因此,新时代的干部必须要增加社会主义现代化强国建设的知识储备,必须要提高社会主义现代化治理能力。培训内容的丰富也必然促进培训方法的创新,必然要求加大在能力提升方面有明显优势的案例教学力度。

(四)干部教育培训对象的变化

新时代的干部队伍有了明显变化,凸显了年轻化、富有实干精神和创新意识,特别是学历、能力、经历、阅历等的明显提升。这些都决定了他们在教育培训过程中具有明显的主体性,而且对突破传统填鸭式教学方法提出了热切的改革要求。他们更加关注用实践去检验真理。案例材料真实记录了用实践检验真理的过程。案例教学将长期积累的实践经验浓缩在短短的教学过程中,以研讨、交流的方式激发学员用实践检验真理的创新潜能。这样的学习体验和学习收获才是新时代干部想要和需要的。教师在阅历、经历和能力上与学员的差距,往往可以用案例教学的方式弥补。更重要的是这种具有训练性的教育培训方式能在短期内有效提升学员的能力。

二、新时代加大案例教学力度的客观条件更加成熟

（一）提升干部本领与能力的培训需求日益旺盛

在党的十九大报告中,习近平总书记要求我们党"全面增强执政本领",并将新时代的执政本领归纳为"八大本领"即学习本领、政治领导本领、改革创新本领、科学发展本领、依法执政本领、群众工作本领、狠抓落实本领、驾驭风险本领。习近平总书记在中央党校(国家行政学院)中青年干部培训班开班式上发表重要讲话强调年轻干部要提高解决实际问题的能力,并将其归纳为"七种能力",即政治能力、调查研究能力、科学决策能力、改革攻坚能力、应急处突能力、群众工作能力、抓落实能力。"八大本领"和"七种能力"是干部教育培训最鲜明的组织需求。前文在分析新时代干部教育培训对象的新变化时,也阐述了新时代干部对于教育培训的个人需求也是提高实践能力。

为了对新时代提升能力的培训需求有更深刻的理解。我们必须先弄清楚能力的内涵。从广义上讲,能力属于知识范畴。通常,我们将知识分为显性知识和隐性知识两大类。显性知识是指事实、原理等让人知其然且知其所以然的知识,其往往是通过传授和接收的教学方式获得的,其传播的载体主要是语言、文字、图表等编码;隐性知识是技能、能力等将显现知识转化成实际效果的知识,其往往通过训练和实践的教学方式获得,其传播的载体主要是情境、氛围等。能力是隐性知识,是建立在显性知识基础上的知识,具有内在的、持久的、综合的特性。

提升能力的培训需求是"加大案例教学力度"的客观牵引力,引导干部教育培训领导部门、组织部门和实施部门在安排部署、课程设置、考核评估等方面提高对案例教学的重视程度。目前,很多干部教育培训方案都明确

了案例教学在课程设置中的权重,并将其作为教学评估的硬性指标。

（二）新时代改革攻坚的伟大实践为案例教学提供了鲜活素材

案例教学的一大特点就是案例材料的真实性。在新时代改革攻坚的过程中,习近平新时代中国特色社会主义的伟大实践就是一个个真实、鲜活、极具启发性的案例。前文多次提到过中央组织部组织有关部门编选出版了"贯彻落实习近平新时代中国特色社会主义思想、在改革发展稳定中攻坚克难案例"丛书。这些案例都是经过精挑细选的、具有强烈的问题导向、鲜明的实践特征和广泛的示范效应的。很多真实案例中都有我们干部学员奋斗的身影,能够激发广大干部学员的情感共鸣,更能有效激励干部担当作为。这些案例都是贯彻落实习近平新时代中国特色社会主义思想的生动实践,实践成效非常明显,经验启示非常值得借鉴,能有效提高干部攻坚克难本领。

实践中还有很多典型案例未被收录到中组部编选的案例丛书中。但是这些案例本身也有其独特优势,有的更具有地方特色,有的更反映突出问题,有的更短小精悍易于理解和效仿,有些反面典型案例还非常具有警示教育意义。

（三）创新型教师队伍为实施案例教学提供了师资保障

近年来干部教育培训的师资队伍不断成长。教师的改革创新意识不断增强。很多教师不仅拥有深厚扎实的理论功底,还经过长时间的基层挂职锻炼而积累了丰富的实践经验。他们具有强烈的以学员为主体的意识,积极转换教师角色,准确定位自己的教学主导功能。

案例教学是以理论联系实际为最鲜明特色的一种教学方式。干部教育培训教师,特别是党校教师始终坚持理论联系实际的马克思主义学风。这样的学风决定了教师既注重夯实本专业的理论基础,又关注时事新闻、热点事件。这样的学习习惯成为教师建设案例库的显著优势。各大干部教育培训机构都在积极建设符合当地实际、具有地方特色的案例素材库。这项任务也逐渐细化落实到每一位教师身上,因此,收集案例、编选案例已经成为干部教育培训教师的日常功课。

近年来,随着干部教育培训的规模扩大和要求的不断提高,教师们有了更加严格的专业训练和更加丰富的实践锻炼。经过长期的专业训练和实践锻炼,广大教师驾驭课堂的能力不断增强,能够有效组织催化课堂讨论,引导启发学员思考,总结点评学员发言,设计控制案例教学节奏……总而言之,这支创新型教师队伍有能力推进以案例教学为代表的教育培训方式的创新。

(四)高素质学员为实施案例教学提供了适宜土壤

案例教学的主体是培训对象。案例教学的成功与否在很大程度上取决于培训对象。前文已经分析过新时代干部教育培训对象的特点,凸显了年轻化、富有实干精神和创新意识,特别是学历、能力、经历、阅历等的明显提升。

培训对象具有强烈的学习主体意识,能够积极融入案例分析研讨中,能主动提高站位,把自己放在选择决策的核心地位。他们还具有严谨的治学态度,不会人云亦云,会运用准确、科学、相关性强的信息来为解决问题提供依据。

培训对象还具有强烈的团队合作意识。他们能准确理解并迅速进入自己的团队角色。上到总书记下到支部书记,从决策者到执行者,他们能够兼顾多方利益对案例问题进行思考,并结合自己的工作实际提出有积极意义的解决方案。

培训对象能对学习体验和学习效果准确地评估,这也为开展案例教学调查和教学改进提供了有效的数据信息。

第五章
案例教学在新时代干部教育培训中的运用条件分析

要保证案例教学的成功,必须满足案例教学的一些基本要求。从目前国内国外案例教学实践的经验来看,这些基本要求有对环境的要求、对师资的要求、对学员的要求等。本章及第六章、第七章将分别予以详述。案例教学对环境的要求,包括对软环境的要求和硬环境的要求。本章所述软环境主要是指教学改革氛围,硬环境主要是指教学设施。

第一节　新时代干部培训案例教学对教学改革氛围的要求

案例教学是新时代干部培训教学改革的一个重要组成部分,也是教育改革在改革过程中可以运用的一种模式。它是在摸索中前进的,出现这样那样的问题是在所难免的。但既然改革的趋势不可逆转,就努力营造鼓励、包容的氛围,缓解案例教学项目组和案例教学主持教师的各种压力。

一、案例教学的主持教师承担着更大的直接压力

这种直接压力可能是有形的,有时也可能是无形的。有的来自学员对案例教学形式本身的不理解、对案例教学的不支持,比如,有的学员认为自己进了培训机构学习是听老师讲授的,老师怎么让我们学员讲呢? 有的甚至认为搞案例教学就是白白损失了一次课堂听课的机会。有的来自同事对案例教学的不接受、不认同,有时是直截了当的负面评价。有的来自案例教

学实施效果的不如意,等等。

就像一出戏,只要观众不认可,舞台上的演员就是观众发泄的对象,观众当时是不会去分析演出不成功的原因在于剧本题材、剧情设计,还是导演、道具、舞美、灯光……虽然案例教学中有教学项目组的支持,但主持教师毕竟是在台前,相对于培训机构或案例教学组来说,主持教师就是前台的演员,承受的压力也就更直接、更大些。

因为案例教学在中国的干部培训中毕竟还是新生事物,它的成长必然会经历一个过程,很难一下子成熟起来。实践证明,强调在中国目前的干部培训中进行案例教学,特别需要营造单位内部对教学方法多样化探索的包容氛围,仍然是有现实针对性的。而且,由于每个人多多少少都会有一些惰性,一些习惯了课堂讲授的老师对案例教学有时难免会有一种本能的抵触情绪,一些对案例教学不了解或了解不多的老师,对案例教学的认识和接纳也会有一个过程,在这个过程中,案例教学的主持教师的心理顾忌和环境压力是客观存在的。

营造鼓励、包容教学改革,包括案例教学的氛围,培训机构的领导起着非常重要的作用,但归根结底,这种氛围的形成,需要整个培训机构上上下下对干部培训理念及学习规律的普遍了解和尊重。

二、在新时代干部培训中,培训项目是产品

新时代干部培训是一个复杂的课题,与干部培训中的案例教学相关的是干部培训中的问题导向、需求导向的理念。这个产品如果适销对路,对于培训机构(培训者)与受训者来说是双赢的。干部教育培训学习的成本是很高的,有时间的投入、金钱的投入,还有机会成本的付出等。

培训者获得巨额收益,受训者得到高额回报。据美国通用汽车公司的统计,员工培训投入与产出的比例大致在1∶3到1∶5之间,投入虽然高,但投入与产出之比也高,这就决定了学员愿意投入这笔培训费。学员参加培训是一种自觉的行为,有着很高的期望。但如果培训效果不好,不能满足学员需求,高投入得不到高回报,培训项目就不能实施,培训机构就不能生存。

培训机构生存与发展的这种外在压力迫使培训机构不断研究如何提高培训效果,其中包括探索培训方法的创新与改革,也包括使用案例教学。

三、干部教育培训学习目的性很明确,那就是要解决工作生活中遇到的困惑和问题,通俗的说法是"要管用"

干部都是已经走上工作岗位的,工作是中心任务,学习是更好地为工作服务。参加培训在投入金钱的同时,必须投入时间,或是工作时间,或是工余时间。只有培训效果好,有利于工作,才能让受训者感觉"磨刀不误砍柴工",时间投入有价值。这就要求培训机构研究学员需求,摸清学员要解决的问题,探索解决其问题的最好的培训方法。

新时代干部教育培训必须解决干部实践中遇到的困惑与问题,满足他们的培训需要,这种培训理念,体现在培训项目管理上,那就是培训项目的确立、培训课程的设置、教学计划的制定等都要依据学员的需求。不同的培训课程,不同的学员对象,满足他们需求的教学方法也就会不同,这是采取案例教学的深层次原因分析。如果干部培训机构不研究新时代培训理念,不研究学员需求,常年招收的学员构成不变,自己能开什么课程就开什么课程,对教学评估不重视,或者评估方法不科学,或评估结果不影响培训机构的生存与发展,那么培训机构教学方法的改革与创新就没有了动力,搞不搞案例教学也就没有实质性意义。由此得出的结论是,新时代干部教育培训理念的树立使案例教学的采用有了现实的可能和实践的必然。

从干部学习规律来看,案例教学是提高干部培训效果的内在要求。干部学习是有规律可循的,其中一个普遍的规律是经验学习。干部是有一定知识的,是有实践经验的,干部经验学习的这一规律体现在培训中,一方面,干部的学习需求、学习兴趣、学习动机的形成及学习内容的选择在很大程度上是以自己的经验为依据的。已有的知识、经验是干部继续学习的基础和依托。干部根据自己的经验来判断接受哪些信息、拒绝哪些信息。教师与学员工作性质不同,看问题的角度不同,价值判断标准不同,教师认为是成功的经验,学员不一定认同,教师贬斥的东西,学员可能会从另外的角度发现它的积极意义。同样是一个老师的课堂讲授，在学者看来逻辑严谨、理论色彩浓厚，既能揭示事物的发展规律，又有很好的讲课艺术，不失为一个优秀的品牌课程，但学员往往从对他实践活动"有用"的视角看问题，会做出教师不了解实际、讲授内容空洞抽象的评价。

要让学员对教学效果满意，用什么方式进行教学就不能由培训机构的领导决定或教师决定，应该研究学员学习的规律，教学方法的选择要符合学员学习的规律。同样是总结、交流他人的经验，由有着相似经历的学员来做，比由教师来做更容易得到学员的认同。学员个人的丰富多样、充满个性的经验除了可供其个人在学习中充分利用之外，还可供学员之间相互利用，以取长补短，共同探索。案例教学恰恰就是教师对于本课程应该告诉大家的经验、道理先不讲，先给学员一个合适的教学案例，引导学员去讨论、去分析、去思考，让他们自己总结出来，认识清楚，从而内化为自己的心得。这样的教学效果肯定比一开始就由教师反复强调，掰开了、揉碎了讲效果好，而且教师没有考虑到的因素，学员可能会在案例分析中考虑到，补充上。同时，多个学员在案例分析中贡献自己的经验与智慧，会比听教师一个人讲，在同样的时间内让学员得到更多的启迪。

另外，学员对一些重要问题有可能是只知其一不知其二，但并不是一张白纸，任凭教师随意涂抹，他们可能没有耐心听教师进行系统讲授，没有继续深入思考和探讨的热情。案例教学恰恰能解决这个问题。干部的经验学习，使干部培训中采用案例教学变得更加迫切，也使案例教学成为干部培训机构教学改革的一个重要内容。正是由于案例教学能够体现新时代干部培训理念，反映干部学习规律，所以即使它的发展途中出现这样那样的问题，也要更多地给予鼓励包容，应该相信，案例教学即使遇到这样那样的挫折，也必将在新时代干部培训中一路高歌猛进。

第二节　新时代干部教育培训对教学设施的要求

干部培训案例教学对教育设施有一定的要求。也就是说案例教学需要配备必要的教学设施。所谓的教学设施，一般指的是面积足够且采光设施齐全的教室、相应的一些教具、可供有序移动的座位。就教室的面积而言，只要不是一对一的小教室，基本上都可以胜任案例教学的任务。下面我们分别来说一下其他方面的要求。

一、干部培训案例教学的教室采光

教室的采光分很多种，现在各种布局和光源都可以先选择。灯光的明暗和角度的不同会产生不同的效果。案例内容不同，就像剧本内容不同一样，需要可以调整的灯光来突出主持教师的导演布置，学员的配合参与度。教室采光应该能够营造案例教学所需要的某种特定的氛围。教室采光不同，使用日光或LED灯源，给在场人员的感觉都是不一样的，结合教学案例所描述事件发生的场景，不同灯光和不同角度会给人不同的场景和情感体验。一般来说，案例教学选择灯光的标准：一是符合案例的要求，二是满足与案例事件相类似的场景的要求，三是根据案例的情况有变换的可能。这样学员就会有身临其境的感受，对案例教学的重视度、参与度和认可度会提升，有利于成功完成案例教学的任务。

如果案例有紧张和严肃的氛围要求，就可以完全使用人工采光，试图用以渲染那种严肃、紧张的气氛。由于教室采光不同，导致学员心理上的微妙变化，这会使课堂案例分析气氛发生微妙的变化，对案例分析结果会产生一定的影响。

案例教学中不同教学设施的使用对采光的要求也会有所不同。案例教学的不同阶段，会使用不同的教学设施，如可移动白板（黑板）、大白纸、贴片、投影仪等，使用不同的教学设施对教室的光线有不同的要求。如，在主持教师介绍或补充案例背景材料时，经常会用多媒体演示，演示文件的基色不同，不同光线则效果不同，教师在上课前要提前进教室试课件的重要原因之一是调整最佳采光度，给学员以最佳视觉感受。

总之，进行案例教学的教室的光线应该是能够根据需要调整的。那么在教室中安装百叶窗和有遮光效果的窗帘是必要的。

二、干部培训案例教学对教具的要求分析

案例教学过程中对教具的要求有以下几个：

（一）移动话筒

传统的课堂讲授，教师可以站着讲，也可以坐着讲，一般说来话筒可以事先固定在一个位置。学员的任务是竖起耳朵听，不要求随时发言表达。而案例教学中，主持教师和学员有互动，主持教师并不是站或坐在一个固定的位置上，而是根据案例教学的进程，在学员中走动，教师随时会关注谁，提问谁，回应谁，而这种对某个学员的关注、提问、回应，不是仅仅让当事人听见就行的，而是要让全体学员了解，因而移动话筒很重要。不同的学员提出自己的疑问、发表自己的观点，也需要让其他同学听清，也需要移动话筒。所以说移动话筒是案例教学必备的教具之一。

（二）干部培训案例教学需要投影仪

主持教师在进行案例情况说明和推进介绍时，事先做好演示文稿，主持教师的笔记本电脑是随身携带的，而投影仪需要教室配备。加之案例中可能会有大量的表格、图片、背景材料等需要介绍，投影仪的作用就体现出来了。

（三）白板及白板笔、白纸及粗水笔

在学员进行案例分析时，主持教师或助教有时需要把学员的观点随时概括和确认，把其中有创意或独到之处的观点写到所有学员都能看到的白板或大白纸上，以此激励学员，推进案例分析的深化。

（四）干部培训案例教学的贴片使用

贴片在案例教学中的用途广泛。为活跃课堂气氛，可以作热身，这时，贴片可以把学员对案例教学的理解、期待写在贴片上并贴到墙上。又如，在学员阐述个人观点，或代表小组阐述观点时，不同颜色的贴片可以代表老师与同学对其观点所持的不同态度。如果得到老师或同学赞赏，就可以贴一个亮色的贴片；如果被老师或同学普遍质疑，漏洞百出，个人认同自己观点站不住脚，且源于课前准备不足，可以贴一个暗色的贴片。课程结束时，可

以用每个学员或每个小组得到的不同颜色的贴片的数量来衡量其课堂表现和对案例教学取得好的效果所做的贡献。贴片的主要作用是活跃课堂氛围,给学员归属感和荣誉感。

（五）干部培训案例教学的座位排布

在进行案例教学时,教室内的座位与传统的课堂讲授所需要的"排排座"不同。教室的布置和座位的排列是高级公务员培训技术的一个重要组成部分。教室的布局不同、座位的排列不同,会对学员和教师产生不同的心理暗示,能体现出不同的教学理念,产生不同的教学效果。根据案例教学的需要进行座位排布,要求教室的桌椅是可移动的。

常见的"排排座"适合传统的报告式的课堂讲授:讲课人在台上一坐,给人的感觉是他(她)在报告所涉及的专业领域掌握更多的信息,具有权威性,或在实践中有着丰富的经验,占据较高的领导职位。这样,学员会产生一种敬重或仰慕的心理。这样的座位排列,教学是单向的,是"一言堂",不利于教师与学员双向交流,即使有双向交流,台上台下也不是平等的。

"U形座位"适合小组讨论后的成果交流、全班范围内的案例分析或教师的总结点评。学员坐成"U"形,主持教师组织学员进行研讨成果交流、全班的案例分析或与学员双向交流时,可在"U"的中间走动,在对学员的研讨成果做出评论,对案例分析做出总结及在案例教学结束时给出理论分析框架或理论分析模型时,可在"U"开口处坐下("U"口通常正冲着教室中的固定讲台),这种座位排列,能够激起学员交流的欲望,同时能够突出教师的主导地位,强化学员对教师的总结、点评及给出理论分析框架或理论分析模型方面的期待。

"O形座位"适合教师与学员、学员与学员的双向交流。学员座位无主次无先后,大家表达机会均等,平等交流。老师在圆心的位置,随时可以转向任何一位提问学员或提问任何一位正在发言或不发言的学员,引导课堂案例分析沿着达成教学目的的方向发展。

"梅花形座位"适合小组作业。小组的成员围坐而成,一个班的几个小组共同组成一朵"梅花"。这种方式的案例教学,"梅花"的每个"花瓣"由一个小组成员围坐而成。一个班几个小组组成一朵梅花。每个小组都是平等的,小组中的每个成员都是平等的,每个小组进行团队合作,在限定时间内对教学案例做出最有价值的分析、判断。

由于现代成人培训十分重视投入与产出比值,因此在较短时间内,大强度集中培训司空见惯。在这种大强度集中培训中,案例教学常常采用小组作业式。即教学案例及大量案例背景材料提前发给学员,以小组为单位完成案例的研讨、分析,如果不需要教师给出每个学员案例学习的成绩的话,小组案例研讨、案例分析结束了,案例教学过程就结束了。否则,每个小组还要派出代表在全班进行报告、交流,每个小组案例研讨的质量,案例分析的水平,以及每个学员的案例学习成绩都取决于这个代表的表现。

第六章
干部培训案例教学对师资的要求

在干部培训案例教学中，主持教师的作用非常重要，而干部培训案例教学项目组也是同样重要的。案例教学过程中的许多工作由案例教学项目组完成。案例教学的教学方式相对传统的讲授式教学方式有着比较大的不同。案例教学不仅对主持教师的要求更严更高，而且对其身后的教学项目组的要求也更严更高。

第一节　干部培训案例教学的主持教师

在干部培训案例教学中，主持教师的作用是至关重要的。相对培训机构或教学项目组而言，主持教师就像一出戏中的主角，是灵魂人物。不仅要展示和体现戏中凝结的许多演职人员的智慧和劳动，还要得到观众的认可。主角，灵魂人物责任重大，作用突出。相对学员而言，主持教师又像是一个导演。也即是说干部培训案例教学是以教师为主导，学员为主体的教学活动，学员的积极回应是案例教学成功的一个关键环节。之所以叫主持教师，因为不再是一个人的独角戏，而是需要全体学员参与的有理论有实践经验总结的教学过程。而学员是不是积极回应，不仅与学员的自身素质和学习态度及参与能力有关，也与主持教师的敬业精神和业务水平及准备中的投入有关。

一次准备充分的干部培训案例教学与一次准备充分的传统课堂讲授课相比，案例教学主持教师的投入要高出若干倍。

这里的投入是指教师自身的条件，如资历、工龄、受教育程度、技术水平、技巧、能力等，以及教师在备课过程中所投入的时间、精力、财力等。这里的产出是指案例教学的主持教师在本次案例教学结束后的效果、美誉度（主要是指学员的认可程度如教学效果评估成绩）以及工资的高低、受重视的程度等。与传统意义上的教师相比，干部培训案例教学的主持教师应该具备以下四个条件：

一、由传统意义的授课型教师角色转变为具有案例教学能力的教师

说起教师，可以想象的就是站在讲台前面讲授知识，传道、授业、解惑。相同的教学内容由讲授变成案例教学，主持教师的角色由自说自话变成了主角兼导演，不仅要担任主角，完成教学内容，还要当好导演让学员全部参与进来。同样一个课程，从课堂讲授变为案例教学，要求教师完成角色转变，这样才能保证案例教学取得预期的效果。在传统的课堂讲授教学中，教师的角色是"传道、授业、解惑"，在案例教学中情况就不一样了，案例教学的主持教师不仅要"传道、授业、解惑"，还要成为帮助学员学习的资料库，而且还要成为催化者（facilitator）和导师。

在干部培训案例教学的整个教学过程中，案例教学的主持教师要在案例教学课程所涉及的专业领域是理论权威，要为学员学习提供必要的理论和信息支持，为学员学习提供大量的背景资料，成为学员学习的资料库。

主持教师对案例的分析和点评，直接关系学员对课程的理解和学习收获，这就要求主持教师对案例教学所涉及的相关理论要融会贯通，做到反应敏捷，善于发挥。既能给出理论上的精辟阐述，又能把学员观点点评到位；既要有总结，又要有提高。主持教师要在专业领域中有广博的知识和较深的造诣。主持教师要准备"一桶水"，才能做好案例，开展"一杯水"的教学，因而对主持教师的基础素质、学识、学历等有较高的严格的硬性要求，要有"一桶水"的水平才能讲授"一杯水"的内容。对讲授课程所涉及领域的知识要有较全面的了解，在行业领域内有一定的权威性，这样可以避免教师知道的学员也知道，教师不知道的学员却知道；学员不知道的教师也不知道；学员受过硕士研究生阶段的专业训练，教师却没有；学员取得博士学位，教师

却没有;学员有多方学习考察的经历,教师却没有……在学员心目中树立老师的权威形象,让学员从内心尊重教师,而不是外表的一种礼貌。主持教师要达到这样的条件才可以将干部培训案例教学的过程变成一个有魅力的教学相长、学学相长的过程。

在干部培训案例教学的整个教学过程中,干部培训案例教学的主持教师要善于抓住学员的特点引导学员,帮助学员总结自身和团队的经验,将经验浓缩表述交流,成为优秀的催化者。每个学员的情况不同:有的学员注重个人和团队经验的总结,有的则不重视;有的善于总结自己和团队的经验,有的则不善于;有的平时工作中将总结经验作为一项必不可少的工作,愿意花时间去总结自己和团队的经验;有的则没有把总结经验作为一项必须课,不愿意花费时间去总结;等等。但是不管什么情况,干部培训主持教师都要通过自己的努力工作,让学员认同总结经验对于个人素质、能力提升的重要性,学会总结经验的方法,合理安排时间,提炼经验中的浓缩的人生精华。干部培训主持教师一定是善于与学员打交道,具有较强人际沟通能力和技巧的,并可以在很短的时间内取得学员的尊重和信任的。

在干部培训案例教学的整个教学过程中,干部培训案例教学的主持教师要成为学员学习的导师。在课堂上,主持教师要像导演一样,领导而不是仅仅倾听学员的案例讨论、分析的全过程,不仅要督促学员去思考,去争辩,去"解决"案例中的特定难题,还要让学员从案例中获得某种间接经验和思想感悟,要引导学员探寻特定案例情景的复杂性及其背后隐含的各种因素,这些因素导致情景发展变化的多种可能性,教师要像导演一样有意识、有目的地去引导、指导学员,完成案例教学。

二、干部培训案例教学的支持教师,需要具有实际企业的管理经历和行政工作经验

在干部培训案例教学的整个教学过程中,主持教师仅符合基础要求,有理论水平和表达能力是远远不够的。实际的行政工作的经历和经验是必须要有的。干部培训案例教学面对的是企业的干部,案例教学的主持教师只

有具有企业管理工作经验,才可能与学员有共识。在国外公务员培训中,案例教学的主持教师通常要有行政工作的经验,如要求在中央或地方政府工作过、在某个著名组织中工作过或在从事专业性工业领域工作的过程中兼任过行政职务等。有了这些经验才能基本保证主持教师对教学案例课程中所涉及的实践问题比较熟悉,对学员实践中的困惑比较了解,对学员学习的特点和规律有比较准确的把握,触类旁通。如果主持教师没有直接的经验,很有可能出现主持教师在组织学员进行案例分析时,不能很快地与学员一起进入同一个语境和话语体系中,不能有身临其境的感觉,也就不能和学员更好地融合在一起,达不到配合默契,也对取得好的教学效果有非常大的影响。

干部培训案例教学的主持教师,需要具有实际企业的管理经历和行政工作经验,能够有效保证主持教师有一定的组织协调与组织控制能力。经验显示,几乎任何主持教师的这种组织协调与组织控制能力都不是老师教出来的,也不是从书本上读出来的,而是在实践中培养锻炼出来的。

经过实践,我们发现:有实际企业的管理经历和行政工作经验,具备一定的组织协调与组织控制能力的主持教师,可以非常好地围绕案例教学的教学目的,围绕案例涉及的内容,经过项目组的研究和考察,就学员的情况,提出层层递进的问题。一方面,利用脑力激荡激发学员的讨论欲望,并在讨论中引导学员主动参与,让学员思维活跃起来,且可以始终不偏离教学目的;另一方面,很好地调控案例分析的进程,做个非常出色的导演,调节课堂气氛,激励每位学员主动发表意见并可以与见解不同的学员有效沟通,保持学员学习交流的兴趣与热情。适时指导学员总结经验,促进学员之间经验的交流与共享,达到相互启发、共同提高的目的。

干部培训案例教学的主持教师的工作性质与学员从事的工作性质不同,游戏规则也不同。传统教师在备课、讲课中强调个人思考的独立性,但参加干部培训的领导干部不同,他们在行政岗位上要完成工作任务不是靠独立作业,而是靠影响、改变、控制他的意志与行为来达到目的,这样就需要沟通、协调,有时还需要有妥协。在传统的讲授的教学中,教师单向灌输,学员被动倾听,教师与学员的这种不同的游戏规则一般不会发生冲突。而在案例教学中,由于教师与学员共同完成教学过程,如果教师没有亲身体验过实际企业管理和行政组织协调工作,很难理解学员在行政工作中的游戏规则,与学员的沟通交流有时可能会产生障碍。教师过于独立的个性,不会或不善于在必要时妥协退让,就容易和学员发生冲突,影响师生关系和情绪,甚至影响教学计划的完成。

三、熟练掌握案例教学的基本原理、具体操作方法,了解案例教学所基于的逻辑

教学案例是对一个真实事件的记录或叙述,然而它毕竟已经是过去的事情,是故事。学员很难进入身临其境的状态,在虚拟环境中做决策时所感受的压力与现实中的压力是有区别的。在案例分析过程中,不够投入、不够认真、不太负责任的现象也是在所难免的。重要的是在教学过程中,引导学员进入一种能充分发挥其主观能动性的环境,激发他们积极参与的主动性。因为管理的成果靠正确的决策,正确的决策来源于正确的判断,正确的判断离不开经验。因此,案例教学应以实践为基础,善于总结、借鉴经验,逐步提高。

四、具有良好的人际沟通能力,建立和谐的师生关系,是实施案例教学的心理条件

干部培训案例教学主持教师与学员的关系是干部培训案例教学过程中最基本的,也是最重要的人际关系。贯穿干部培训案例教学活动的整个过程。只有教师与学员的关系和谐了,感情融洽了,教师的主导作用与学员的主体地位之间才能更好地实现良性互动。从主持教师的角度讲,这种良性互动建立起来后,就是教师主动地服务于学员的案例学习活动,指导学员作好案例学习的知识准备、理论准备和心理准备。帮助学员对案例进行分析,更好地引导启发学员发现问题、提出问题、解决问题,在升华案例分析中获得的新的认识。

从学员的角度讲,学员要主动融入案例教学活动中,在活动中认真思考,积极与教师及其他学员配合,静下心来,参与案例分析、讨论。把自己的角色调整到学生的位置,置身教学内容之中,学到新的知识,提高认知能力。

总之,在干部培训案例教学中,主持教师完成角色转变,有效地组织案例教学,主导案例教学的内容,是专业水准、行政能力不断提高的过程。如果说传统的课堂讲授需要主讲教师在一段时间内耐得寂寞,坐得冷板凳,潜心研究,精心准备,那么案例教学的主持教师则需要长期的知识储备和教学经验、行政管理经验的积累。

第二节　干部培训案例教学项目组

干部培训案例教学是集体项目,需要团队,不是主持教师一个人的事情,更需要领导支持,需要人员的合作,这就需要建立干部培训案例教学项目组。

任何一个成功的案例教学都不是孤立的,都是和教育机构的努力、领导的支持、主持教师的勤奋、项目组的集体的力量分不开的。

干部培训案例教学的效果如何,固然直接关系主持教师的职业发展前景,更能决定培训机构的信誉与前途。包括案例教学在内的每一节课,都会最大限度地承载和体现培训机构的培训理念、培训特色和培训水平。

单凭干部培训案例教学的主持教师的单打独斗,想做好案例教学是不可能的,团队可集聚的力量才是成功的关键,所以需要组成干部培训案例教学项目组,凝聚整个案例教学项目组乃至整个培训机构集体的力量和智慧。培训机构的全体成员把干部培训案例教学的每一节课都作为一项事业来共同经营、共同努力,培训机构要十分重视做好案例教学的组织工作。

案例教学的组织工作,需要规范和统一,不要发生不同人做不结果的事情。需要制定包括作为案例教学主持教师坚强后盾的教学项目组工作规范在内的《案例教学工作规范》,是案例教学组织工作不管由谁来做,都能取得预期的好的效果的重要保证。

从国内外干部（公务员）和企业管理者培训中的案例教学实践来看，这个规范主要应该包括如下五个方面的内容。

一、制定《案例教学工作规范》的说明

需要讲清楚制定本规范的目的和意义，如"为贯彻我校教学改革精神，鼓励教师在主体班次教学中进行案例教学尝试。为加强对案例教学的组织管理工作，提高教学效果，特制定《案例教学工作规范》"。

二、制定可以适用的案例教学的程序

任课教师根据需要，可以通过本人申请，经教研部门同意后报学校教务部门，或由教研部门确定对哪个干部培训班的哪个课程进行案例教学，由教师主动申请竞争上岗，然后报学校教务部门，列入教学计划。

经学校教务部门批准后，由教研部门成立干部培训案例教学项目组组织案例教学的实施。

三、规定干部培训案例教学的适用范围

《案例教学工作规范》应明确规定各班次的干部培训课程均可申请采用案例教学形式进行，并明确规定了在训各个班次的培训课程中案例教学课程的比例。

四、规定干部培训案例教学项目组工作规范

（一）干部培训案例教学项目组的组成

案例教学项目组由案例教学的主持教师和有关部门干部、教师组成。原则上由案例教学主持教师任案例教学项目组组长。

（二）干部培训案例教学项目组成员的一般素质要求

案例教学项目组的教师要认真学习马克思中国化的最新成果，在政治上与党中央保持一致；忠于干部教育培训事业，不断提高政治素质和业务素质，爱岗敬业，尽心尽责；虚心向学员学习和调研，教学相长；为人师表，努力做好与教学相关的工作;维护干部培训教师的良好形象。

（三）干部培训案例教学项目组职责

项目组在分管本阶段(本单元)教学组织工作的教研部门的领导和教务部门的指导下,对本阶段案例教学的具体组织工作负全面责任。

案例教学项目组要做好如下工作:

确定干部培训案例教学的教学案例。（教学案例一般是由教学组集体讨论编写或改编的,或是从培训机构的案例库中选择的,主持教师可以提出个人见解和倾向,而且这种见解和倾向应该受到教学组的高度重视。）

明确干部培训案例教学的目的。（案例教学的教学目的不是主持教师个人决定的,而是培训机构在深入调查学员培训需求的基础上确立的,达成教学目的是案例教学组的工作目标。）

讨论案例教学实施方案和课堂活动方案。案例教学实施方案包括确定案例教学时间、地点及学员、教师的活动安排等。案例教学中学员、教师的活动安排要由主持教师提出主导性意见,体现主持教师的风格与水平,要集中教学组的智慧,集思广益。教学组在制定案例教学实施方案时,要遵循成人学习规律和案例教学的规律。

（四）干部培训案例教学项目组组长职责

负责本阶段(本单元)课程的案例教学的具体组织工作,完成教学项目组的职能。召集和主持案例教学项目组集体备课;负责协调案例项目组与有关教研部、学员部的关系;对案例教学组负有全面领导责任,负责案例项目组成员的考勤和考绩;对案例教学效果承担全部责任;及时、准确、全面地向学校和有关部门反映教学情况。

（五）干部培训案例教学项目组成员职责

与学员做好沟通,及时了解和解决学员在学习中遇到的问题,解决不了的,及时报告教学项目组组长处理;做到"三到,即到岗、到位、到课,主动做好教学反馈工作,在项目组组长统一安排下,撰写《案例教学情况反映》,以便及时向学校有关部门反映教学组织实施的有关情况。

（六）干部培训案例教学主持教师职责

负责本阶段(或本单元)课程的案例教学的教学计划实施。负责本班案例教学计划实施方案的制定、落实;在必要时负责与学校相关部门如教务部门、教研部门及学员管理部门进行沟通;负责案例的自主编写,如果从教学案例库中遴选教学案例,主持教师要提出主导性意见;主持本次案例教学的总结和撰写简报。

五、干部培训案例教学的其他注意事项

制定教务部门、教研部门和学员管理部门在案例教学中的职责分工。如,教务部门、教研部门负责对教学组履行职责的情况进行监督、检查,学员管理部门配合教学组成员做好学员的组织工作,及时向主持教师或其所在教研部门领导反馈学员对案例教学的意见和建议。由于中国干部培训中的案例教学正处在探索中,在案例教学实践经验不断丰富的情况下,《案例教学工作规范》出台后还需要不断修改完善,修改完善的基本原则应该是体现探索案例教学规律的成果,反映案例教学的一般规律。从目前国内各级党校、行政学院、社会主义学院及其他各级各类干部培训机构的案例教学的实践经验看,单位领导高度重视,及时总结经验,制定和不断完善《案例教学工作规范》,严格按照已经有的规定实施案例教学,是做好案例教学组织工作,使案例教学越做越好的重要保证。

第七章
干部培训案例教学对学员的要求

任何一个教学内容、一个培训项目在一般情况下都是有一个明确目的的,也就是为一个特定的学员群体,按照学员工作和生活的需求设计的。所以这个特定的学员群体也是固定的,对学员也会有一些特定的要求。干部培训案例教学也是一样,任何一个课程的案例教学,都是为某个特定的学员群体设计的,目的是满足他们的某种特定需求,提升他们的特定的能力。教师为了使案例教学达到好的教学效果,对学员会有一些特定的要求。

第一节 学员需要做好准备

做事之前的准备工作是非常重要的,干部培训案例教学也是一样的,所谓"不打无准备之仗"说的就是这个吧。而且要取得好的效果,学员做好准备工作是非常关键的。这些准备工作主要包括以下若干方面:

一、仔细研读教学案例

在干部培训案例教学开始之前,教师会把案例和相关的问题发给每个学员,学员要根据教师的要求,按照提示和案例后面所附的思考题,认真研读教学案例。这是完成案例教学的最基本的条件,在这个阶段,学员通常需要认真做好以下几项工作:

(一)通读教学案例

通读可以采用快速浏览的方法,做到对案例有个大致的了解,搞清楚教学案例要表达的大致内容是什么。

（二）仔细阅读案例

要求在一些重要事实下划线，弄清楚这个案例主人公要解决的问题是什么，并在此过程中，尽力理解案例情境，投入地看案例，使得自己进入案例中，把自己想象成案例的主人公角色或案例中的某个特定的角色，在心里努力营造身临其境的感觉。

（三）总结出案例的发展脉络

可以采用思维导图的方式，画出案例中的人物关系、发展脉络，并列出案例中给出的主要事实，仔细识别案例情境中包含的关键问题及次要问题，抓住案例的核心，分析案例中的关键因素，拟订解决关键问题的初步方案或策略，并对案例问题的解决提出建议。

（四）准备自己的案例分析发言提纲

做好课堂案例讨论与分析的准备工作。根据与教学案例相关的理论原则和方法，根据案例引发的思考撰写出简明扼要的案例分析发言提纲。

隆瑞曾在他编纂的《哈佛商学院 MBA 案例全书》中这样说："在商学院攻读 MBA（工商管理硕士）的学生，一年级时就必须学完 400 个案例，每天要上 3 节 80 分钟的课，每节课需要安排一个案例。学生准备一个案例的时间需要 3～4 小时，加上课外学习小组的学习交流，每天总计的学习时间在 13～18 小时。"

哈佛商学院学生所学的案例主要是本领域发展中的各种经济事件，范围非常广，可以这么说，任何一个单位或企业只要可能出现的问题，在哈佛案例中都会找到雷同事件，哈佛商学院学生毕业后进入任何一个公司或企业，都会对各种现象的应对得心应手，也包括商业竞争的手段和策略。哈佛的学生满脑子被灌输的是：如果希望在以后的工作中靠能力和业绩得到应有的评价，那么你在哈佛学习的时候，就根本不要考虑拿出时间去晒太阳。

尽管我们不能像哈佛商学院要求攻读 MBA（工商管理硕士）的学生那样要求我们参加干部培训案例教学的学员，但仍然需要强调学员在案例教学中做好课堂案例讨论与分析的准备工作。这个准备非常必要。包括哈佛商学院在内的国内外培训机构案例教学的实践告诉我们，学员的课前准备是搞好案例教学必不可少的,也就是充分必要条件,学员的准备程度与教学效果是成正比例关系的。

二、做好相关的知识准备

每个案例都有案例本身的特点,也有相应的专业性。在干部培训案例教学过程中,需要学员根据案例研究和分析的要求,做好相关知识准备,其中包括教学案例涉及的理论知识和教学案例所涉及的时代背景知识等方面的准备。

这些准备是课前撰写简明扼要的案例分析发言提纲的依据,也是保证案例教学顺利进行而且达到比较好的效果的基础。干部培训采用案例教学这种教学形式,不是简单地为了进行理论知识的系统教学,而是致力于把学员已经掌握的理论和知识转化成自身的能力。因此,进行案例教学的前提条件是:学员对与教学案例相关的理论知识等相关知识已经掌握。实际上,每个班学员的具体情况不一样,有的学员已经具备了案例教学所需要的理论知识储备,而有些学员则在必要的理论知识方面储备不足,这就要求储备不足的学员在课前一定要根据自己的情况,按照教学要求和老师的提示,去学习相关理论知识,做好理论知识准备。案例教学要取得好的教学效果,需要学员在把教学案例理解透彻、分析清楚的同时,在教师的指导下查阅与教学案例相关的背景材料、政策、法规,以弥补教学案例限于篇幅而不可能提供足够的信息的问题。

案例教学的参与直接影响学员的学习效果。在案例教学不断推展的过程中,肯定会有一些学员对案例教学的模式不太熟悉,理解上有些偏差,认为案例教学就是小组讨论式的教学方式,全班一起讨论交流,自己可以不参与,说不说话,说什么话都没关系。有这种思想的学员在课前的准备工作中不会太用心,甚至根本没做准备。在进行案例教学时,学员会出现这样两种情况:第一种是对教学案例没有按照要求在课前做阅读,也就是根本没有看案例,虽然也在课堂上积极地参与讨论了,发言前声明自己是"刚刚才看了一遍教学案例,随便说几句";第二种是在进行案例教学时请假,其中有的是不得已请假的,也有的是认为教师课堂讲授的课有实质的内容不能落下,但案例教学课的内容似乎没那么重要,又不是讲课理论,落下了关系也不大,因此就会安排在案例教学时间段请假去处理各种事情等。这些做法和想法大大地影响了案例教学的效果。这也是为什么我们特别强调案例教学要取得好的教学效果,学员一定要做好准备的原因。

第二节　学员需要端正态度

以正确的态度对待干部培训案例教学是非常重要的,有句话说得好,"态度决定一切"。在干部培训案例教学中,这句话真实反映出学员学习态度对培训效果的影响。由于案例教学强调的是老师和学员、学员和学员之间的互动,学员的态度直接关系案例教学的成败。如果学员的态度不端正,没有主动的参与度,那么案例教学是无法进行的。那么干部培训案例教学中学员的态度应该是什么样的呢?我们从以下几个方面梳理一下。

一、学员需要把自己作为教学过程中的主体

学员把自己作为教学过程中的主体,采取积极的态度关注自身的学习过程,既关注自己在学习过程中是否获得了成功的体验,也要关注自己内在的、持久的学习动机是否得到了有效的激发。

二、学员需要把自己放在选择决策方案的核心地位

在案例分析过程中,学员把自己放在选择决策方案的核心地位,全面考虑问题贯穿这个案例的全过程,积极思考,勇于克服畏难心理,树立克服困难、战胜困难的信心和勇气,敢于试错,敢于探索,从不同角度进行案例发展的考量和论证,寻找解决问题的最佳办法,积极贡献自己的经验与智慧。

三、学员需要树立团队意识

学员之间加强团队合作,共同努力,设身处地从决策涉及的各方面的利

益相关者,比如决策官员,组织内部的员工,组织外部的银行家、合作商家、消费者等多方面考虑,做出兼顾多方利益的决策,朝着解决案例情境所提供的问题的预期目标扎实稳定地前进。

四、学员需要有严谨的态度

在案例分析过程中,首先,要运用可靠的信息、知识和公认的观点进行案例讨论和分析,用严谨的态度支撑自己的观点。任何道听途说、似是而非的信息、知识,不能保证自己观点的可信和可靠性的资料不要采用。其次,对现实生活中的实践经验,要对其可靠性、准确性进行科学的质疑和探究,对在讨论过程中形成的共识、观念也要提供相应的依据,保证其准确性、科学性、相关性,不能"三人成虎"。再次,要考量讨论过程中形成的共识或观念是否与本案例讨论分析有关。最后,还要保证经课堂案例讨论分析所获得的共识、观点是可靠的和有实践价值的。

五、学员需要对学习效果的成因有正确的认知

也就是说,学习的效果好,归功于自己付出的艰辛努力和团队成员的密切合作及主持教师的有效引导与指导;学习效果不理想,要客观地从课程的设置、教师的操作、自己的努力程度及与他人的合作情况等多个方面分析原因,纠正后做好预防,不可以消极抱怨。

第三节 学员需要有积极参与的意识

除了准备充分、端正态度之外,在干部培训案例教学的课堂上,对学员的最简单最基本的要求就是要"动起来",每个学员都要参与课堂案例的讨论与分析。

一、积极发言,参与讨论,亮明观点,掌握时间

积极发言,参与讨论,亮明观点,学员在课堂上要主动刷存在感,发言内

容要与案例讨论问题密切相关,要在讨论中无论是小组讨论还是全班同学一起讨论,都要把自己对案例问题的分析或选择的行动方案呈现出来。对案例分析、选择的行动方案的含义与依据做出解释说明,然后做出明确判断,观点表述鲜明。有效的讨论过程是每个学员经过认真准备、严谨思维之后产生的,学员在分析和展开问题讨论时,应仔细思考,提出各种可行的解决问题的途径,其间可以运用有效而广泛的信息、更多的证据进行尽可能全面的阐述。

掌握时间也是学员在课堂上需要特别注意的。因为每节课的时间是有限的,所有学员都要参与,当然主持教师会在安排课程的时候把时间做好分配,展开小组讨论或者全班同学一起讨论。学员根据主持老师的要求提前做好准备,控制自己的发言时间,在有效的时间内充分阐述自己的观点,这也是需要经过训练才可以达成的,做到内容要清晰、简洁明了。这样的目的也是为了避免其他学员丧失倾听、思考、发言和沟通的兴趣,影响讨论的有效进行。

二、认真倾听,适时反馈,礼貌尊重

每个学员都要积极地倾听他人的发言,适时地进行反馈,这是在干部培训案例教学中的一个必不可少的互动沟通的过程。所谓积极地参与讨论,不仅表现为积极发言,还要注意倾听其他学员的发言,适时做出反馈,这是一种有礼貌、有教养和尊重他人的体现。试想,你发言的时候内心也是希望其他学员认真倾听的,但是如果你发言之后就做自己的事情,这样是不是忽略了其他学员的感受,对其他学员不够尊重呢?再者,倾听别人的发言也是了解有着不同经历和背景的其他学员对案例教学的的理解分析和解决方法,对进一步理解案例有着非常必要的意义。进一步理解的同时也使对方的想法和体验得到尊重,甚至可以成为双方继续交流的催化剂。所以说倾听他人的发言,适时反馈,可以通过各种方式完成,比如身体语言(点头、微笑和目光的接触等),也可以表现为在适当的时候对他人的谈话做出一定的总结、确认、评估或质疑。即使观点不同也要尊重对方,不要随意打断别人

的发言,可以在讨论后提出不同意见,进行有效辩论。

因为学员来自各行各业,所学的专业知识不同,工作经历也不同,各种见识和实际的经验也会不同,所以学员对同一问题会有不同的理解和认识。对同一事件也会有不同的关注点,就像读书一样,我们每个人看懂的、记住的都是自己可以看得明白、愿意接受的内容。所以倾听其他同学的发言,在案例分析中要保持开放心态,及时记下别人发言的要点和自己的感想,关注那些做其他工作、有不同经历的学员的观点,对照自己的分析思路与分析报告,检查自己在案例分析中的不足;当别人提供新的有说服力的见解时,愿意站在别人的角度思考问题,从全局观念出发,判断后得出正确的观点,适时改变自己原有的观点,是案例教学中提高自身的关键所在。

个人的知识经验是有限的,一个学员的分析思路不会非常全面,会存在狭窄的问题,学员积极参与课堂讨论,通过发表自己的见解、相互辩论、质询其他学员、角色扮演等丰富多彩的形式,往往可以弥补个人独立思考和分析的不足,一方面使自己发现课前准备中存在的漏洞与问题;另一方面可以受他人观点的启发,进一步加深对某一案例问题的理解与认识。"真理越辩越明",学员对别人的观点、证据和推理的合理性可以及时进行质疑,提出相反或极端的例子加以讨论,对不同观点进行比较,不仅会让学员爱上案例教学的课程,还会达到案例教学的非常好的效果。

三、带着任务走进课堂,领会主持教师意图,提高自身水平

干部培训案例教学的学员进行课堂案例分析时要基于事实、合乎逻辑、清晰而连贯,需要学员清楚自己需要在课堂上完成的任务,把这些任务装进脑子里,带着这些任务走进课堂,充分参与讨论,领会主持教师意图,完成学习任务,提高自身的能力和水平。总结一下需要有如下十个任务:

(1)识别案例中的关键问题,清楚明了地阐明其性质及影响和表现;

(2)逐一列出决策者必须面对的问题清单,依据与目标(初心)的关联度的大小和时间的紧迫程度,对问题进行有效排序,可以用清晰的思维导图的形式表现;

（3）有效区分教学案例中的事实与评论性意见，有效区分重要的、关键的事实和无关紧要的事实；

（4）认真识别教学案例中可能包含的个人偏见，识别教学案例中缺失的（有可能是案例编写者有意隐藏的）、对案例问题的解决十分必要的信息；

（5）根据干部培训案例教学的案例提供的事实，提出合理的假设；

（6）从不同的层面、不同的视角对同一问题进行有效全面的分析，利用合理的论证和数据支持自己的观点；

（7）利用各种方法寻找和确定案例所涉及的问题适用的法则和原理等；

（8）通过全面了解分析教学案例，考虑到相关的条件限制，提出解决问题的行之有效的若干方案；

（9）对自己提出的若干方案和备选的各种行动方案的合理性、有效性准备充足的理由和依据；

（10）努力在全面权衡的基础上，提出解决关键问题的最佳方案。

每位学员在参与案例讨论分析时，都要认真听取主持教师对案例讨论的总结。特别是当案例讨论发言结束的时候，学员一定要认真听取主持教师的总结发言。与自己准备的内容观点和方法做对比，完善自己的分析思路与分析报告，同时认真找出差距，领会主持教师意图，分析思路和技巧，提高自己今后案例分析的水平。

第四节　案例分析报告的具体要求和内容

案例分析报告是干部培训案例教学课堂课程结束后的一个重要环节。目的是锻炼学员的总结能力、思维能力、提高文字表达能力和写作能力，从而稳定案例教学的学习成果。案例分析报告的篇幅没有特定要求，因人而异。一定要在案例教学课程结束后尽快完成，趁热打铁，及时总结，以免遗漏，加深对案例研究的主要问题的认识，巩固学习成果。

案例分析报告是检验学员案例分析能力和案例学习效果的载体。故而案例教学通常要求学员掌握撰写案例分析报告的方法和技巧，撰写出完善的案例分析报告。

案例分析报告的具体要求和内容包括如下 4 个方面：

（1）明确此次选用的教学案例在学习中应该解决的主要问题是什么；

（2）全面总结、反思自己在案例阅读、分析、讨论中得到的具体收获；

（3）整理出自己期望本次课程中解决，但实际上没有解决的遗留问题，以及亟待解决，但本次课程不可能一下子解决，尚待今后继续研究的问题；

（4）对主持教师主持案例教学的全过程作出定性评价和定量评价（其中定量评价应该体现"案例教学评估表"所列的各评估项），并根据自己本次案例学习的切身体会，提出今后对此类型的案例教学、提高学员学习效果的具体建议。

以上四点是每份案例分析报告必须包含的内容。而对撰写案例分析报告的要求，每一次培训是不一样的，要根据选择案例的具体情况和主持老师的要求还有学员的水平做不同的区分。

学员是否在每次案例课结束后都写案例分析报告？不同的培训机构、不同的班次要求不同。在哈佛大学，各个学院都有完善的机制保证学员的学习，学员有强大的外在压力。学院对学员学习成绩的评分，有一半取决于课上发言，另一半则视考试成绩而定。因此，每个学员都非常重视课前的准备和课上的发言，他们在课后通常不被要求撰写案例分析报告。但在 ENA（法国国家行政学院）的省长班上，撰写案例分析报告是司空见惯的。建议参与案例教学的学员们遵照学校的要求、主持老师的安排，根据自己的时间，以达到最佳培训效果为前提，认真完成案例分析报告。

第八章
案例教学的实施设计

　　干部培训案例教学的实施过程是比较复杂的,不是简单的一加一等于二的操作,更不是可以一而再、再而三地进行反复复制的。干部培训案例教学具体地说应该是一门艺术,具有极大想象空间和灵活性。在案例教学中,由于每个国家的文化背景不同,每个班次的学员经历不同,主持教师的基础条件、经历、能力的不同,使得相同课程的案例教学的实施过程也可能会有很大的区别。虽然干部培训案例教学实施过程非常灵活,但是案例教学在操作流程上也是有共同规律可循的。我们就实施过程中可以遵循的必不可少的关键环节做个总结。

　　教学案例的选择是非常关键的,选择正确或者说恰当,就相当于案例教学成功了一多半。适合的教学案例必须合教学目的,有利于完成教学计划;并且与学员急需解决的问题相关,与案例教学形式相配套。

　　教学方案的设计应该细致、具体,应该包括案例教学活动的时间总长度:案例教学活动的内容时间分配,也就是确定将案例教学活动分几段,每段的时间长度及活动内容,在各段时间内教师的工作内容,以及学员参与的活动方式和内容;同时必须注明对教学环境及教学设备的具体要求等。

　　主持教师课前要准备好在学员案例分析后,需要给出的教学案例理论分析框架或理论分析工具,需要在学员中做针对性的组织与动员工作,力争最大限度地提高学员的参与度。主持教师的素质很重要,向学员展示的是有广博知识、丰富经验、有情、有活力阳光的形象,这是案例教学课堂有好的效果的前提条件。主持教师要根据课堂情况,通过适时的、温和的、有针对性的、有深度的提问,调整学员案例分析的方向,激发学员对学习的兴趣,启发学员用自己的头脑主动思考,控制好课堂氛围,让学员感到轻松不拘谨,但不是信马由缰,恣意妄为。

干部培训案例教学也是有相对的缺陷的,比如,在实施过程中因主观原因造成的不能完成教学计划等现象,所以案例教学存在不成功的风险客观存在。规避风险需要从教学不成功的原因探寻相应的解决方法。要了解案例教学存在的风险,不要单纯靠经验性的主观判断,需要做大量的教学评估,通过数据分析来摸清和解决。

教学评估贯穿于教学工作全过程,评估程序要严密,从评估卷的发放、回收到评估信息的处理,评估结果的发布,每一个环节都应该有指定人员负责,堵塞各种可能出现的漏洞,尽可能保持评估效果的公正性与权威性。案例教学的评估结果由培训机构的教学管理部门掌控,主持教师本人及其所在部门的直接上级和培构相关领导有权了解,必要时可质疑评估过程、查阅评估情况。但除此之外的其他人员没有必要也无权质疑、查询。

第一节　教学案例的选择

干部培训案例教学的案例选择是课程成功的的基石。案例的选择是有针对性的,案例的成功选择是学习的基石,构成课堂讨论的基础,案例教学也就有了非常好的开始,那么怎么选择呢? 一个好的教学案例必须符合如下条件。

一、遵从教学目的要求选择案例,为顺利完成教学计划奠定基础

干部培训案例教学的案例选择首先需要满足的是教学目的,每个课程的设立,每个培训的进行都是有目的的,目的就是初心,因此在选择案例的时候要不忘初心,根据不同的教学目的选择不一样的案例,为完成教学目的奠定基础。

案例教学的教学计划包括:教学目的、教学时间、教学内容、教学方法、考核方法、参考资料等。制定的教学计划应该基于对学员的需求进行分析,

这种学员需求分析一般分为两个阶段,第一个阶段是在培训开始前的学员需求分析,是开办培训班的依据,是培训项目是否受学员欢迎的前提。这个阶段的学员培训需求分析不科学、不准确,结果必然是要么招生工作不顺利,要么学员对培训不满意。第二阶段是在培训开始时的学员需求分析,即从学员报到到正式开班上课期间,对每个学员参加此次培训的预期作出统计,这是主持教师和项目组对培训调查计划进行微调的依据。这样有利于帮助老师调整既定讲题的具体内容和教学方法,并有针对性地满足每个学员的具体需求。

二、根据教学目的,满足学员最迫切需求

干部培训案例教学的案例选择必须满足教学目的的需求,不忘初心,而教学目的可能需要非常多的案例的支撑,可以根据学员的要求,按照问题的急迫性,做一个排序。这就要求主持教师在编写或选择教学案例之前,与学员进行充分交流,深入研究学员的培训需求,最好能深入学员中去了解其近期遇到的问题,然后编写或选择能涵盖学员普遍性问题的教学案例。教学案例做到真实可信,让学员感觉案例里讲到的事情似乎就像发生在自己身上一样。

我们发现,在干部培训案例教学能力训练课程的成功案例中,很多的教学案例是有决策分型的。课堂上使用决策分析型案例时,学员充当的是决策者,决策的正确与否,都和自己的切身利益相关,因而他们会认真分析决策环境与决策条件,倾听他人的意见和看法,审慎提出决策方案。这个过程体现了案例教学的本质,也就是训练学员科学思维能力和分析问题、解决问题的能力。

在使用经验介绍类似的案例时,要在领导干部能力训练方面取得理想的教学效果是有一定难度的。由于这类案例通常是针对案例所在单位面临的困难给出的被证明是正确的解决办法和科学的决策方案,最后也取得了理想的结果和正面的结论。这样的案例,学员在学习中很容易成为旁观者,课堂的案例分析很容易成为对案例进行隔靴搔痒的评论,学员不太容易身

临其境地成为案例的主人,主动参与方案的制定与筛选。此类案例的教学中学员本人没有经过思想斗争,与其他学员没有思想交锋,很难学到多少东西。就像我们看电视、看电影,如果其主题鲜明、寓意深、情节引人入胜、扣人心弦,也可能会让我们获得教益、受到感动,但却不太容易通过这种方式成功获得思维训练,提高决策能力、管理水平。虽然如此,经验介绍性案例的存在也不是绝对不能用于任何课程的案例教学。对于改革发展过程中各地出现的一些具有普遍性的问题,由于没有一个现成的解决方案,各地只能在实践中不断探索,把一些地区已经采取的办法、实施及成功的方法写成案例,也是给有同类经历的领导干部提供了进行研究讨论的素材,对于总结借鉴他人的间接经验,发现真理,少走弯路,是一种非常好的的选择。"以铜为鉴,可正衣冠;以古为鉴,可知兴替;以人为鉴,可明得失。"[①]现在干部培训案例教学中,经验介绍类型的案例还是有一定的使用频次,其使用也是存在意义的。尤其是典型案例中一些有警示意义的细节,相比单纯的长篇大论的说教更可以让学员受到心灵的强烈震撼。

三、干部培训案例教学的案例选择要与案例教学形式相匹配

因为案例教学的形式不同,所以选择的教学案例也就会有所不同。如果采用案例当事人直接参与的对话式的案例教学,选择的案例往往是真实的,发生时间、发生地点具体而真实,但不能给主人公提供决策思路和决策结果,而将学员带入案例中开展身临其境的设想和研究,要求学员将自己当成案例主人公,挖掘内心深处的想法,思考如何去做,将问题理清,思路明确、畅所欲言,并与案例当事人进行充分交流。在采用与角色扮演相结合的案例教学形式时,选择的教学案例就应该是详尽论述,其中包含比较多的利益相关者的复杂心态和利益博弈的事件。如果采用老师主持下的课堂案例分析这种形式,则可以选择描写某个地方在这方面的一整套做法的案例。

---

① 摘自宋·欧阳修、宋祁:《新唐书·卷一一〇·列传第二十二魏徵》,原句为唐太宗叹曰:"以铜为鉴,可正衣冠;以古为鉴,可知兴替;以人为鉴,可明得失。朕尝保此三鉴,内防己过。今魏徵逝,一鉴亡矣。"

需要强调的是,教学案例由谁来选择是一个非常重要的问题,按照权力与责任对称的原则,谁对案例教学的效果负责,就应该由谁来选择案例,目前,在大多数的干部培训机构中,在对主持教师的案例教学效果进行评估时,对项目组的其他人也有相应的要求,那么教学案例的选择权应该由项目组和主持教师一起来行使。在干部培训案例教学中最糟糕情况是,选择教学案例的人与对案例教学效果负有直接责任的人不一致。就好比甲去讲课,让乙给他写讲稿,即使乙水平很高,也很负责,他写的讲稿让甲来讲也不容易讲好。要何况在乙不需要对甲讲课效果负责任的情况下,乙能否很认真地去为甲写稿,是不确定的。在这种情况下,案例教学效果好的概率基本不能保证。如果不允许案例教学的项目组和主持教师选择教学案例,却又把教学效果的好坏归功于或归咎于案例教学主持教师和项目组,这是不科学的,是违反教学规律的。

第二节　教学实施方案的制定

干部培训案例教学的实施方案是在实施计划的要求下,选定了教学案例之后按部就班进行的。案例教学计划根据不同的教学目的、不同班次学员需求、学员水平,进行不同的教学方案设计。这种设计应该详细、具体,至少应该包括以下内容:案例教学活动的具体时间和用时长短;案例教学活动的内容及具体的时间分配,即案例教学活动分几段,每段的时间长度及活动内容,在各段时间内主持教师的工作内容是什么,学员的活动内容有哪些;对数学环境及教学设备的要求等。

干部培训案例教学实施方案的设计是案例教学如何实施及实施效果的关键所在。实施过程虽然有灵活性,但还是必须始终坚持一些基本原则。

一、根据课程时间制定案例教学实施方案

课程的时间是在教学计划中有明确规定的,不同案例的用时也是不同的,三天讨论一个案例和一天讨论三个案例的实施方案肯定是不一样的。

如果是安排三天学习一个案例,在进行课堂案例分析之前,可以安排教师作案例教学及其课程安排说明,可以安排教师作与案例教学内容相关的启发性讲解,还可以安排课前的小组案例研讨。如果是安排学员一天学习一个案例的课程,就只能安排半天的小组讨论和半天的课堂案例分析。如果是安排学员半天学习一个案例的课程,则需要把分组讨论与案例分析都拿到课堂上完成。

二、根据培训对象设计案例教学实施方案

干部培训案例教学的学员的情况不同,实施方案也会有所不同。同样的教学时间内,由于被培训对象的不同,案例教学实施方案的具体安排也会不同。案例教学采取什么方式进行,案例分析是以小组为单位,还是个人各抒己见在全班交流,都需要视学员对案例所涉及的理论问题的掌握程度及其查阅相关资料、掌握相关信息的能力而定。

三、根据学员的情况做出时间安排,有利于全体学员的参与

实施方案的设计要考虑学员的数量和案例分析,层层推进所用的时间。案例分析中要给每个学员安排时间,直接参与讨论,保证全体学员的全程参与。

要针对学员分析案例的发言时间长短做出限定。限定不是教师随意做出的,而是根据参与本次案例教学的学员人数和本次案例教学课堂案例分析时间总长度计算出来的。如果案例分析采取学员个人各抒己见,然后在全班交流的方式,那么以一个30人的干部班的案例教学为例,假设课堂案例分析时间为2小时,每个学员平均发言时间为4分钟,每个学员的发言时间就可以规定为不超过4分钟;如果采取以小组为单位进行案例分析,再在全班进行交流的方式,每个小组的人数不同,小组代表的发言时间也会不同,小组成员的补充发言时间也会不同……简而言之,学员分析案例时对发言时间的限定,是必须设计的细节之一。类似的细节要看教学情况,灵活掌握,充分考虑学员需求,在制定案例教学的实施方案时细致考量。其目的就

是要全体学员都有参与的机会,有发言的机会,调动所有学员的参与热情。

干部培训案例教学方案的设计是以学员已经掌握的相关知识和理论为前提的。虽然案例教学的方式多种多样,但是无论哪一种方式的案例教学,通常都不是传统的教授型教学,不是教授给学员什么知识,灌输什么理论,而是在学员已经掌握相关知识和相关理论的基础上,把知识和理论转化成分析问题、解决问题的能力。这样就决定了在案例教学实施方案的设计中,不包括相关知识、理论的讲授。在教师对案例数学内容的启发性讲解中,主要不是讲相关知识与理论,应该是从学者的角度,总结领导执政经验以及提升领导能力的经验,启发学员从领导干部的角度,以案例为载体,总结自己、借鉴他人的执政经验和提升领导能力的经验,这样才能使课堂的启发性讲授与案例教学融为一体,成为做好案例教学的一个前提,在对案例教学内容进行启发性讲授时角度选择不好,很可能会限制学员的思维,影响案例分析质量和案例教学效果。

如果学员在案例教学涉及的基本知识和基本理论方面有欠缺,为了不影响案例教学效果,主持教师要在课前指导学员补课,若在课堂上才发现有学员在这方面有欠缺,可在课堂上简单提示,并要求或安排学员课后及时补课。

四、案例教学实施方案的中心环节

案例教学实施方案的中心环节是课堂案例分析,它应该包括以下

(1)课堂案例分析的形式,如正反方辩论式;个人自由表达,在全班交流;以小组为单位派出代表发言,在全班交流;角色扮演等。

(2)课堂案例分析时重点发言学员的产生办法。如教师课前指定重点发言学员、教师课堂上随机指定重点发言学员、小组推荐重点发言学员等。同时对学员发言要求与发言时间做出限定。

(3)对主持教师工作的内容和时间限定等。

第三节 课前准备与课堂控制

案例教学的主持教师通常要在课前做一些与传授式教学不同的准备工作,这是干部培训案例教学的必然要求。教师在选择案例后要进行分析研究,并且要为学员提供教学案例理论分析框架或理论分析的工具,还要在课前做组织与动员,让学员了解案例分析课堂教学的方式,让学员有足够的心理准备,积极参与到案例教学中,这是案例教学非常重要的一个环节。

一、课前准备的细节把控

一是事先把案例选择的思路和教学意图与学员进行沟通,让学员认同所选择的案例并认可案例教学的形式。把与此案例相关的背景资料或信息,以及查阅方法、获得途径等告知学员,或将已有的与案例相关的背景资料连同案例一起,以电子版的形式作为课前资料,提前发给全体学员研读,这样学员就会有理解案例的机会,提前做好准备,使得学员思考问题的方向与教学目的相一致。

二是把设计好的案例教学课堂活动实施方案提前告知学员,使不同水平的学员对案例有基本一致的理解,无论是有过国外案例学习经历的学员,还是从未见过或经历过案例学习的学员都能够对案例予以理解和支持。这样就会为课堂上师生的良性互动打好基础。

三是召开课前预备会议,与学员支部的书记(或班长)、学习委员、小组长一起,由他们组织学员积极进行课前的案例研讨,提高课前案例研讨、交流和课堂案例分析的教学质量。

四是课前准备还包括在课前重新布置教室及座位。根据案例教学实施方案,把教室重新进行布置。如果主持教师需要进行整个案例教学阶段的教学说明或讲述案例背景,那么桌椅可按排排座的形式摆放好。如果需要学员分小组讨论,桌椅可按照小组形式呈梅花状摆放。如果是全班进行案例分析的话,桌椅按圆形或扇形摆放……白板的位置,放在可以让全班学员都看到的地方即可。如果主持教师需要放映多媒体文件，注意调整百叶窗的角度，采光适度，以取得最佳视觉效果。

在案例教学主持教师的课前准备工作中，不可忽视的是在课前准备好适合本次使用的教学案例的理论分析框架或理论分析工具，以便在案例教学课堂活动的最后提供给学员。这项工作是主持教师课前准备工作中最需要花功夫的，也是案例教学最可以体现教师的思维能力与理论水准的，对于提升学员的案例分析能力，促进学员的学习起着画龙点睛的作用。

如果使用的教学案例是由案例教学的主持教师自己写的，理论分析框架或理论分析工具应该由该主持教师在吸收案例教学项目组其他成员的意见基础上提出；如果使用的教学案例是购买的，那么对随案例一起买来的理论分析框架或理论分析工具要吃透，必要时可根据案例教学方案设计要求和学员需求予以修改。

教师在主持案例教学的课堂案例分析过程中，只有教学案例的理论分析框架或理论分析工具是可以而且必须事先准备的，其他活动都是需要随机应变的。

二、课堂控制的八大任务

案例教学有非常强的灵活性，这样就可以把案例教学比作一场戏，那么这场戏就是主持教师与学员，以及学员与学员之间互动的一场戏。相对于案例教学项目组来说，案例教学的主持教师是在前台演出，也是教学过程的导演，一出好戏，必须有一个好的主角，这个主角好不好，主要是看他能否正确理解角色，能否使自己演绎的故事里有每个学员的角色，能够让全员参与，触动观众的心弦，引起观众的共鸣，引发观众的思考，荡涤观众的心灵。在案例教学的课堂上，学员都是这场戏的演员，处于主体地位，主持教师则必须是个好导演，主导案例教学的全过程，抓好取得案例教学理想效果的关键环节，即课堂组织与控制。

具体地说，主持教师在课堂组织与控制过程中要承担起的八大任务分别是：

（1）组织学员进行课堂案例分析，保证案例讨论、交流有条不紊地进行。

（2）帮助学员排列案例中利益相关者可能持有的观点，综合学员的发言，阶段性的概括和总结，推进学员学习过程。

（3）组织学员讨论案例中的问题产生的背景和环境；分析与该问题有关的充分必要条件和约束条件；及时做出中肯而关键的提问。

（4）帮助学员独立分析问题，并提出解决问题的方法、思路和可供参考的方案，这要求教师亲切、智慧、循循善诱又激情飞扬。

（5）把控时间，目的在于保证课堂教学安排能够顺利进行，防止学员在案例分析时纠缠于某个细节或扯得太远，占用别的学员太多的发言时间，而影响教学的效果。设定每个环节的时间，常用的办法是对学员发言时间作"强制性"的规定，如发言时间不能超过规定的长度，以保证所有学员发言机会均等，保证课堂时间的有效利用，实现学员的积极参与和思想碰撞。

（6）在学员提出问题时，聆听但不指责学员的发言，不回避自己的观点。主持教师不要主动亮出自己的观点，以免对学员产生导向作用，影响学员的思维和思考。如果学员已经向教师提出问题，教师在一般情况下要直面问题，躲躲闪闪会让学员怀疑教师的能力与水平，损害教师的权威性。

（7）完整掌握案例中所反映的事实，正确领会学员的观点，帮助学员理清思路。

（8）总结案例分析的理论框架或工具。对整个案例作一个升华。

八项任务艰巨而重大。主持教师为了完成好这八大任务，在课堂上下沉到每个细节中，把控好课堂的教学氛围和学员的执行力。

教学开始时，课堂热身活动很重要。热身也可以称作"破冰"，"破冰"这个说法起源于冰山理论。冰山理论是指人就像一座冰山一样，意识的部分只占了很少的部分，而更大的部分是潜在的意识，或者说是不容易被分辨的意识。而破冰就是把人的注意力引到当下，注意力在当下，就无法或者不容易被潜在的意识影响。这样就可以达到团队融合。离开怀疑、猜忌、疏远，进而达成团队合作及培养互相的默契及信任。

"破冰"的操作方式有很多种，比较简单的就是从主持教师开始，每个人做自我介绍,在规定的时间内,用精练的语言把有趣和重要的个人信息告诉教师和同学。其目的在于教师与学员之间、学员与学员之间相互了解和心理距离的拉近,这种热身活动可以使课堂的气氛变得友好、活跃,为案例分析营造一个很好的氛围。这一环节非常考验主持教师的协调沟通能力。一旦控制不好,则会使课堂一开始就变得散乱。"破冰"还有许多的方式,可以根据不同的班级学员的人数和自身条件做出选择。

"破冰"之后,在课堂上,学员可分小组讨论或者集体讨论。课前准备期间做过小组研讨的,可以直接进入案例分析阶段。案例分析可以采取结构化,也可以使用非结构化。即自由式结构化案例分析的形式是多种多样的。比如,辩论的方式,可以将学员分成正反两方(如果学员比较多也可以有中间方),站在各自的正反方面各抒己见;也可以以小组为单位派组长代表发表看法,组员适当补充等。分析案例非结构化的自由式案例分析也有多种方式。比如,学员个人在案例思考题涉及的范围内发表意见,学员的思维可以尽可能开放、发散,利用脑力激荡的方法,充分发挥主观能动性,主持教师要随时用巧妙提问的方式保证学员思考的方向不偏离教学目的,以适时提问的方式帮助学员发现自己观点中的偏颇,弥补自己思维过程中的漏洞。再比如,由主持教师在思考题的范畴内事先设计好一个一个层层递进的具体问题,由学员针对主持教师的提问自由发表意见,这样有利于案例分析集中在我们需要的点上,更深、更透。

干部培训案例教学的案例分析课要求学员在积极表达自己的观点的同时也要认真倾听其他学员的观点。学员不可以无视其他同学的存在,自说自话,也不可以任由他人发言,自己沉默不语。有经验的主持教师一般会在这个阶段对学员进行适当的引导,不让学员感到拘谨,也不能信马由缰,偏离主题。主持教师和项目组要事先对学员有可能涉及的问题作一个大致的预估。根据课堂情况,适时地、温和地、有针对性地、有深度地进行提问,保证案例教学的课堂围绕案例教学的主题进行的方向不变,激发学员兴趣,启发学员思考,控制好课堂氛围。

学员积极参与,每个学员发言是案例分析阶段的要求,这个时候对学员的发言,不要求系统完整,但是必须要观点明确,不可以模棱两可。如果有的学员没有主动发言,主持老师可以通过点名的方法,给没有发言的学员一个发言的机会。如果班上学员太多,由于课堂时间有限,可以采用小组研讨的方式,由小组代表发言,虽然不能使每个人都充分发表意见,但主持教师也可以给没有发言机会的学员一个限定的时间,比如每人一分钟,让学员在这个规定时间内用最简短的语言表达自己最精辟的观点。这样非常有利于实现学员发言机会的均等,督促每个学员在课堂上认真听,积极思考。

培训内容不同,培训班次不同,案例教学对培训班学员数量的要求也是不同的。有些培训专家在干部班(包括公务员、企业管理者)进行案例教学时,通常会要求控制培训班的规模,因为人数太多,不利于学员在案例分析中拥有更多的发言的机会,没有充分表达自己的思想、贡献自己的经验与智慧的机会,这样有可能影响教学的效果。

为提高案例教学的课堂效果,主持教师在课堂上提出要求,并营造一种让学员身临其境的氛围,让学员有身临其境,设身处地的感觉。如果学员把自己当成局外人,对案例进行隔靴搔痒式的点评,那就很容易降低案例教学的效果。主持教师向学员展示知识广博、经验丰富、有热情、有活力的形象,对于案例教学课堂活动方案的顺利实施十分重要。教师的这种形象要在课堂活动的细节设计和实施中展示出来。

干部培训案例教学的课堂组织与控制有一定的难度,不但与主持教师自身的素质、教学水平等直接相关,更与领导干部的培训体制、培训结果的使用等密切相关。领导干部进入培训机构,虽然也被要求完成从领导干部到学员的角色转变,但总有一些学员直到培训结束都沉溺于之前的领导干部的角色中转变不过来。这种角色认知的不当,必然体现在学员的课堂表现中,有的学员总是自觉或不自觉地试图主导教师,甚至主导其他学员。

最典型的是,学员在课堂上不服从教师的课堂活动安排。还有一些学员,无论主持教师课前怎样做工作,课堂上怎样引导,在课上总会执意抛开教学计划和教学要求,抛开案例分析去评价本次案例教学中学员案例选择的得失,以及对本教学案例的修改意见与建议;也有学员会对自己的观点被质疑或挑战而不满……在这种情况下,主持教师必须用巧妙的回应和巧妙的提问把课堂活动引导到实现教学计划的方向上,这对主持教师是一个考验,需要教师的耐心、经验、智慧,有时还需要妥协。实事求是地说,由于领导干部培训体制、培训管理等的不同,干部培训机构中的培训主持教师在学员中的尊严和权威性是不一样的。

培训主持教师必须在与学员打交道时让学员明显感觉到自己是专业的,有专业素质,有工作经验,随时可以闪烁智慧的火花。一旦与学员有分歧的时候,发生冲突是绝对不可取的。主持教师的咄咄逼人、不依不饶是极为不妥的。教师的主动妥协有时候会更体现智慧,妥协有的时候就是一种以退为进,既无损于教师的权威,又保留学员的面子,维护师生之间的和谐关系,保证案例教学的顺利进行。

在案例研讨与分析阶段,主持教师要反复提示下列原则:打破"唯一正确答案"的思维模式,因为实现任何一个目的,达到任何一个目标的途径都不是唯一的,在原则上是无穷的,世界上根本不存在"唯一"的事物,"唯一"只是在研究问题的特定场合才用:你的方案正确,并不等于别人的不正确;你的方案并不一定最好,别人的也不一定就不行、不好。从多个角度看问题,有助于把问题看得更全面,更准确。

干部培训案例教学在案例研究与分析阶段,主持教师要控制好时间,让学员在规定时间内把自己的经验智慧贡献出来,让学员有更多的收获。学员打开了思路,活跃思维是非常好的,必须做到张弛有度,放开了还要收回来,这就是主持教师的责任。

主持教师在进行案例教学的时候一定要在课堂上留出时间做好归纳总结,这也是案例教学的画龙点睛之笔。在学员学习过程即在组织学员对具体案例进行讨论、分析,学员在充分调动已有的知识和经验对要学习的内容形成一个感性的认识后,教师要进行总结、点评,充分肯定和鼓励课堂表现积极和突出的学员。如果教师与学员的一些观点不一致,要及时和学员坦诚、充分地交流。

教师要总结强调教学的内容,加深学员的重视、认识、理解和掌握分析的方法。在这个环节中,通常不要求教师对案例所涉及的问题给出标准答案,允许有悬而未决的问题。不过主持教师一定要对案例中涉及的问题给出理论分析框架、方法或模型。这个环节集中体现了主持教师的理论水平,也是案例教学让学员印象深、收获大的重要一环。

第四节　规避风险与教学效果评估

采用案例教学这样一种教学方法,是为了达到提高教学效果的目的,如不能达成这样的提高,教学效果就会有风险,不能达到提高教学效果的目的的可能性越大,风险就越大。

一、干部培训案例教学的风险规避

在各种各样的成人培训中,公务员及企业管理者的培训案例教学未能达成预期教学效果的事情是经常发生的。即便是在哈佛大学和肯尼迪政府学院,来自世界各地的受训者对他们参与的案例教学的效果也有很多不同的看法。就连有过受训经历的中国学员也说,领导干部在哈佛受训和在国内的培训机构受训的期望不同,到了哈佛,很希望感受哈佛的名气、课堂的神圣,对教师选择什么样的案例,用哪种方式进行案例教学并不挑剔,总是采取积极配合、严格服从的态度,配合教师的教学安排,即使如此,学员在课后也会有很多的不同感受。不论是欧美的案例教学,还是目前国内干部培训中采用的案例教学模式,都不时会遭到质疑、非议甚至是责难。

（一）案例教学的局限性

干部培训案例教学作为一种新的教学方式,虽然受到追捧,但也不是"风吹百叶动,一片好声",任何一种教学方式都会存在一定的不足和局限性。方兴未艾的干部培训案例教学也是如此,这些局限性是自身无法克服的。主要有几下四种：

（1）学员在案例教学过程中难以获得系统和完整的理论知识。要想获得更多的收获,就要求学员的基础知识要牢固,基本理论清楚,否则案例教学就会变成空中楼阁。

（2）案例教学要求学员课前做好预习，学习目的明确，有外在的学习压力，有内在的学习自觉性，具备了这些，才不会让案例教学成为一种不具备竞争性的高成本的游戏。

（3）学员不一样，案例教学的适用性也会不一样，相比较而言，思维敏捷，口才较好的学员的适应性比较强。

（4）案例教学对主持教师要求很高，体现在对其学术水平、学术地位、表达能力、沟通协调能力等诸多方面都会有较高的要求。

干部培训案例教学的成功与否是和我们对局限性的理解及风险的规避有着直接的关系的。我们这里说的风险是在探寻我们在主观上造成失败的原因和解决方法。

（二）干部培训案例教学的风险规避

案例教学同其他任何一种教学方法一样，不可能是十全十美的，案例教学不成功的风险，与案例教学相伴而生，可谓："车到山前必有路，有路就有车前草"。

1.具备条件时，选择案例教学方式，避免先天不足的风险

由于案例教学存在一定的局限性，我们在选择这种教学方式的时候需要慎重。在不合适使用案例教学的课程中或学员中，不可以强行使用案例教学。这样的案例教学存在先天不足，教学效果好是偶然的，不好是必然的。案例教学在干部培训中所受的追捧和广泛应用后产生的良好效果，给培训机构和接受培训的学员造成的影响是主要原因。有的培训机构还没有弄清案例教学的基本原理、原则，在案例教学所需要的基本条件不具备（包括学员的思想准备、知识准备不足）的情况下，匆忙搞起案例教学，这样难免产生教学方法与教学内容不相适应，也就是在不合适搞案例教学的课程中进行案例教学，或者是课堂上师生互动环节实现不了、主持教师不具备专业水平、学员的基础知识也不够的尴尬。

避免产生这样的问题，就需要培训机构在进行培训方法改革时既积极主动，又保持理智冷静，一方面注意研究案例教学的原理、原则和规律；另一

方面根据自己组织内部的具体情况,决定包括实行案例教学在内的教学方法改革的内容和进程,不要盲目跟风。

2. 正确选择教学案例,避免错误选择案例的风险

教学案例的选择容易存在的问题有以下三个:

(1)案例选择与教学目的不一致,无针对性。使用这样的教学案例进行案例教学,很难圆满完成教学任务,教学效果好坏只能用学员参与热情和程度判断,也就是只能看学员是否积极"动"起来。

(2)教学案例的内容大而全。如果一个教学案例包罗万象,很繁琐,涉及的问题颇多,那么脉络很容易不够清晰,主线也不会很明确。学员研读、研讨和分析案例时非常容易抓不住重点,造成跑题。

(3)构成案例的内容不够真实,没有针对性。如果案例中提供的信息不够全面,较为片面或虚假,很容易改变案例教学的初衷,有实践经验的学员很容易把注意力转移到批判案例本身,这样就会导致学员对案例的立意、写作方法、素材的剪裁等方面提出意见和建议,甚至对案例的主人公也有许多过激的言词,造成学员案例学习的注意力被分散。

对这个问题的避免方法最重要的是要在案例的选择上做文章,想方设法保证选定的教学案例符合教学案例的一般要求,服务于本次教学的教学计划的完成、教学目的的实现等。需要从制度上彻底解决这个问题,建立案例的选择权力与责任一致的机制,明确教学案例选择权的归属是主持教师,是案例教学项目组,还是教研部门分管教学的领导,或是其他什么人。

3. 做好学员工作,保证学员的参与度,避免学员不配合、不参与,这是教师和学员的责任和任务的问题。

教师层面的问题分析:

首先,主持教师对案例教学的熟悉度不够;对本次案例教学所需要的知识储备不足,缺乏与学员沟通的经验与技巧;

其次,主持教师事先没有向学员讲清楚案例教学及本次案例教学的目的、安排、要求等,造成学员由于对案例教学这种方式不熟悉而不知如何参与;

再次,主持教师的理论水平不够,知识储备不足;

最后,主持教师的专注度和激情准备不足,对学员的感染力不强,承担不了挖掘学员中蕴藏的智慧和经验的责任等。

从学员层面分析:

首先,会存在部分学员没有或少有案例学习经历,习惯于传统的教师台上讲,学员台下听,不习惯主动参与的这种案例教学形式。

其次,有些学员边培训边工作,生活重心没有像培训机构要求的那样,完成从工作到学习的转变,参加培训时放不下工作,心猿意马,没有充足的时间做案例教学要求的课前准备,上课只能带耳朵听,无法按照教学计划的要求进行案例分析。

再次,因为干部培训班的学员都是领导干部,所以可能存在有的学员发生角色认知错误,试图主导课堂教学指挥主持教师的情况。有时学员在实践中碰了钉子,或遇到困惑,会把某种情绪带到课堂上。

最后,学员学习的外在压力不足。学习成绩如何,以及在案例教学中的表现如何,不会影响学员入档的培训考核结果,也不影响学员日后的提拔。当学员有几件事摆在眼前,精力有限时,首先放弃的是案例学习,即使没有什么事摆在跟前,是否能认真准备和参与案例教学,基本上是取决于学员的兴趣和自觉。

4.避免案例教学方式选择不当

干部培训案例教学有很多种方式,选择哪种方式,要依据案例教学的内容、学员情况、场地、课程时间等来确定,不可以千篇一律,一个模式在各种班次进行案例教学,要因地因时因人选择不同的案例教学方式。

5.主持教师充分理解案例教学实施方案,避免操作不当引起的不成功

干部培训案例教学主持教师在案例教学中操作不成功的主要表现如下:

(1)在引导学员进行案例分析上存在问题,比如要么让学员信天游,缺乏必要和及时的引导,导致学员的案例分析不集中、不深刻,有些甚至离题万里;还有就是缺乏及时的总结和推进,使学员在案例分析时陷入一些细枝

末节的问题,不及其余,影响案例教学实施方案的实现进度和实现程度。

（2）主持教师对学员案例分析所做的总结不够恰当、不够周全。主持教师在案例教学中的总结分两类,其中一类是阶段性总结,目的在于引导学员的案例分析始终向着达成教学目的的方向进行,另一类是最终总结,目的在于对学员的案例分析给予反馈,给学员以激励。如果事先没有精心设计好层层递进的课堂讨论问题,任由学员自由发挥,阶段性总结不得要领,不着边际,课堂就会变成吵吵嚷嚷的俱乐部。如果教师对学员的案例分析倾听不够,记录不完整,最终的总结很可能不周全,这就无法引起学员的共鸣。

（3）主持教师对学员的点评不到位。主持教师的点评是再次肯定或强化学员案例分析过程中贡献出的智慧与经验,如果不被多数学员认同的东西被教师再次肯定,被学员广泛认同的东西被教师质疑,这样的点评就是不到位、不成功,会让学员感觉失望。

（4）主持教师不能提供理论分析框架或理论分析工具,案例教学中学员所感所悟不能得到及时升华。

（5）主持教师提供的理论分析框架遭质疑。理论分析框架是案例教学中学员非常期待的,既是一种方法,也是一个工具,是中性的,毋庸置疑的,最忌讳的是老师在这个时间段介绍一种自己欣赏的具体的学说,以及一些具体的观点。这些学说或观点如果正好与学员的经验一致,符合学员的口味,那是幸运,否则会引起学员不满:你既然要灌输这些学说和观点,那就搞课堂讲授好了,还搞案例教学让我们谈看法什么呢?

选择符合案例教学要求的主持教师是解决教师案例教学操作不成功这个问题的关键所在。主要办法是对具备从事案例教学基本条件的教师及时培训,让教师能够掌握案例教学的技术、技巧。

6. 避免投入产出比的失衡

干部培训在案例教学中需要投入很多的时间、精力、人力、物力。现代干部培训是强调投入与产出之比的,案例教学比传统的课堂讲授投入高是肯定的。需要权衡一下,如果过高,即使案例教学深受学员欢迎,实施与否也是需要考量的。

重视研究干部培训规律,研究案例教学的规律与原理,把案例教学置于适当的位置,借鉴国内国外案例教学的成功经验,遵从少投入、多产出的原则。

二、干部培训案例教学的教学评估

教学评估贯穿教学工作的全过程,是整个教学工作中的一个重要环节。评估结果不仅是对教师水平和能力的判定,也是规避干部培训案例教学风险的一种有效方式。评估的角度可以从三个方面进行。

(一)培训资格的评估和干部培训案例教学培训机构评估工作的推进

这个角度的评估是用来判断培训机构是否具备干部培训案例教学培训能力的。此评估用来确定基础薄弱的和主渠道以外的培训机构是否具备干部培训案例教学培训的基本条件。评估的是可不可以进行培训,也可称为资格评估。资格评估的主要内容包括师资能力、数量,经费保障,教学场所和设施,制定培训计划的能力和完成情况分析,既往年度培训的规模、教学水平等。有意愿和有条件的培训机构可以参加评估,经过报名、筛选等环节,由各地区、各部门的干部教育管理部门在培训机构报送数据和情况的基础上,通过分析和调查确定。评估由有经验的专家和教学管理部门共同参与,评估结果为合格和不合格。合格的机构可以开展干部培训案例教学的教学活动,不合格的需要整改后再次参加评估。

我国对干部教育培训机构的评估现在还处于起步阶段。为积极稳妥地推动这项工作,需要从以下方面入手:

首先是主管部门积极推动。干部培训案例教学主管部门可以在广泛调研和征求意见的基础上制定相关规定,对干部教育培训机构评估进行统筹安排,对评估的基本内容、基本原则、关键指标、一般方法、评估结果的运用等提出原则性的指导意见。同时可以推荐几个典型的成功教学的经验,引导参与培训的培训机构结合实际情况,制定符合培训机构的有的放矢的具体的评估方案,从干部教育机构评估试点工作开始,总结经验,提炼有效的方法,数据化,信息化,逐步总结经验,形成完善的体系以便有效推广。

其次是分级分类实施。干部教育培训机构的数量众多,情况千差万别,应区别不同情况制定相应的有侧重点的评估方案,合理划分事权,由各级干部教育管理部门具体负责所在地区、部门的干部教育培训机构的评估工作实施。

再次是完善评估指标体系。发扬民主,听取干部培训管理者、有关专业人员、学员和培训机构的意见,经过广泛收集、分析调查、合并归类、确定权重等步骤,逐步选定评估指标,形成科学合理的指标体系。指标体系需要详细体现各方需求和结果,分数量和层次,充分考虑评估的初心,由专业人员参与进行评估,由学员真实填写评估表格和问卷。

最后是采用信息化技术。在信息化时代,要充分利用数字化服务进行分析和处理。干部教育培训机构评估将形成大量的原始数据。这些数据的分析处理,工作量很大,靠人工处理费时费力还不准确,采用信息技术则可大幅度提高工作效率。在设计评估方案时采用信息化处理,学会善于向技术要效率,考虑到这一点就会事先做好评估软件信息化处理等方面的准备。

(二)干部培训案例教学的教学质量评估

这个角度是用来对具备培训资格的培训机构和在培训资格评估中评为"合格"的培训机构进行教学效果的评估,评估的是培训效果是不是达到预期的问题。这个教学质量评估是针对不同的培训项目进行的。培训机构的教学管理部门首先对本培训机构的培训项目进行评估,将评估结果和评估过程上报干部培训案例教学管理部门,由干部培训案例教学管理部门进行审核和抽验。学员参与对培训课程进行评分并提出改进意见和合理化建议。这一评估对培训机构来说是一项必须实施的经常性的评估工作。

评估的主要内容包括:课程设计科学性、教学内容满意度、教学方法有效性、教学组织有序性、培训需求的适配度、师资选配的合理性、学风校风良好度和培训对参与培训干部能力素养提高的帮助程度等。结果需要综合一个阶段的评估,判断培训机构的教学质量和效果。这个评估分为优秀、良好、合格、不合格四个档次。评估处于"不及格"档次的培训机构,要重新参加培训资格评估。

在教学质量评估的实际操作中,需要注意把握两个环节:一是干部培训案例教学管理部门要选派管理人员到课堂实施监督评估过程,以保证组织重视,有效防止学员对评估的不认真、不用心、不真实情况的发生。二是要对评估时间做好把控,让学员有时间从容评分,填写意见和建议。

(三)综合评估

在干部培训案例教学中实施得较好的,且对培训机构评估有过实践经验的,可以进行综合评估。综合评估要有比较完备的评估指标体系。指标体系可以分成几个等级或者几个观测点,通常来说有三个等级和六个观测点。从干部培训案例教学的培训机构自评开始,然后由干部教育管理部门组织相关领导和专业人员到现场考察并进行再次评估。

对于干部培训案例教学培训机构来说,上述三种评估是外部评估。干部培训案例教学培训机构对内部评估的开展,要适时进行,课堂教学评估、培训成效跟踪评估等,这些属于内部评估,在监测教学效果、遴选教师上讲台、改进培训项目设计等方面发挥着非常重要的作用,相关的教育管理部门应给予要求和监督,内部评估的完善是培训机构自身提升的重要环节。

案例教学的内部评估程序要严密,从评估卷的发放、回收,到评估信息的处理,评估结果的发布,每一个环节都应该有指定人员负责,堵塞各种漏洞,尽可能保证评估结果的公正性与权威性。也就是说,每个课程的案例教学效果的学员评估结果,培训机构的教学管理部门都需要全面了解,案例教学的主持教师本人及其所在部门的直接上级和培训机构的相关领导层面也需要了解掌握,必要时可质疑评估过程、查阅评估详情。

无论是外部评估还是内部教学评估,其具体的操作方法和统计方式有很多种。外部评估的内容比较好把控,内部评估的内容可以根据每一个教学项目的不同设计不同的评估内容,采用不同的评估方案,进行有效的信息化处理,在确保培训效果的基础上提高工作效率。

实践篇

第九章
要培育市场化法治化国际化营商环境
——以天津市滨海新区中心商务区深化行政审批制度改革的实践为例

良好的营商环境能够显著降低制度性交易成本,有效稳定投资者预期,广泛聚集经济资源要素,是推动经济高质量发展的必要条件。营造良好营商环境,是推动经济发展质量变革、效率变革、动力变革的重要抓手。加快营造良好营商环境,破除阻碍地区经济发展的体制机制障碍,有利于深化供给侧结构性改革、加快培育经济发展新动能、激发各类市场主体活力、增强人民群众获得感、调动保护广大干部群众积极性,推动经济全面振兴。

本章以天津市滨海新区中心商务区深化行政审批制度改革为例,引导学员总结经验启示,分析存在的问题,探寻进一步完善营商环境的路径选择及保障措施。

第一节 案例材料选取

行政审批制度改革是深化行政体制改革、转变政府职能的重要抓手。十八大以来,全国各地区在深化行政审批制度改革方面做出了诸多有益的探索。滨海新区中心商务区,在深化行政审批制度改革、优化审批流程、打造投资贸易便利化的政务环境方面积极探索实践,形成了自身特色。

一、滨海新区深化行政审批制度改革的背景与动因

行政审批改革作为国家深化改革、转变职能、简政放权的先手棋和当头

炮,一直以来备受关注。党的十八大以来,全国各地都将深化行政审批改革作为突破口:广东以商事登记全程电子化为引领,实行电子签名、电子执照;南京、宁波等地以建设服务型政府为导向,建设大型综合政务服务中心,集行政许可、公共资源交易、公共服务于一体;江苏南通、宁夏银川等地在借鉴滨海新区行政审批局经验的基础上,将需由多部门联合审批的事项权限,如市监审批、规划审批都纳入审批局,其力度大,改革彻底;北京、浙江等地创新投资项目审批,探索多部门联合审批、并联审批,大幅压缩审批时限;山东新泰推行政务服务标准化,制定了从服务场所、服务人员、服务内容到服务规范的全国标准。可以说,全国各地创新招法不断,可谓百花齐放、百家争鸣。

应该看到,一系列行政审批制度改革措施取得了很大的成绩,在一定程度上为市场"腾了位",为企业"松了绑",为群众"解了绊",为廉政"强了身"。但是改革依然存在一些问题,特别是在优化服务方面,只有针对存在的问题,不断探索务实有效的改进措施,才能将行政审批制度改革持续做深、做透、做到位。这些问题主要表现在:

(一)对行政审批制度改革认识不够深刻,部分改革措施流于形式

正如李克强总理指出的,深化"放管服"改革就是要实现政府职能的转变,这是一场深刻的革命,要把不该由政府管理的事项交给市场或社会,把该由政府管理的事项切实管住管好,实现规范有序、公开透明、便民高效的政府管理,建设人民满意的政府。但是在实践中,部分政府部门仍然存在传统的"官本位"思想,以文件落实文件,政府管理实际运转中出台的很多要求和举措,较少从民众视角设计流程和制度,而更多是以方便部门自我管理为出发点。例如,某市不动产登记中心每天只投放50个号,办完就不再受理,其负责人称:"宁让群众多排队,不让职工多加班"。

政府工作人员改变思维习惯和行为习惯也很难,不设前置审批就不知该如何监管,总担心出问题承担责任。触动部门权力利益也太难,含金量高的许可事项常常由于各种原因难以下放或取消。社会公众寄予厚望的互联网＋思维,概念多过操作,功用发挥不足。某省在推进简政放权改革中提出

了"最多跑一次"的"一次办结"机制，但在市长以普通市民身份微服暗访，体验"最多跑一次"改革时，在多个行政服务窗口，体验了四件事的办理过程，结果他在不同政务窗口体验的这四件事，全都吃了"闭门羹"。

（二）部分改革措施和标准在部门间不系统、不协同

推进行政审批制度改革是一项系统工程，不是简单的部门政策文件的物理相加，而是要各种制度产生"化学反应"。但是在现实中，存在着谋划不系统、部门不协同、措施不深入等现象。一些地方在落实上级政府的文件要求时，没有深入研究消化，不能拿出务实落地举措，甚至改一改文字就向下转发。个别地方取消了"不知道"，下放了"接不住"，接下了"没优化"。由于体制、法制和运行机制惯性，以及缺乏相关配套举措，部门间在上下沟通和左右协调方面也遇到了很多障碍，政策法规、权力下放、联合监管、信息共享、中介组织等方面都存在着梗阻现象。例如大数据监管中的信息共享问题，综合执法中的上下对接问题等。同时，一些地方的改革措施还不够深入，例如在制定责任清单时，竟然没有执法部门监督检查职责的内容。

（三）社会中介组织改革滞后

长期以来，社会组织发育迟缓，组织成熟、自律规范的社会组织较少，大量需转移的行政审批事项无法找到合适的承接组织。社会中介组织在行政审批制度改革中发挥作用的空间有待进一步拓展。在政策的支持下，目前市场上出现了很多审批代办代理、专业技术评估等中介机构，但一些代办中介服务机构办事效率不高，时效性较差。对于没有统一进驻行政许可服务中心的中介服务机构，服务中心无法对他们的服务时效做出规定，一些社会中介服务机构在服务的过程中期限过长，做一件事甚至需要几个月完成，服务中心也没有办法加以管理约束，严重影响了办事时效，在一定程度上也影响了整体政务形象。

（四）信息共享机制不健全

现实中最大的问题就是信息不公开和数据难共享。主要表现为政务信息存在"多龙治水"局面，部门间信息化水平不一致，使用的软件不兼容，特别是核心数据交换共享不够，甚至在有的部门，即便同一部门内部的不同业

务单元信息也不能共享。一张办公桌上摆放四台电脑,要根据不同情况分别启动十多个办理系统。问题还表现在有些部门大数据利用水平和能力有待提高,使得"互联网＋政务服务"难以全面铺开,甚至简单地认为把传统的纸质表格改为网上填写的电子表格,就实现了"互联网＋政务服务"。

（五）服务仍存在缺位、错位现象

例如,《行政许可法》明确规定,要件齐全、符合法定形式,予以受理之后,审批人员要在规定时限内进行实质审查并办结。在实践中,窗口受理申请时,须向办事人出具《受理通知书》,但对于不予受理的,没有凭证,只是口头告知理由。这使得办事人不清楚办事程序和自身的问题,不知后续如何补齐材料。再如,在全社会"大众创业"的大背景下,创业者热情高涨,但在创业初期对于企业运营常识不了解,有办事人反映,初来乍到"两眼一抹黑",咨询、办事完全摸不清门道,而相关的代办服务没有跟上。

二、滨海新区政务服务创新实践

天津市滨海新区以《行政许可法》和国务院对放、管、服的一系列要求为依据,围绕行政许可和公共服务两条主线开展,打造"受理标准化、审批效能化、服务精准化、管理规范化和政务信息化"五位一体的政务服务体系,以问题导向、客户至上为服务理念,开展各种微创新,推动政务服务再升级。

（一）受理标准化

《行政许可法》第三十条规定:"行政机关应当将法律、法规、规章规定的有关行政许可的事项、依据、条件、数量、程序、期限以及需要提交的全部材料的目录和申请书示范文本等在办公场所公示。申请人要求行政机关对公示内容予以说明、解释的,行政机关应当说明、解释,提供准确、可靠的信息。"明确了行政许可的施行必须伴随着标准的公开。

现实中办事人仍觉得"事难办"的根本原因不再是原有的"门难进、脸难看",而是受理与否、批与不批往往取决于审批人员的知识储备和工作经验,相同的事项,不同的审批人员会给出不同的说法,导致办事人多跑腿的情况屡见不鲜。在标准化方面,滨海新区走在了前列,自2014年新区审批局成立之初便创新研究制定了《行政审批标准化操作规程（SOP）》，将由审批局审批的事项，逐项梳理创建SOP，规范审批事项各要件和要件审查办法，并向社会公布，最大限度减少受理审批人员的自由裁量权。不仅使行政许可的施行有了统一的标准，也向公众揭开了审批的"神秘面纱"。审批人员不再完全代表着绝对的专业性、权威性，审批不再是审批人员说了算，而是依法制定的标准说了算。

同时，针对办事人经常投诉的商事登记不同窗口登记人员说法不一，导致咨询时一个要求、受理时不同窗口又一种要求，让企业无所适从问题，中心将标准化概念引入商事登记，在全市范围内首推商事登记接审分离和标准化操作。由我中心的联审专员负责窗口初审、录入，对市场主体登记业务一次性受理、统一办理，市场监管的审批人员全部在后台复审和批准。通过"业务问题每日汇总、专题培训每周一课"的机制，我中心编撰了四版《市场主体登记操作标准》，有效限制窗口人员的自由裁量权。

（二）审批效能化

《行政许可法》对于做出许可决定的期限均有明确的规定，要件齐全、符合法定形式予以受理之后，审批人员要在规定时限内进行实质审查并办结。在实践中，窗口受理时，须向办事人出具《受理通知书》，但对于不予受理的，没有凭证，只是口头告知理由。鉴于此，我中心规定，对申请人提出的行政许可申请，申请资料不齐全或者不符合法定形式的，受理人员也须当场一次性书面告知申请人需要补正的全部内容。申请材料齐全、符合法定形式，或者按照前述要求提交全部补正材料的，窗口须当场受理。也就是说无论受理与否，都须出具书面凭证"受理通知书"或"不予受理告知书"，并注明日期。此举一方面是确保办事人了解办事的程序，找清自己的问题所在，方便补正材料，提高办事效率；另外一方面也是保护窗口工作人员，避免因没有做到一次性告知而引发的后续投诉和冲突。

新区积极开展要件简化，"以函代证"的探索；实行"留置后补、容缺受理"，在企业承诺的规定时间内补齐相关材料的前提下，可先行出具批复文件；率先实现"一次报件，综合受理、一证办结"创新模式，将民办教育培训机构、职业培训机构、养老机构设立与民办非企业单位审批事项,文化类事项,市容环保事项,部分行业外商投资企业备案与经营许可等多个存在前后置关系和同步办理情况的事项进行整合,削减重复要件,使审批服务更加便捷。

(三)服务精准化

在公共服务方面,我中心针对区域目前招商引资的重点工作,围绕企业落地、经营过程中的一系列问题和痛点、难点,想办法出实招,真正做到精准化的服务。如,针对招商企业来自五湖四海,办事人初来乍到,咨询、办事都不摸门儿的情况,中心借鉴物业管家的做法,建立线上为主、线下为辅的"双创通"企业服务平台,实行"首问负责、专人对接、一管到底、全程代办"的服务管家机制,通过政府招投标引入专业服务机构,为申请人提供企业在全生命周期内与政府部门、中介机构、专业机构相关的全部咨询、指导、帮办、代办服务。同时,将双创通系统与微信号相结合,实现"7×24小时"服务,使办事人通过手机随时、随地、随手下单,办理涉及审批和服务的全部事项。

针对因实际经营的需要暂时无法到滨海新区经营的企业,借鉴香港等地的做法,成立商务秘书公司,为异地经营企业提供公司注册、住所托管、商务行政等秘书服务。秘书公司对托管企业做好日常联络,为企业提供报税、年报、区域投资动态、政策咨询等日常信息,并定期将企业联络动态报告监管部门,确保企业不失联。

(四)管理规范化

新区行政许可服务中心包括自有审批工作人员、进驻部门人员,以及招投标采购的代办服务机构人员共计155人,分别在响螺湾、于家堡等地多点办公。为规范人员管理,中心先后制定了《绩效管理考核办法》《双创通企业服务平台供应商准入与管理考核办法》《进驻平台供应商招商考核表》《供应商进驻双创企业平台承诺书》《供应商服务专员线上(线下)考核表》《窗口办理事项明细》《呼叫中心管理办法》《印章管理办法》等多项管理办法,并编写服务中心员工手册、工作规范等行为标准。对包括本部门、进驻垂管部门、服务机构在内的全体工作人员实行绩效考核管理。此外,通过微信企业公众号进行"多点考勤,统一管理",使分布在不同工作场所的工作人员可以通过手机实现签到、签退、请假、线上会议、通知公告和党支部学习。

(五)政务信息化

按照国务院关于"简化办事环节和手续,优化公共服务流程,全面公开公共服务事项,实现办事全过程公开透明、可追溯、可核查"等要求,各地纷纷推行政务信息化和服务方式创新,构建实体大厅、网上办事、手机客户端、ATM自助终端机等多种形式相结合的公共服务平台。然而,"互联网+政务服务"并不是互联网和政务服务的简单叠加,而是要优化再造服务流程和服务平台,打通数据壁垒,促进各业务系统的互联互通。

新区行政许可服务中心在商事登记网上办事方面积极探索,首先是借鉴"医指通"创建了"于家堡自贸区商事登记预约预审系统",实现"在家网报、后台预审、线上预约、窗口优先",办事人在网上申报,工作人员在线预审,如果预审出现问题,办事人可以随时修改,预审通过后还可以在线预约现场办件时间,届时到窗口无须排队优先办理,可实现企业登记一次到场当场拿照;中心内还投用多种自助终端设备:ARM机可网上办税、AGM可办理企业名称网上自主申报,以及单一事项网上申报;征信自助终端可办理个人征信网上查询、企业查询机可自助查询企业电子档案。

三、滨海新区行政许可服务中心行政审批创新实践取得的成效

行政审批改革十余年来,地方的创新实践在推动行政改革的持续深入方面发挥着重要作用。中心商务区行政许可服务中心的创新实践是地方破解行政审批之困的创新探索,无疑有助于推动我国行政审批改革向纵深化发展。同时,在提升行政审批效率、创造良好区域服务生态、推进现代市场体系建设方面也发挥着积极作用。

(一)大大提高了行政审批效率,为驻区企业提供更优质的审批服务

中心商务区行政许可服务中心的创新实践缩短了行政审批的时间,使审批提速、审批服务质量得到优化。商事登记单一窗口制、国税地税业务同时办理、民办非企业的行政审批"多项合一"都大大缩短了办事人的受理和

办结时间。同时,新开发的软件也极大地提升了办件速度,比如,预约预审系统2.0版系统打破不同系统间的壁垒,企业提交的所有数据和要件都在后台共享,减少了窗口的二次录入,平均办件用时从25分钟缩短至5分钟。

(二)创造了良好区域服务生态,为中心商务区的创新创业提供了坚定的基础

中心商务区在全国首创"政府动态跟踪式服务体系",这套服务体系包含三个层次:一是"专家+管家"指路式的行政审批服务。企业自进入中心商务区后所有与行政审批相关的事宜,全部由区内专员负责对接,全程跟踪、督办催办、监督管理,同时,构筑起"企业动嘴、政府跑腿"的专业服务体系,通过政府购买服务方式引入各类高标准、市场化的专业服务机构,为各类企业免费提供包括设立代办、财税咨询、资质申请、专利申报、审计评估等在内的多项专业化增值服务。二是"团队+基地"指导式的运营规划服务。中心商务区在对驻区企业进行行政审批的同时,成立一支由"一行三会"资深金融人士构成的团队,并搭建金融服务中心、会计服务基地、律师服务基地,向区内企业提供类投行服务、经纪服务和合规性法律服务。三是"平台+联盟"指引式的产业整合服务,促进同一产业链上下游要素整合、企业交流,推动产业链自身造血,实现创新发展。可以看出,中心商务区行政审批许可服务中心在为驻区企业提供行政许可便利的同时,也为企业提供了"保姆式"服务。

(三)有助于推进现代市场体系建设

目前全国行政审批服务中经常出现一些政企不分、政府直接干预或变相干预过多、垄断严重、收费混乱、"红顶中介"等现象,与现代市场体系的要求背道而驰,对现代市场体系的健康运行是一种极大的威胁。中心商务区行政许可服务中心坚决杜绝垄断现象的发生,放开第三方机构市场,使其充分竞争,从而选择质优价廉的第三方机构为企业服务,并对它们进行全程监督,实行末位淘汰制,为大众创业、万众创新营造良好的现代市场环境。同时,中心商务区行政许可服务中心推进的行政审批标准化有助于其保持卓越的管理水平和服务品质,是规范行政审批权力的有力手段,也是实现审批

环节无缝衔接的基本前提,有助于加速现代市场体系的形成。

第二节 案例教学的实施

一、教学对象及教学环境

进行案例教学的两个处级班学员分别是区属职能部门干部和街镇干部,都有一定的基层社会治理的实践经验。既有熟谙行政审批制度改革工作的相关部门领导,也有其他职能部门领导。

两个班的学员人数都在 40 人左右,但是课程实施场所要选择能容纳 80 人左右的大教室。因为,在案例教学过程中,学员要分组讨论,甚至离座相互交流,教师也要分别深入每个小组进行交流,这就要求教室必须有足够的活动空间。教室内部布置 5 个 10 人一组的 U 型围坐桌,座椅可活动。五张桌子呈五角星的五点分布。这样的布局方便学员讨论案例,也方便教师深入每组参与讨论。

教室配备移动白板、话筒、多媒体等设备。每桌配备讨论用的海报纸、海报笔等记录用文具。

二、确定案例教学目标及时间安排

(一)本次案例教学目标分为两个层次:

1. 知识目标

学员能理解智慧养老的基本内涵、主要做法及现实意义。

2. 能力目标

学员能分析提炼出进一步完善智慧养老的主要思路及重点。

(二)制定案例教学时间计划

课程总时长在 6 个小时以上,其中课前预习 2 个小时以上,课堂 3 小时左右,课后复习 1 个小时以上。

1. 课前时间计划

案例开始前,提前将案例材料发放给学员,要求他们至少预习 2 个小时以上,达到对案例材料比较熟悉的程度。

2. 课堂时间计划

案例教学课堂授课主要分案例导入、小组讨论、班级讨论(各组代表交流发言,其他组提问)、案例总结四部分。

案例导入:30 分钟

分组研讨:50 分钟

班级研讨:60 分钟

案例总结:20 分钟

3. 课后时间计划

要求学员将案例教学重点讨论的三个思考题结合自身工作给出答案,并以书面形式提交。预计三道思考题需要 1 个小时以上的时间才能完成。

(三)划分讨论小组

按工作相关度将学员分组,大约 10 人一组。

组长产生方式为两种,一种是学号在前的为组长,另一种是推选产生组长,各组自主选择组长产生方式。由组长指定记录员和发言人。

此项工作在案例教学开始前,由班主任或班长负责完成。

三、案例教学的实施过程

(一)案例导入

1. 第一环节

介绍相关概念的基本内涵。例如,行政审批制度改革,就是我国进行的依法对目前实施的各类行政审批项目进行取消、整合、新立,对现行的审批制度进行革新的改革措施。当前和今后一个时期,深化行政审批制度改革的总体思路是:以群众需求为导向,紧紧围绕群众反映的突出问题,充分发挥中央和地方两个积极性,坚持简政放权、放管结合、优化服务协同推进。而"放管服"就是简政放权、放管结合、优化服务的简称。深化"放管服"改革,是构建现代政府治理体系的重要抓手,是推动经济社会持续健康发展的战略举措。正如李克强总理多次强调的,这是一场从理念到体制的深刻变革,是一场刀刃向内的自我革命。营商环境的概念,由世界银行最早提出,营商环境就是在一个国家或地区创办和经营企业的难易程度,主要包含企业在开设、经营、贸易活动、纳税、执行合约及注销等方面,需要付出的时间和成本等条件。近年来,随着国内对营商环境认识不断提高,营商环境已经被视为衡量一个城市或地区发展的重要指标,也成为地方经济社会转型升级的助推器。国内学者普遍认为,营商环境是影响商事活动开展的外部因素集合,是一项系统性工程,既涵盖体制机制、法律法规、行政管理等制度环境因素,也包括政治、经济、文化、社会等宏观环境因素。在实际评价中,国内各地营商环境评价指标存在个性化差异,但是政务、市场、法治与社会四个因素普遍被看作是营商环境最重要的组成部分,也是各测评体系最常使用的评价维度。(10分钟)

2. 第二环节

介绍天津市滨海新区在深化行政审批制度改革,优化营商环境方面的基本举措及取得的成效。主要包括加快政府职能转变,推动简政放权向纵深发展;创新政府监管理念方式,促进社会的公平与公正;大力优化政府服务,切实激发市场活力;坚持世界一流标准,优化营商环境建设等方面。如天津滨海新区成立了全国首家行政审批局,天津全域实行"一颗印章管审批",受到李克强总理充分肯定和高度评价,109枚公章被国家博物馆收藏。(10分钟)

3. 第三环节

分析当前进一步优化营商环境中存在的问题及解决对策。布置案例研讨思考题,给出答题的参考意见。(10分钟)

参考意见一:小组成员结合各自工作实际积极发言,采用头脑风暴法形成小组意见,推选1-2名成员做代表发言。

参考意见二:结合实际,总结、梳理目前营商环境仍然存在的问题。

参考意见三:结合各自工作,分析进一步深化行政审批制度改革,优化营商环境的对策措施。

(二)小组讨论

1.讨论问题

(1)天津市河东区智慧养老的经验启示有哪些?

(2)智慧养老未来发展的实施路径应如何选择?

(3)为进一步做好智慧养老工作,需要出台哪些保障措施?

每个小组任选一个讨论问题。组长主持讨论,确保每位学员都有发言的机会。记录员要将发言的主要观点记录下来,并会同组长和发言人将本组的主要观点提炼出来。(50分钟)

2.注意事项

在讨论过程中教师要深入各个小组倾听学员讨论。

教师尽可能不发表意见,主要以巡视和引导的方式为主,维持秩序,引导学生能充分思考和表达个人观点,能认真倾听其他人发言,保证讨论不能偏离主题。

教师在讨论过程中要记录下各个小组讨论的基本情况,适当点评。

(三)班级讨论

1.各小组汇报讨论结果

每个小组委派一名发言人将本小组讨论的主要观点汇报给大家,汇报时间控制在5分钟左右。

2.每个小组汇报结束后,教师引导学员对各组汇报内容进行问询,发言人或其所在小组成员要给予答复。(时间控制在5分钟左右)

3.注意事项

教师以主持人的身份出现。其功能与主持人的功能非常相似,主要是把控好汇报和问询的秩序,调节好气氛,控制好时间和节奏,贯穿好流程,保证讨论有序进行。同时,教师要认真记录各小组观点和问答内容。每组都委派一名代表将讨论的主题和结论向全班同学展示。统计结果显示:选择思考题一的小组数量最多。选择思考题二的小组数量几乎为0。

4.教学效果

锻炼学员表达能力,以及分析问题、提出问题和解决问题的能力。

(四)案例总结

1.以学员回答、教师记录的方式归纳本次讨论观点

记录归纳侧重在目前优化营商环境方面还存在的问题及下一步的工作思路。例如,学员总结、分析了当前滨海新区乃至全市在优化营商环境方面仍然存在的问题,包括:①惠企政策效果还需提升,一是政策总体知晓度不高。二是政策落地时效性不强。三是政策落地实效性稍弱。②生产要素获得尚不充分。一是融资成本较高,融资难、融资贵问题时有发生。二是发展空间受限,厂房等重要要素尚无法充分获得。三是创新氛围不浓,创新型企业发展步履维艰。③法治环境不够健全。一是多头检查与重复检查现象仍存在。二是对企业生产经营的干预较多。④社会人文环境亟待优化。一是人才资源储备不足。二是公共服务与基础设施配套不均衡。

下一步优化新区乃至全市营商环境的思路是:①以促公平、提效能加强政府要素服务质量。②以优结构、提质量助推经济要素转型升级。③以稳秩序、维权益规范法治要素治理能力。④以重文化、提服务改善环境要素建设水平。⑤以优环境、提幸福提升人居要素满意指数。

2.带领学员回顾本次课程涉及的重要知识点

带领学员回顾本次课程的重要知识点,包括行政审批制度、"放管服"改革、营商环境的基本内涵、取得成效、存在问题及对策措施。

3.点评学员的表现

由教师对学员的表现做出点评,如能够在优化营商环境工作中贯彻落实习近平总书记提出的推动经济高质量发展的理念;能够兼顾总体思路与具体对策的衔接;同时在政府各职能部门协同配合,协调推进营商环境改善方面还有待提升等。

第三节　案例教学效果的评估

一、学员的学习效果评估

通过学习研讨,学员普遍反映收获显著。

（一）优化服务进一步明确了当前营商环境方面仍存在的问题

学员总结、分析了当前滨海新区乃至全市在优化营商环境方面仍然存在的问题:

1. 惠企政策效果还需提升

一是政策总体知晓度不高,二是政策落地时效性不强,三是政策落地实效性稍弱。例如,近年来天津市出台了多项优化营商环境的条例与措施,但有不少企业表示对相关条例仅"有一定了解"或"不了解"。部分惠企政策的公开形式较单一,企业知晓政策的渠道不广,在一定程度上抑制了政策的预期效果。还有企业反映政策落地周期久、政策滞后期长,企业为盼政策兑现付出的时间成本较大。同时,许多惠企政策到了基层效力减弱,相关职能部门在政策落地的"最后一公里"上有偏差,在执行层面还存在照抄照搬、"一刀切"、不及时、针对性不强等问题。

2. 生产要素获得尚不充分

一是融资成本较高,融资难、融资贵问题时有发生。二是发展空间受限,厂房等重要要素尚无法充分获得。三是创新氛围不浓,创新型企业发展步履维艰。例如,有企业表示,天津创业生态的产业配套与供应链系统建设还不完备;支持科技创新型企业的相关激励政策不多,也在一定程度上影响了企业创新热情。

3. 法治环境还有待进一步完善

一是多头检查与重复检查现象仍存在。二是对企业生产经营的干预较多。有企业表示,相关职能部门对企业生产经营有不当干预,在一定程度上干扰了企业的正常发展频率,希望政府能及时纠偏,给予企业更宽松的发展空间。

4. 社会人文环境亟待优化

一是人才资源储备不足。二是公共服务与基础设施配套不均衡。

(二)进一步明确了深化行政审批制度改革、优化营商环境的对策建议

1. 全面推行以减事项、减要件、减环节、减证照、减时限为重点的"五减"改革

围绕企业投资、生产经营、创新创业等方面，大力消减行政审批事项、申请材料、审批办理环节，除关系国家安全和重大公共利益等项目外，能取消的坚决取消，能下放的尽快下放，能简化的一律简化。针对同一行政相对人设定的事项原则上合并为一个，由多个部门实施的同一类事项原则上合并为一类并由一个部门实施。坚决防止和纠正将审批事项改为备案、登记、确认等"换汤不换药"的隐形审批、变相审批。

2. 全面推行一套标准办审批

没有规矩不成方圆，实行政务服务标准化，就是将无形的权力，放在有形的标准里。对保留的政务服务事项，要逐一梳理事项名称、设定依据、申请条件、申请材料、审查标准、办理程序和办结时限等要素，逐项编制标准化操作规程和办事指南，让企业和群众知道"怎么办""能否办成"，并固化到一体化政务服务平台上，实行办事要件标准化、办事流程标准化、办事结果标准化，实现"同一事项、同一标准、同一编码"。大力推进"一窗受理、集成服务"，完善"前台综合受理、后台分类审批、综合窗口出件"模式，提高办事效率，进一步减少企业群众等候时间。

3. 加强审批监管联动

坚持"谁主管、谁监管，谁审批、谁负责"，按照政府内部审批权与监管权既相互分离又相互制约的要求，在国家和省级层面进一步厘清审批与监管边界，出台监管职责的清单与细节，把界限弄清楚。打通审批部门与监管部门数据共享、工作互补的通道，行政审批部门将行政审批过程及结果即时推送给同级监管部门，监管部门及时获取审批信息，依法将监管职责履行到位；监管部门做出的有关处罚、信用等信息，特别是涉及行政许可的处罚，即

时推送给行政审批部门实施,实现对市场主体的全过程、全覆盖监管。

4.大力优化政府服务

一是推行智能政务服务。在政务服务、凭身份证办理和证明事项中,可推出一批"无人审批"事项,让更多事项实现自助办理、无人办理。加强与银行、机场、车站的合作,推动更多政务服务"无人超市"向社区延伸,实现政务服务24小时"不打烊"。二是推行"场景式"审批。围绕"办成一件事",推动企业群众办理的高频事项实现"场景式"审批,通过流程再造、共享要件、以函代证、承诺审批等方式,推行"证照联办",切实解决审批互为前置问题,确保办一件事"一次进件、一路畅通、一次办结"。三是推进政务服务"只进一扇门"。推动政务服务线上线下"一体化"融合发展,推行企业群众办事"只进一扇门"、政务服务"一窗受理",健全服务考核评价机制,优化考核标准。四是全面推行"马上办、网上办、就近办、一次办"。在梳理公布各级政务服务事项清单的基础上,推出一批"马上办、网上办、就近办、一次办"事项,实现政务服务"就近能办、同城通办、网上可办",做到高频事项"最多跑一次",民生事项"一证通办"。

二、学员对教学模式和教学内容匹配度的评价分析

在课后对学员的调研访谈中,绝大多数学员认为,深化行政审批制度改革、优化营商环境本身是一个现实性的问题,而非纯粹的理论问题。针对这一问题,采用理论联系实际的方式,运用案例教学这种开放、互动式的教学形式进行分析研讨是非常合适的。通过概念阐释、现实工作成效介绍、问题分析、提出下一步工作思路及具体措施等环节,学员深化了对"放管服"改革、优化营商环境的认识,都感到受益匪浅。

三、学员的学习遗憾分析

在课后的交流中,有学员表示,自身对这一问题关注不够,理论储备及实践经验不足,因此在小组研讨中论述不够深入;还有学员表示,要是能够将案例教学与现场教学结合起来,到滨海新区行政许可服务中心现场参观,

学习效果一定会进一步提升；也有学员表示，在小组研讨中，大家多是政府部门领导，企业领导相对较少，对企业在优化营商环境方面的需求了解得还不够。

四、课堂互动影响因素分析

课堂互动的形式包括教师与学员间的互动、学员与学员之间的互动等。有学员表示，希望能够进一步加强互动，包括政府职能部门与企业领导之间的互动；教师与政府领导干部之间的互动，通过理论结合实际，为滨海新区乃至全市进一步优化营商环境提出既有理论深度，又有现实可行性、操作性的对策建议。

第十章
更好发挥政府作用
——以天津市和平区营商环境优化为例

习近平新时代中国特色社会主义经济思想,是中国特色社会主义政治经济学的最新成果。以"创新、协调、绿色、开放、共享"这个新发展理念为主要内容,以"坚持加强党对经济工作的集中统一领导;坚持以人民为中心的发展思想;坚持适应把握引领经济发展新常态;坚持市场在资源配置中的决定性作用,更好发挥政府作用;坚持适应我国经济发展主要矛盾变化完善宏观调控,把推进供给侧结构性改革作为经济工作的主线;坚持问题导向部署经济发展新战略;坚持正确工作策略和方法,稳中求进"这"七个坚持"为内涵。本次案例教学的核心内容就是对"坚持使市场在资源配置中起决定性作用,更好发挥政府作用"的落实。本次案例教学课程的教学目标如下:

1. 知识目标

学员进一步理解习近平新时代中国特色社会主义经济思想的理论内涵。把握"市场"和"政府"在中国特色社会主义经济建设中的逻辑关系。了解天津市和平区以"五个聚焦"优化营商环境,发挥好政府对企业的服务功能,从而促进要素流动,提高经济效率。

2. 能力目标

学员理清政府与企业的"亲""清",提高服务型政府服务社会主义市场经济发展的效能;立足实际,从天津市和平区"五个聚焦"的经验做法中获得启迪,找到解决类似问题的方法,提高解决当前实际问题的能力;在现场观摩+访谈过程中提升调查研究能力,在讨论中提升沟通协调能力,破除部门壁垒,增进各部门之间的密切联系。

3.情感目标

和平区优化营商环境的成效和企业的满满的获得感,更加强化了在场学员对习近平新时代中国特色社会主义经济思想的情感认同;研讨、撰写访谈提纲等团队协作任务的完成使得学员的团队合作意识与自我管理意识都得以强化。

第一节　案例材料选取与案例教学实施

以《出实招 解难题 当好企业"贴心人"——天津和平区优化营商环境"五个聚焦"的探索实践》为案例材料的教学实践为例,分析案例教学实施的全过程。本次案例教学课的教学对象为两个初级干部进修班的学员。使用的案例来源于中共中央组织部组织编写的《贯彻落实习近平新时代中国特色社会主义思想、在改革发展稳定中攻坚克难案例·经济建设》(党建读物出版社)。案例教学紧紧围绕习近平经济思想的内容展开。习近平总书记提出:"更好发挥政府作用,更多从管理者转向服务者,为企业服务,为推动经济社会发展服务。"从微观层面为营造良好的营商环境做出了具体指导。本案例材料所呈现关于天津市和平区优化营商环境"五个聚焦"的经验做法,非常值得在全市范围甚至全国范围内推广。

一、案例材料的选取

(一)选择合适的案例材料

这堂案例教学课程所选取的案例材料是《出实招 解难题 当好企业"贴心人"——天津和平区优化营商环境"五个聚焦"的探索实践》,具体内容如下:

出实招 解难题 当好企业"贴心人"

——天津和平区优化营商环境"五个聚焦"的探索实践

【引言】2014年11月9日,习近平总书记在亚太经合组织工商领导人峰会开幕式上发表演讲时指出:"市场活力来自于人,特别是来自于企业家,来自于企业家精神。激发市场活力,就是要把该放的权放到位,该营造的环境营造好,该制定的规则制定好,让企业家有用武之地。我们强调要更好发挥政府作用,更多从管理者转向服务者,为企业服务,为推动经济社会发展服务。"

【摘要】随着全面从严治党的不断深入,基层政府工作作风有了很大改变,"门难进""脸难看""事难办"正在得到治理,但与构建法治化、国际化、便利化营商环境的要求相比,很多方面还有巨大的差距。

为系统优化营商环境,天津市和平区以企业需求为导向,以转变政府职能为突破口,在服务企业上持续发力,形成了优化营商环境的"五个聚焦"工作模式。聚集"高效",着力优化办事程序、建立高效服务机制。全面实行行政许可和公共服务承诺审批,落实"承诺审批、以函代证、函证结合、容缺后补"改革举措,制定统一的实施标准、承诺条款及工作细则。聚焦"公平",全面落实公平竞争审查制度,切实破除地方保护、行业壁垒、企业垄断等障碍。聚焦"真亲",充分尊重企业家,建立面向企业家的政府决策咨询机制,组织推动服务企业体系建设,着力构建"亲""清"政商关系。聚焦"精准",实施全天候、保姆式一条龙服务,运用问题分类解决机制,提供"量体裁衣"服务,实施"一企一策",精准帮扶。聚焦"主动",进一步压实干部服务企业的责任,建立区级、处级、全区干部定向帮扶三级包联责任制,深入一线,直奔问题,一帮到底。2018 年,新增企业 2885 户,同比增长 15%;在区内注册办公的国内外 500 强企业累计达到 107 家。

【关键词】营商环境 "五个聚焦"工作模式 企业"贴心人"

1. 背景情况

和平区是天津市中心城区的核心区,历史底蕴深厚、经济文化发达、城区环境优美,是全市金融、商贸、教育和医疗卫生中心。辖区面积为 9.98 平方千米,辖 6 个街道、64 个社区,常住人口 35.2 万。2018 年实现地区生产总值920.18亿元、一般公共预算收入45.3亿元，主要经济指标位居全市前列。先后获得并保持全国文明城区、国家卫生区等30多项国家级荣誉。

高质量发展必须要有高质量的营商环境作保障。近年来，和平区认真贯彻党中央、国务院和市委、市政府关于优化营商环境各项要求，牢固树立"人人都是营商环境，服务企业就是服务发展"的理念，从首创"让企业满意在和平"活动，到率先践行承诺制审批、实施"马上就办"工作法，构建了一批行之有效的营商环境工作品牌。面对新时代新形势新要求，如何在现有基础上继续深化营商环境建设，实现区域更高质量、可持续的发展目标，是摆在和平区委、区政府面前的一个全新课题。为此，和平区深入企业走访调研，发现企业反映的问题主要为：党员干部主动服务意识不强，服务方式方法落后，服务企业政策措施与企业实际需求不对称，服务效果不佳等。具体表现在针对企业制定出台的政策配套措施少、可操作性差，往往政策够用但不管用，政策虽好难落实；企业办事审批程序烦琐、耗时长；服务窗口少、等候时间长，智能化、大数据应用不广泛，服务便利性体验差。深入分析原因，主要是官本位思想作祟，很多党员干部对优化营商环境的重要性认识不足，缺乏主动意识和内生动力；有的存在"宁愿不做事、只求不出事"的思想，懒政、怠政；有的创新思维没跟上，上面怎么说、下边怎么做，服务意识差、办事效率低、跟踪帮扶不到位，严重挫伤了企业的积极性。

和平区委区政府认为，优化营商环境必须从思想上更新观念，牢记全心全意为人民服务的根本宗旨，正确处理政府与企业、企业家的关系，做到与企业、企业家同呼吸、共命运，把企业的事当成自己的事；必须聚焦企业遇到的"痛点""难点""堵点"，更好发挥制度的支撑、保障、激励作用，以务实管用的措施打破各种各样的"卷帘门""玻璃门""旋转门"，为企业创造公平竞争市场环境和发展空间；必须坚持顶层设计创新引领，围绕打造世界级智慧中央活力区定位目标，在"实"字上下真功夫，在"效"字上下大力气，抓小抓长不放松，以"刀刃向内，自我革命"的勇气，聚焦"高效、公平、真亲、精准、主动"十字方针，减"证"破"门"，清"堵"破"难"，构建"亲""清"政商关系，更好激励干部"敢"为"勇"为，打造尊重企业家、服务企业发展的良好环境，努力当好企业"贴心人"。2018 年,和平区新增企业 2885 户,同比增长 15%;在区内注册办公的国内外 500 强企业累计达到 107 家。

2. 选择此案例材料的原因

《出实招 解难题 当好企业"贴心人"——天津和平区优化营商环境"五个聚焦"的探索实践》来源于中共中央组织部组织编写的《贯彻落实习近平新时代中国特色社会主义思想、在改革发展稳定中攻坚克难案例·经济建设》一书。对于天津本地干部学员来说,这个案例材料既具有很强的真实性、权威性、针对性和影响力,又非常有地方特色,利于持续深入学习和长期跟踪调研。

2018 年底发布的《中国城市营商环境报告 2018》显示,天津政务环境位居全国前三,营商环境综合排名位居前列。对于天津而言,营商环境是明显优势。对于天津干部而言,优化营商环境是一项长期任务。多年来,天津打出了一系列优化营商环境的组合拳,如"天津八条""一制三化"审批制度改革、"海河英才"行动计划、"民营经济 19 条"等。为了增强优化营商环境举措的稳定性和长效性,2019 年 9 月 1 日,《天津市优化营商环境条例》正式施行。这是天津市第一部关于优化营商环境的基础性法规,将天津市优化营商环境工作纳入法治轨道。和平区在优化营商环境方面的做法为这部地方性法规的出台创造了很好的实践基础,也为落实好这部地方性法规提供了可以借鉴的实践经验。

和平区是天津市中心城区的核心区,是全市繁荣繁华的标志区。其经济发展的特点集中体现在以下三个方面:一是"金融和平"的功能定位。位于和平区的解放北路是中国近代金融的重要发祥地,素有"东方华尔街"之称,也是实现其功能定位的重要载体和基础。二是全区商贸繁荣活跃。拥有劝业场、狗不理等一批享誉国内外的老字号品牌,云集 1 万平方米以上的大型商业设施 32 座,10 万平方米以上的 3 座,被定为首批国家文化和旅游消费试点城市,金街被评定为国家 4A 级旅游景区。三是现代商务集聚发达。现有各类商务楼宇 116 座、281 万平方米。在和平区投资创业的国内外500 强企业达 107 家,阿里巴巴、联想、360 集团等 25 家知名企业的区域总部、创新中心都已入驻。

和平区优化营商环境的"五个聚集"工作方法，让驻区企业切实感受到了高效、公平、真亲、精准、主动，将习近平总书记提出的"更好发挥政府作用，更多从管理者转向服务者，为企业服务，为推动经济社会发展服务"的经济思想切实变成了企业家的获得感。

3. 选择此案例材料的过程

在确定案例材料之前，课题开发小组选取了5个备选案例，分别是《以制度创新为核心打造"前海模式"——深圳前海实现高质量发展的创新实践》《让企业既能进得了市场"大门"，也能入得了行业"小门"——上海商事制度改革探索与实践》《创新服务赋予"亲""清"政商关系新内涵——苏州工业园区构建国际一流营商环境的探索与实践》《践行新发展理念 防控地方债风险——浙江临海"促发展与防风险"并举的创新经验》和《出实招 解难题 当好企业"贴心人"——天津和平区优化营商环境"五个聚焦"的探索实践》。

课程开发小组对这5个案例作了详细分析，认为深圳、上海、江苏和浙江的案例材料的优势在于展现了经济发达地区政府服务经济的先进做法，但是对于天津而言针对性不强。天津的案例优势在于，不仅是针对性强的本地案例，而且涵盖的内容非常广，相对具有全面性。"五个聚焦"基本上涉及了前4个案例材料中的很多内容，如江苏的"亲""清"政商关系，深圳和上海的制度创新等做法。

案例材料的最终确定，还要以学员的意见为主。课程开发小组以调查问卷的形式对学员需求进行了全面了解。在确定案例材料之前的半年，课程开发小组就在近150人的进修班、任职班学员中随机选取了100名调查对象，共发放100份调查问卷，收回有效问卷93份。调查结果显示，《出实招 解难题 当好企业"贴心人"——天津和平区优化营商环境"五个聚焦"的探索实践》案例材料得票率最高，达到81.7%。

4. 主要做法

（1）聚焦"高效"服务，着力优化程序、健全机制。2018年初，中国人寿投资 24 亿元购买和平区 8 万多平方米写字楼,打造中国人寿天津金融中心,企业在仅签订意向购买协议后就希望办理装修改造手续,但按照正规流程,企业需办理 243 个不动产登记证后方可启动审批程序。时不等人,和平区以该项目为试点率先在天津市启动承诺制审批,在企业承诺下,仅用 2 小时就完成了 2.1 亿元的装修改造项目备案手续,为企业缩减 3~4 个月的办证、审批时间。2019 年 3 月,中国人寿天津金融中心顺利开业。在先行先试该项目后,和平区全面实行行政许可和公共服务承诺审批,落实"承诺审批、以函代证、函证结合、容缺后补"改革举措,制定了统一的实施标准、承诺条款及工作细则。2018 年,共办理承诺制审批 130 件。目前,和平区正在导入信用机制,将信用信息嵌入和平区行政审批系统,实现用企业信用替代信用承诺,促进审批流程更加高效,事后监管更加有效,打造"政府定标准、企业凭信用、过程强监管、失信有惩戒"的新型"信易批"审批模式。

2018 年,纳税企业反映办税服务窗口少、时间长、人员拥挤等问题,和平区尝试建立了 24 小时自助办税服务厅,纳税人可随时自助办理发票认证、代开、发售等 37 项业务,实现了企业 365 天 24 小时自助办税,减少了等候和办理时间。为让纳税人少跑路,又实施了"自助办税终端进楼宇、进银行",在创新大厦等企业集聚的 4 座重点楼宇、5 家银行大厅设置自助办税终端 37 台,实现了辖区全覆盖。截至 2018 年底,通过自助办税终端办理发票认证、自助代开等涉税业务达 84770 户次,提升了纳税人的办税体验。当前,和平区正加紧建设 24 小时政务自助服务厅,不断拓展 24 小时自助办事范围,实现企业办事"全天候"。

为让企业、群众少跑路、减负担、降成本,把系列措施固化,当前,和平区正着力落实"五减""四办"制度性改革。"五减"为"减事项""减材料""减环节""减证照""减时限",原来不必要的事项环节全部取消。行政许可事项已由 96 项减少到 88 项;取消各类无法律法规依据的证明 227 种;减少无法律法规依据的办事环节 23 个;取消无法律法规依据的各类证照 27 个;298 个事项办理时限平均压缩至 3 个工作日。例如申请"残疾人专用代步车燃油补贴"无须提交户口簿、身份证等证明;"事业单位法人登记中的现场踏勘"等环节被取消。"四办"为"马上办""一网通办""就近办""一次办",提高了办事服务的效率。对材料完备的做到即来即办、立等可取;依托"天津网上办事大厅"做到政务服务事项"应上尽上、一网通办";申请人可就近选择街道政务大厅办理业务;最多到大厅一次即可当场受理、当场审批。

(2)聚焦"公平"服务,不断强化法治环境建设。为打破各种各样的"卷帘门""玻璃门""旋转门",和平区全面落实公平竞争审查制度,针对市场准入、政府采购、资质标准等环节,完成199份区级文件审查,切实破除地方保护、行业壁垒、企业垄断等障碍。2018年政府采购合同数1161份,总金额4.99亿元,其中,中小微型企业1147个,占总合同数98.8%;采购金额4.85亿元,占采购总金额97.2%。贯彻落实市场准入负面清单制度和《外商投资准入特别管理措施(负面清单)》,清单以外"非禁即入、非禁即准"。2018年,日资企业海洋网联船务(中国)有限公司天津分公司刚刚组建,急需扩展经营范围开展业务,但现有政策对此类情况没有具体规定,区相关部门得知情况后,"非禁即准",及时为企业办理注册变更,该企业现已入驻和平区小白楼国际航运服务业集聚区,开拓了新航线。

为全面贯彻落实习近平总书记有关重要讲话精神,给民营资本"松绑"加力,使民营企业平等参与竞争,和平区出台了《促进民营经济高质量发展十大举措》《和平区关于落实〈中共天津市委、天津市人民政府关于进一步促进民营经济发展的若干意见〉的实施细则》,从公平竞争、服务便利化、破解融资难融资贵等方面大力支持民营企业发展。设立民营经济发展专项资金,出台资金使用办法。制定扶持政策操作规范、办事流程,汇编《和平区促进民营经济发展政策指南》,有力地促进了民营经济发展。2018年,新增民营企业1000家;截至2019年4月底,新增民营企业894家,同比增长30.13%,占全部新增企业的96.75%。

为平等保护各类市场主体,围绕企业家最为关心的产权保护热点问题,和平区严格规范政府行为。出台了《关于完善产权保护制度依法保护产权的实施方案》,健全政府守信践诺机制,加大对非公财产的保护力度,明确非公有制经济财产权同样不可侵犯地位。面向社会公布"三清单一承诺",即涉企行政事业性收费清单、政府定价经营服务性收费清单、行政审批前置中介服务项目目录清单,承诺区级涉企行政事业性"零收费"。要求区内执法部门"企业有事不撒手,企业无事不插手",规范执法,坚决防止随意检查、重复检查和多头检查。2019年对企业开展执法检查频次为4.37%,行政处罚案件93件,坚决杜绝滥用行政权力。目前,和平区正着力制定公平诚信的市场规则,推进多部门联合惩戒工作,努力构建"诚信经营,路路畅通""一处失信,处处难行"的公平竞争环境。

(3)聚焦"真亲"服务,搭建服务企业家平台渠道。为充分尊重企业家,建立面向企业家的政府决策咨询机制,和平区设立"企业家书记、区长接待日",架起服务企业家"连心桥"。区委书记、区长与企业家"自由组合、面对面沟通",探讨解决企业发展中存在的突出问题,区里可以自主解决的,书记、区长当场"拍板";需要协调其他部门的,给出明确时限,抓紧协调解决。2018年累计举办各类见面会、恳谈会6场。在和平区政府与北京银行天津分行联合举办的"浇灌金融活水助力科企成长"政银企对接会上,组织了30家有融资需求的科技型中小企业参加,实现意向融资额近亿元。为建立长效服务机制,在和平区楼宇办增设企业家服务科,组织推动服务企业体系建设,着力构建"亲""清"政商关系。

为进一步拓宽服务渠道,和平区充分利用天津市政企互通服务信息化平台,搭建起"服务网"。将全区1350家企业和总投资5000万元以上的项目在网上注册开通,实行街道—区级部门—区级领导—市级部门—市领导五级联通,做到问题收集、发起、解决、预警督查全过程痕迹管理、限时办理,实现了网上"马上就办"。对企业和项目单位提出的问题按资金、用地、企业权益和立项审批等方面分类,按街道、区级、市级、市领导四级问题处理机制解决,做到全天候服务、全部门参与、全过程追溯。在平台"政策一点通"子模块中,提供政策服务导航、目录查询、问题检索、政策浏览、政策解读及咨询五大功能,做到一键直通,高效便捷。目前,市级平台正在建立重点企业的企业家"直通车"服务,企业及企业家可在平台直接约见市、区相关部门一把手,甚至市领导。

为服务引导民营等新经济组织,和平区拓展服务维度,充分发挥基层党组织特别是新经济党组织覆盖面广、接触面宽的组织网络优势,广交"党建之友",从"自家人"角度,"帮办、引航、助力"企业发展。和平创新大厦党委,共管理企业党组织19个、党员102名,不断拓宽"党建+服务"内容,协同18个政府职能部门,开展"约定式"智库服务,累计帮助企业解决困难800件次。同时,为增强企业家归属感、获得感,和平区广泛邀请民营等新经济组织企业家成为基层党组织的"党建之友",举办党建引领服务民营经济高质量发展暨企业家培训班,免费请企业家到浙江大学培训。此外,通过"党建之友"联谊会广泛收集企业关注焦点、经营难点,鼓励"党建之友"的民营企业家走上前台参政议政,实施了"三个优先",即优先邀请列席政府组织的听证会、经济运行分析会等政务活动;优先推荐担任"两代表一委员"、行业商会会长等政治、社会职务;优先推荐参与劳动模范、争光贡献奖、优秀企业家等评选,不断引领企业家由"旁观者"转为"参与者"。

(4)聚焦"精准"服务,无缝对接企业真正需求。为做到"真解题""解难题",和平区创新落实天津市"双万双服促发展"活动部署,实施全天候、保姆式一条龙服务。运用问题分类解决机制,提供"量体裁衣"服务,对于企业面临的一般性问题,由服务单位按照"马上就办"网上平台办理流程,限时办理反馈。对于企业面临的共性问题,系统梳理,创新方法,形成机制。对于企业提出的特殊问题,由区党政主要领导牵头,实施"一企一策",精准帮扶。

针对和平区部分楼宇载体老旧、楼宇企业经营发展受限等共性问题,重点实施楼宇品质提升、打造专业特色楼宇和合作招商三项措施。出台《和平区商务楼宇品质提升工程实施方案》,引导扶持楼宇载体更新改造、提升功能,以提高楼宇企业的市场竞争力。2018年至2019年,已对14座楼宇给予政策扶持,扶持金额达到3651.33万元。实行"一楼一策",重点打造中国人寿天津金融中心金融楼宇、万通中心航运楼宇、合生国际大厦智能科技楼宇、创新大厦及保利天汇中心人力资源楼宇、京津国际中心承接首都资源特色楼宇等专业特色楼宇,帮助企业实现差异化经营。实行"产业+队伍+政策+楼宇"一体化招商模式,建立楼宇招商协调工作机制,发挥政府招商与楼宇专业招商互补作用,共同推动区域经济高质量发展。2018年,引进北京项目100个,京冀资金到位额90亿元,盘活空置楼宇19万平方米,商务楼宇实现全口径税收120亿元,税收超亿元楼宇37座。

针对一些商务楼宇反映"大家都是各干各的、彼此不通气儿,也没个交流沟通渠道"的问题,和平区成立由近50座楼宇参加的楼宇经济发展联盟,促进企业间"需求对接",以实现楼宇间的互通有无、取长补短。巨贝公司承租联通公司办公楼转型为商务楼宇,但因业主联通公司办公楼使用时间长、配套设施严重老化,业主和承租方就提升改造项目投资额、出资人等问题未能达成共识。主管部门、楼宇联盟充分发挥协调沟通作用,最终由联通公司出资对楼宇电梯、空调、配电设备等设施进行提升改造,从而实现了楼宇的正常运转,形成了合作共赢的良好局面。此外,金融产业联盟、人力资源服务产业联盟,在畅通沟通渠道、对接多方供需等方面也起到了积极作用。目前,商贸、航运、文化、科技等产业联盟也在推动中,进一步促进企业抱团取暖、共商发展大计,形成了产业发展的强大合力。

针对重点企业提出的特殊问题,和平区坚持"一事一议""特事特办"。国药控股公司、九江物产集团新调入的高层管理人员,由于学历、职称、年龄等原因无法正常落户,作为"特事",和平区通过与市相关职能部门协调,尽快"特办",使企业家安心服务在和平。目前,针对此类企业突破标准、突破区域、突破权限的重难点问题,和平区形成分级协调,难题汇总,区党政主要领导牵头推动的"一帮到底"工作机制。

(5)聚焦"主动"服务,激励党员干部担当作为。为进一步压实干部服务企业的责任,和平区建立区级、处级、全区干部定向帮扶三级包联责任制。全区24位区级领导、56个党政部门、6个街道工作组,聚焦包联企业和重点项目深入一线,直奔问题,一帮到底。仅2018年政企互通平台共收集问题1253个,问题接办率为100%、综合满意率为99%。2019年,和平区继续完善服务企业机制,扩大包联范围,深化服务内涵,包联企业数量在2018年的基础上增加了35%。紧扣区域经济高质量发展主题,按照重点行业分类,组建了5个高质量发展推动组,在帮扶企业的同时,精准掌握行业发展动态,开展以商招商活动,优化包联机制和效果。

为进一步强化干部担当作为,和平区严格落实首问责任制,通过督查夯实服务效果。凡坐落在辖区内的企业,无论规模大小、贡献多少,是否在本区注册,事权在市级还是区级,只要带着事项和问题,不管找到哪个部门、哪个科室,一律首问负责、首办负责,绝不以任何借口推脱。完善督查考核机制,将按时接办率、企业问题解决率、企业满意度等指标纳入绩效考核体系,建立第三方机构日常督查检查和区委督查室定期督查的常态化督查机制。由第三方机构对各部门走访企业到位、问题解决、企业满意等情况内容进行电话抽查,定期通报抽查情况。2019 年和平区成立了专项督查组,发布了督查专报,充分发挥督查"利剑作用",坚决杜绝"走访式""慰问式""表格式"等形式主义做法,真正做到"条条有记录、事事有人盯、项项有回音、件件有着落"。

为进一步增强干部服务的主动性,和平区将党员干部服务企业作为全面从严治党向纵深发展的重要实践,推动"战区制、主官上、权下放",将"呼叫"政府服务的主动权放在企业家手中,各职能部门主官面对企业需求"提锅上灶""应呼报到"。将优化营商环境、尊重企业家、服务企业,作为和平区党员干部学习践行习近平新时代中国特色社会主义思想的重要内容。将优化营商环境与不担当不作为问题专项治理三年行动紧密结合,铁腕重拳查处突出问题。建立"橙黄蓝牌"预警机制,发现问题及时曝光处理。2018 年以来,共计查处各类不作为不担当问题 160 件,处理 190 人,其中,党纪政务处分 24 人,诫勉 16 人,组织处理 4 人,通报批评 44 人,提醒谈话、批评教育102 人,形成了有效震慑,用更严更实的服务标准,推动活动向"精、深、细"方向不断迈进。

5.经验启示

(1)加强统筹领导,才能做到"真服务、服好务"。优化营商环境事关改革发展稳定大局,是一项涉及方方面面的系统工程,必须贯彻党对一切工作的领导的政治原则,从顶层设计上来把方向、谋大局、定政策、促改革。和平区委把优化营商环境纳入区域发展整体布局,作为事关高质量发展的关键一环,基层组织、政府部门各负其责,组织人事、纪检监察保驾护航,人大代表、政协委员发挥作用，社会组织和社会力量广泛参与，真正把党的政治优势、组织优势转化为服务企业、服务大局的发展优势。

（2）树牢"尊重企业家"理念，才能当好贴心"店小二"。企业家是推动财富创造的主体，只有充分尊重企业家，构建"亲""清"新型政商关系，打造有利于企业创新创业的发展环境，才能让企业家真正感受到"大家庭"的温暖和信任，激励企业在高质量发展大局中，扛起"国之重器"的责任担当。和平区坚持从思想理念和价值观念入手，坚决破除官尊商微、官大商小的"官本位"意识，树立"人人都是营商环境，服务企业就是服务发展"的理念。立足加快转变政府职能，用好招、出实招，把该给市场和社会的权放足、放到位，该政府管的事管好、管到位，该提供的服务提供得更精准、更贴心，做到有求必应、无事不扰，让企业和企业家有更多精力和更大空间来发展经济、创造财富。这种"宁可自己多跑腿、不让企业多费心"的"店小二"精神，赢得了社会的广泛赞誉，得到企业和企业家的高度认可。

（3）发扬改革创新精神，才能打通"最后一公里"。优化营商环境，归根到底在人，关键在改革、在创新，核心是制度创新。只有紧跟新时代新形势新要求，坚持"刀刃向内、自我革命"，废除一切不利于企业发展的规章制度和陈规陋习，以新理念新模式新制度，持续优化营商环境，才能不断激发出企业的内生动力和市场竞争活力。和平区坚持世界眼光、国际标准，学习借鉴先进地区经验做法，聚焦企业发展的"痛点""难点""堵点"，直面自身的弱点和短板，用改革创新举措，打通服务"最后一公里"，解决企业成长中的"烦恼"，让企业在"哺乳期"开好局，在"成长期"敢闯敢试，在"成熟期"平稳发展，在政企相互依靠和信任中，找到破解现实难题的"金钥匙"。

（4）用足用好资源禀赋，才能引来"金凤凰"。对一个区域来讲，资源禀赋既是最宝贵的财富，也是吸引企业、企业家目光的最大优势。和平区充分发挥百年金融、百年商业、百年社区、百年航运"四个百年"的独特优势，持续营造一流营商环境的新优势，在出实招、解难题的同时，利用楼宇经济资源、航运资源等与企业共谋高质量发展之策。"资源＋服务"带来的虹吸效应、集聚效应越发明显，在集约利用资源、优化发展环境、打造"立起来的开发区"实践中,实现可持续高质量发展。

(5)保持全面从严治党力度,才能提供"强保障"。营商环境的主体是人,特别是各级领导干部作为与不作为,企业家往往看得更重,对一个区域来说,这是最根本的"软环境"。和平区始终保持全面从严治党力度,定向包联、行业包联、首问负责等制度一并推出,形式主义官僚主义集中整治、不作为不担当问题专项治理双管齐下,"橙黄蓝牌""容错纠错"同步跟进,既有力度,也有态度。党政一把手亲自上阵、亲力亲为,关键时刻敢于拍板,困境之时伸出援手,起到了很好的引领示范作用。广大党员干部都把为企业办实事、解难题作为增强党性、磨砺心志、提高本领的实践载体,主动靠上去,善于用心倾听、换位感受,不仅"亲"出了效果、"亲"出了作为,也改进了作风、强化了宗旨,发挥其担当作为的"精气神",传递了服务优先的"正能量",凝聚"人人都是营商环境"的强大合力。

(二)对教学对象进行分析

进行案例教学的这个培训班的学员是中共天津市委党校进修班的学员,均为处级领导干部。他们在经济建设方面具有扎实的理论知识和丰富实践经验。在天津发展的转型期,他们对于推动天津高质量发展的要求非常迫切。课前问卷调查结果显示,学员最关心的天津经济的问题中排名第一位的是,天津如何优化营商环境筑巢引凤、固巢养凤?

作为处级领导干部,学员们关于习近平新时代中国特色社会主义经济思想的学习比较深入,理解也比较深刻。课前调查问卷显示,学员对习近平新时代中国特色社会主义经济思想的提出过程、基本内涵、意义作用、实践要求等理论知识基本达到了掌握的程度。学员建议要求这堂案例教学课的理论讲解部分应以画龙点睛为主,不必将"七个坚持"的基本内涵一一讲解。课程开发小组采纳了学员的建议,把理论讲解的重点确定为阐释"坚持使市场在资源配置中起决定性作用、更好发挥政府作用"的经济学内涵和现实意义,以及如何在实践中把处理好政府和市场关系作为经济体制改革的关键,为经济发展注入强大动力。

学员们在各自工作岗位上为优化营商环境做了很多实际工作,也都探索了很多积极的做法,同时也遇到了很多尚未解决的问题。他们非常想深入和平区优化营商环境的重要载体去了解和平区的经验做法,希望能从中得到启发,以解决自己所面临的问题。

(三)对教学环境进行分析

本次案例教学课是依托现场教学完成的。必备的交通工具是一辆载客40人以上的大巴车。车上配有麦克风,授课教师在车上对习近平新时代中国特色社会主义思想进行理论讲解,并对案例材料的重点内容进行强调。

案例教学设置了学员研讨环节,全班共分为4个小组,每个小组由10名左右学员组成。所以需要一间能容纳40人分组研讨的讨论室。课程开发小组与和平区行政审批中心沟通,落实了研讨室。之所以选择和平区行政审批中心,是因为这里是此次案例教学的现场观摩点位中最重要的一个点位,也是最有条件开展分组研讨的点位。教室配备移动白板、话筒、多媒体等设备。每桌配备讨论用海报纸、海报笔等记录用文具。

此次案例教学还设置了访谈环节。学员可以到中国人寿天津金融中心、日资企业海洋网联船务(中国)有限公司天津分公司、北京银行天津分行等企业访谈相关工作人员,以便从企业的角度更深入地了解和平区优化营商环境的做法和效果。

(四)制定案例教学时间计划

课程总时长约为11个小时以上,其中课前预习2个小时以上,现场教学7个小时以上,课后作业2小时以上。

1. 课前准备时间计划(2小时以上)

案例教学开始前,在学习群内将案例材料发放给学员,要求他们认真预习,以达到对案例材料比较熟悉的程度。

授课教师课前必须深入现场教学的各个观摩点位深入调研,掌握点位的具体情况。重点与点位接待人员进行充分沟通,将本次培训班需要了解的相关情况列出清单以供接待人员参考,请他们尽可能满足培训班的学习需求。

2. 现场教学时间计划(7小时左右)

(1)途中教学:60分钟。

（2）现场观摩＋访谈：300分钟。

（3）分组讨论：60分钟。

（4）班级交流：30分钟。

（5）案例总结：30分钟。

3. 课后时间计划（2小时以上）

要求学员将案例教学重点讨论的3道思考题结合自身工作给出答案，并以书面形式提交。预计需要2个小时以上的时间才能完成此项任务。

（五）划分讨论小组

按工作相关度将学员分组，大约10人一组。

组长产生方式为两种，一种是学号在前的为组长，另一种是推选产生组长，各组自主选择组长产生方式。由组长指定记录员和发言人。

此项工作在案例教学开始前，由班主任或班长负责完成。

二、案例教学的实施过程

（一）途中教学（60分钟）

1. 第一环节（20分钟）

授课教师阐明习近平新时代中国特色社会主义经济思想中"坚持使市场在资源配置中起决定性作用、更好发挥政府作用"的经济学内涵和现实意义。

2. 第二环节（15分钟）

提取《出实招 解难题 当好企业"贴心人"——天津和平区优化营商环境"五个聚焦"的探索实践》案例材料中的重点信息。以现场提问的形式检验学员的预习课情况。分析"五个聚焦"对"坚持使市场在资源配置中起决定性作用、更好发挥政府作用"的现实回应。（15分钟）

3. 第三环节（25分钟）

（1）提出案例情节思考题，给出答题的参考意见。（15分钟）

参考意见一：采用列名法和头脑风暴法答题

参考意见二：分析案例中的做法与习近平新时代中国特色社会主义经

济思想是如何联系的

参考意见三:结合自身实际,分析案例中可借鉴的经验启示

(2)对8个现场观摩点位的观摩重点给出提示。(10分钟)

教学效果:使学员加深对重要知识点的理解和记忆,更加聚焦案例材料的重点信息,了解下一步开展研讨的基本方法,初步形成思考题的解题思路。

(二)现场观摩+访谈(300分钟)

培训班一行将会按顺序到以下点位进行现场观摩:

(1)24小时自助办税服务厅

(2)中国人寿天津金融中心

(3)街道政务大厅

(4)(日资企业海洋网联船务(中国)有限公司天津分公司

(5)北京银行天津分行

(6)和平创新大厦(党委)

(7)和平楼宇办

(8)和平区行政审批局

在每个观摩点位,学员都有机会聆听专业讲解。

教学效果:使学员身临其境体验南开大学的"创新模式",深入了解其具体做法,深切感受其效果。

访谈是贯穿于现场观摩过程中的,学员在每个点位都要对相关人员进行访谈。(要求学员以组为单位事先做好访谈提纲)

接待人员讲解过现场情况后,学员会按照访谈提纲开始访谈。学员在早上7:30就来到了24小时自助办税服务厅,为的是观察非常规营业时间内服务厅的业务情况,果然遇到了几位自助办税的纳税人。学员借此机会对他们进行访谈,了解他们对这项服务的感受,以便从服务对象角度了解服务效果。在中国人寿天津金融中心,学员对企业负责装修改造项目、办证、审批等工作人员进行访谈,了解了承诺制审批的细节和效果。

教学效果:培养学员调查研究的能力,以任务激发学员的参与积极性。

（三）分组讨论(60分钟)

1.讨论内容

(1)用团队列名法组织每位学员汇报观摩和访谈收获。(20分钟)

(2)讨论两道思考题(20分钟)

问题一:在优化营商环境过程中,如何构建"亲""清"政商关系?

问题二:在政府从管理者向服务者的角色转变过程中,如何真正实现"精准"服务?

问题三:如何在优化营商环境工作中强化党的领导,发挥党建引领作用?

每个小组任选一个讨论问题。组长主持讨论,以头脑风暴法展开讨论,尽量让每位学员都参与其中。记录员要将发言的主要观点记录下来,并会同组长和发言人将本组的主要观点提炼出来。统计结果显示:选择思考题一的小组有1个,选择思考题二的小组为2个,选择思考题三的小组有1个。

2.注意事项

在讨论过程中教师要深入各个小组倾听学员讨论。

教师尽可能不发表意见,主要以巡视和引导的方式为主,维持秩序,引导学生能充分思考和表达个人观点,能认真倾听其他人发言,以保证讨论不偏离主题。

教师在讨论过程中要记录下各个小组讨论的基本情况,适当点评。

教学效果:学员有时间对前期的学习进行沉淀,分享收获,在研讨过程中精准把握案例分析方向,启迪思考。这一过程中,学员将形象的感知进行归纳总结凝练成抽象的理性认识。

（五）班级交流(35分钟)

1.各小组汇报讨论结果

每个小组委派一名发言人将本小组讨论的主要观点汇报给大家,汇报时间控制在4分钟左右。

2.每个小组汇报结束后,教师引导学员对各组汇报内容进行问询,发言人或其所在小组成员要给予答复。(时间控制在5分钟左右)

3.注意事项

教师以主持人的身份出现。其功能与主持人的功能非常相似,主要任务是把控好汇报和问询的秩序,调节好气氛,控制好时间和节奏,贯穿好流程,以保证讨论有序进行。同时,教师要认真记录各小组观点和问答内容。每组都委派一名代表将讨论的主题和结论向全班同学展示。

教学效果:提升学员的表达能力,以及分析问题、提出问题和解决问题的能力。

(六)案例总结(30分钟)

1.以学员陈述、教师点评的方式归纳案例要点

教师要求每组学员代表用一句话概括本组的核心观点。比如,一组的观点是"以优化程序、健全机制为重点,强化天津营商环境的'效率'优势";二组的观点是"从公平竞争、服务便利化、破解融资难融资贵等方面大力支持民营企业发展";三组的观点是"坚持党对一切工作领导的基本方略,由党委牵头把优化营商环境纳入区域发展整体布局";四组的观点是"发扬改革创新精神,废除一切不利于企业发展的规章制度和陈规陋习"。授课教师对各组观点给予充分肯定,及时纠正一些错误认识。比如,有一个组提出"在废除制约企业发展的规章制度和陈规陋习的过程中,要大胆一些,即使突破法律底线也要勇于尝试。因为有容错机制的保护,所以不必太担心被问责"。授课教师及时纠正了这种缺乏法治思维和底线思维的想法,强调必须遵循"不禁不限"的原则,改革创新一定要守住法律底线。

2.带领学员回顾本次课程涉及的重要知识点

教师带领学员回顾本次课程的重要知识点,即习近平新时代中国特色社会主义经济思想的理论内涵与实践要求,以及"五个聚焦"是如何"坚持发挥市场在资源配置中的决定性作用,更好发挥政府作用"的经验做法。

3.点评学员的表现

教师对学员的表现做出点评。一组的优点是访谈提纲做得最好,提出的问题非常有针对性,缺点是在现场观摩的听讲解过程中个别人总是在开小会;二组的优点是在各个教学环节纪律性最强,缺点是参与讨论不够积

极,整体气氛比较沉闷;三组的优点是对习近平新时代中国特色社会主义经济思想的理论基础掌握得最为扎实,缺点是对案例材料的预习效果不好;四组的优点是在小组研讨和班级研讨中态度积极、气氛热烈,缺点是有些观点明显缺乏底线思维和法治思维。对全班学员的总体评价是参与学习的积极性很高,善于思考,优点明显大于缺点。

教学效果:学员能够有效回忆观摩学习的收获和讨论过程中形成的观点,能结合实际找准自身工作与和平区"五个聚焦"的经验做法的结合点,能够更有效地用习近平新时代中国特色社会主义经济思想指导实际的经济建设工作。

第二节　学习体验问卷调查

习近平新时代中国特色社会主义经济思想在经济建设中的实践成效非常显著。本次案例教学课选取的案例材料展示了习近平总书记强调的"更好发挥政府作用,更多从管理者转向服务者,为企业服务,为推动经济社会发展服务"的贯彻落实和实践成效。习近平新时代中国特色社会主义经济思想的综合性、应用性和实践性非常强。中组部编印的案例教材集中展现了用科学理论指导实践的典型案例。选取这些案例教材开展的案例教学活动充分体现了理论联系实际的马克思主义学风。以中组部编印的攻坚克难案例为代表的案例材料供给十分充足。在选取案例材料后必须要对一些关键问题进行调研,才能进一步证实案例选取工作是否有效。如选取的课程案例能否激发学习兴趣? 实际的教学效果能否达到预期? 还有哪些需要改进之处? 基于此,课程开发小组在此次案例教学的教学对象中开展了问卷调查,共发放问卷 40 份,收回有效问卷 40 份,有效回收率为 100% ,实现对培训对象全覆盖的调查,大大提升了调查的精确性。

本次调查问卷主要目的是收集学员的学习体验,以此为依据进行教学改进,使教学实施过程更加符合案例教学以学员为主体的特点。学习体验是指学习者在学习过程中的兴趣、关注度、负担程度以及吸引力等。本问卷共设计5个问题,分别从学习兴趣、经济建设信息关注度、负担程度、案例课程吸引度和教学环节吸引力等五个方面对学员的学习体验进行调查。

一、学习兴趣

学习体验的首要组成部分就是学习者的学习兴趣。学习兴趣是学习者对学习活动产生的积极认识倾向与情绪状态。学习者对学习内容有兴趣,就会产生持续的学习动力和专注的学习态度。学习兴趣往往是学习行为产生的原因,又会在学习过程中加强或减弱。所以说,学习兴趣对于学习行为来说既可以是成因也可以是结果。学习兴趣的产生与教学活动有密切的关系,其中,教学方式对学习者学习兴趣的培养有极其重要的作用。为了验证此次案例教学课是否能有效激发学员的学习兴趣,此次调查问卷将学习兴趣作为调查的首要问题。

1.调查结果

调查结果显示:95%的学员表示"非常有兴趣",5%的学员表示"比较有兴趣"和"一般"。这样的结果反映出学员对案例教学方式的学习兴趣很高。

表 10-1　本课程学习兴趣调查

选项	非常有兴趣	比较有兴趣	一般	兴趣较少	没有兴趣	合计
选项人数	38	1	1	0	0	40
百分比	95%	2.5%	2.5%	0%	0%	100%

2.教学建议

充分运用现场观摩＋访谈、分组研讨等方式激发学习兴趣,让学员深度体验和平区"五个聚焦"的实践做法和实景感受优化营商环境的显示载体。

现场观摩＋访谈的创新教学形式所带来的全新体验最受学员欢迎,值得继续推广。但是,学员也提出建议:访谈过程应给予学员更大的自主度,为访谈双方营造更加轻松的交流氛围。课程开发小组要充分尊重学员的意见建议,细化方案,以期达到更令人满意的效果。此外,也不能一味取悦学员,还要引导他们紧紧围绕课程主题进行观摩和访谈。如要求学员在观摩、访谈和研讨过程中,立足本岗位工作思考如何优化营商环境。课程实施的关键所在是督促学员认真观摩,防止走马观花。促进学员在实景体验中深入理解一些实践难题。如,如何"坚持使市场在资源配置中发挥决定性作用、更好发挥政府作用"? 如何既守住法律底线,又不断破除阻碍社会主义市场经济发展的体制机制障碍? 如何把握好"亲"与"清"的程度,既做企业的"贴心人",又建设好"廉洁政府",保持党的"清正廉洁"的政治本色?

另外,尽可能关注个别有特殊情况的学员,如此次观摩中有几位学员一直在开小会。上述学员的个人行为屡次打断了观摩点位专业讲解员的讲解,并影响了其他学员的情绪,从而对教学实施过程和效果都产生了不良影响。

二、对经济建设相关信息的关注度

由于案例教学法的实践性非常强,所以对学员关注现实问题的要求很高。学员只有密切关注现实问题,才能积极思考理论问题,再回归现实,完成理论与实践相结合的全过程。就本课程主题而言,要求学员时常关注习近平新时代中国特色社会主义经济思想不断丰富的内容和天津乃至全国经济建设的相关信息,如习近平总书记关于中国经济建设的最新重要讲话,全国、天津及各地经济建设的最新实践等等。

1. 调查结果

在对信息关注度的调查结果显示:47.5%的学员选择"非常关注",30%的学员选择"比较关注",20%的学员选择了一般关注,2.5%的学员选择关注较少,0%的学员选择不关注。由此可见,被调查者对于中国经济建设相关信息的关注度较高。这是由于这些学员中大多都在经济领域的工作岗位上,而且天津干部一直将优化营商环境作为一项长期任务。他们对经济建设相关信息的关注也为开展好案例教学打下了良好的基础。课程结束2周以后,课程评估小组进行了一次相关信息关注度的再调查。新一轮调查结果显示:选择关注较少的学员比例降为0%,选择非常关注和比较关注的学员比例上升为80%以上。这证明案例教学课一方面提升了学员对于相关信息的关注程度,另一方面提升了学员将所学知识与现实问题相联系的主动性。来自经济领域和法治领域的学员们的关注程度提高的相对明显,他们中选择非常关注的学员比例达到了70%以上,选择比较关注的学员达到了100%以上。课程评估小组分析后得出结论:经济领域和法治领域的工作与优化营商环境的关系最为密切,这堂案例教学课对从事以上两个领域工作的学员积极影响最大。由此可见,案例教学法在提升学员对相关信息的关注度方面有非常积极的意义。

表10 - 2　经济建设相关信息关注度调查

选项	非常关注	比较关注	一般	关注较少	不关注	合计
选项人数	19	12	8	1	0	40
百分比	47.5%	30%	20%	2.5%	0%	100%

2. 教学建议

建一个本班学员的习近平新时代中国特色社会主义经济思想学习交流群,学员在群内分享习近平新时代中国特色社会主义经济思想的最新理论观点和改革攻坚实践新闻。锁定几位在天津重点经济工作中经验较为丰富或正在开展重点项目建设的学员,对其进行持续性跟踪调研。力求发现案例教学课对于提升学员实际工作能力的长期影响,并收集资料开发出具有地方特色的案例材料,实现以点带面拓展习近平新时代中国特色社会主义经济思想的天津实践研究。引导学员加深对天津经济建设问题的关注和研究,养成良好的学习习惯,提升学员参与经济建设的能力,不断强化天津营商环境的优势,从而推动天津高质量发展。

三、负担程度

处级领导干部的工作强度和工作压力都非常大,工学矛盾十分突出。授课教师在与学员交流的过程中了解到:现场观摩中开小会的几位学员是在抓紧时间交流几项工作,他们利用这次共同学习的机会,积极推动实际工作的进展。尽管学员们的工学矛盾如此突出,但是他们学习态度都是非常端正的,尽量克服困难,保证学习质量。特别值得肯定的是,他们学习态度非常积极,特别是对于此次案例教学课的参与热情非常高。有几位学员单位都已经向组织部为学员开具了请假条,但是,学员想办法安排好工作,及时赶到观摩现场,参与了现场观摩+访谈,以及研讨等各个重要教学环节。

1. 调查结果

调查显示:选择"很轻松"的学员人数占比为5%,选择比较轻松的学员人数占比为2.5%,选择"适中"的学员人数占比为80%,选择"比较繁重"的学员人数占比为10%,选择"很繁重"的学员人数占比为2.5%。总体而言,选择认为轻松的学员人数占比(共87.5%)超过认为"繁重"的学员人数占比(共12.5%),这说明此次案例教学课学员的负担程度并非很高。因此,本课程安排的学习任务不太轻也不太重,还是比较合理的。

表10-3 课业负担程度调查

选项	很轻松	比较轻松	松紧适中	比较繁重	很繁重	合计
选项人数	2	1	32	4	1	40
百分比	5%	2.5%	80%	10%	2.5%	100%

2. 教学建议

课堂实施过程要充分尊重学员的主体地位,充分了解学员的负担程度,给予特殊情况的学员更多的提示和建议。总体而言,要给予学员多亲身体验、独立思考、发表见解的时间和空间。本课程要求课后学员独立完成思考题,并形成一份书面材料。但对于材料的字数、格式、文体等不作硬性要求,以免给学员过重的学习负担。要尽量将课后学习任务设计成激发学员自由思考和表达的载体。

四、案例教学课程吸引度

能得到学员充分认可的案例材料是开展案例教学的必备前提条件。本课程的案例材料是经过课程开发小组研究和充分征求本班学员意见后最终确定的。从理论上看,学员认可度较高的案例材料并不能完全保证案例教学课程一定会有很强的学员吸引度。在很大程度上,吸引度要受到案例教学实施过程的影响。为了验证案例教学课程的吸引度如何,必须在课后再进行课程吸引度调查。

1. 调查结果

结果显示:选择"吸引人"的学员人数占比达到九成以上(共92.5%),与课前对案例材料认可度的调查结果相比上升了11%左右,选择"不吸引人"和"让人厌烦"的学员人数为0。这样的结果表明此案例教学实施过程的吸引力比案例材料的本身的吸引力更强。由此可以推断出:教学实施过程不但将案例材料的吸引力完美展示出来,更进一步提升了对学员的吸引力。在调查问卷的建议栏内,有6名学员提出了还有一些感兴趣的点位没有观摩到,希望能有机会进一步详细了解和平区优化营商环境的做法,如没有到相关的招商、执法等部门。

表 10 - 4   案例课程吸引度调查

选项	非常吸引人	比较吸引人	一般	不吸引人	让人厌烦	合计
选项人数	27	10	3	0	0	40
百分比	67.5%	25%	7.5%	0%	0%	100%

2. 教学建议

延展案例教学的课堂,更注重对经验做法的详细介绍,帮助学员协调进一步地深入调研。

五、教学环节吸引力

教学环节对于教学效果是至关重要的。为了捕捉到教学环节的亮点,教师认真观察并记录每一个教学环节中学员的参与度和积极性,并认真分析调查问卷结果,对教学环节进行总结和反思。

1. 调查结果

结果显示:选择"现场观摩"的人次占比100%,可见,这个环节最受学员欢迎。选择"分组研讨"的人次占比为30%,选择"访谈"的人次占比25%,选择"案例总结"的人次占比为22.5%,选择这三个环节的人数也比较多,证明这三个环节也比较受到学员欢迎。

选择"途中教学"的人次占比12.5%,选择"班级交流"的人次占比10%,相对占比较低。课程评估小组对这两个环节进行分析,找到了这两个环节相对吸引力弱的原因,在途中讲解环节,学员注意力不够集中,而且教师所讲的理论和强调的方法多为学员熟悉的内容。在班级交流环节,学员更关注自己所在组的情况,对于其他组的分享并不是十分关注。

课程评估小组一致认为,出现这样的结果非常正常,也基本在预料之中。本次案例教学的最核心环节就是"现场观摩 + 访谈"和"分组研讨",可以说这三个环节的吸引力达到了预期效果。出乎预料的是"案例总结"环节的吸引力远远超过"途中教学"环节。课程评估小组分析了其中原因,推断出可能是"案例总结"环节的教学环境能更加集中学员的注意力,而"途中教学"环节,由于学员在乘车过程中很难进入学习状态,加之有些学员不习惯在车上学习,而且教师也没有把控好讲授的节奏,使得学员对这个环节失去兴趣。

表10-5 教学环节吸引力(多选题,限选1-2项)

选项	途中教学	现场观摩	访谈	分组研讨	班级交流	案例总结
选项人数	5	40	10	12	4	9
百分比	12.5%	100%	25%	30%	10%	22.5%

注:多选题百分比:1.多选题选项百分比 = 该选项被选择次数÷有效答卷份数;2.含义为选择该选项的人次在所有填写人数中所占的比例。

2. 教学建议

提升"途中教学"和"班级交流"环节的吸引力。把握好"途中教学"的进入节奏,提升途中教学内容的生动性,把理论性知识放到"案例总结"环节。保持"现场观摩＋访谈"环节的吸引力，以后的案例教学要保证类似环节的时间。建议授课教师在每一个点位的观摩结束后，都对学员进行随机访谈，既检验学员的学习效果也帮助学员回顾一下观摩内容。

第三节　教学效果评估

教学效果评估是教学的最重要一环，也是决定教学质量提升的必经程序。案例教学法的教学目的就是为了提升培训的实效性。教学评估的结果对于总结经验，弥补缺憾具有十分关键的意义。本此案例教学课程的教学对象总共 40 人，这就为采用"全覆盖评估法"提供了实施的便利条件。"全覆盖评估法"是指贯穿于教学全过程，包括课前、课中、课后三次评估的一种覆盖教学全过程的评估方法。这种评估方法能够在一定程度上规避教学效果不理想的风险。

一、课前评估

课前评估的主要目的是确认案例教学课所选取的案例材料是否符合学员需求，采用案例教学方法是否得到学员认可，同时给学员以课前预习指导。课前评估的主要载体是调查问卷。调查问卷内容如下：

案例教学课前评估调查问卷

尊敬的各位学员：

您好！对案例教学教学方式和案例教材的选取是您的权利，也是您的一项学习任务。请您认真填写这份调查问卷。我们会充分尊重您的意见，认真改进教学工作。

请对自己目前从事的工作做简单介绍：

您学习这门课程的目的，或者对学习这门课的期望（个人方面、职业方面）：

详述您做过的课前准备工作（如远程学习、阅读资料、参加的有关课题研究等等)。

在这门课中,您最关心哪些问题?

您曾经从事过与课程内容相关的工作吗?

在这门课中,哪些内容是您个人发展中所需要的?

您认为此次案例教学课应该选取以下哪份案例材料?(五选一)

材料一《以制度创新为核心打造"前海模式"——深圳前海实现高质量发展的创新实践》

材料二《让企业既能进得了市场"大门",也能入得了行业"小门"——上海商事制度改革探索与实践》

材料三《创新服务赋予"亲""清"政商关系新内涵——苏州工业园区构建国际一流营商环境的探索与实践》

材料四《践行新发展理念 防控地方债风险——浙江临海"促发展与防风险"并举的创新经验》

材料五《出实招 解难题 当好企业"贴心人"——天津和平区优化营商环境"五个聚焦"的探索实践》

调查问卷的有效回收率为100%。学员的填写内容对于开展教学有非常积极的意义。学员均认真填写了相关信息。调查结果显示:学员对材料五的选取意愿最强,这个结果成为最终确定案例材料的决定性因素。

二、课中评估

课中评估通常被称作"热评",是在课程按既定的教学实施方案进行过程中进行的,目的在于帮助授课教师确认教学效果,以便在教学过程中对教学方案进行适时调整。课中评估有非正式和正式两种。非正式的课中评估是教师在课堂上随时观察学员对教学情况的反应,如学员的面部表情及与教师的语言沟通情况,以及整个课堂气氛等,由此判断课堂教学是否满足了学员要求。正式的课中评估是在本课程的教学工作结束后,立即向学员发放调查表,让学员当场填写交回。

以下是课程评估小组参考国内、国外培训机构案例教学评估表的设计理念、设计方法，为本次案例教学课程的课中正式评估而设计的一个样表。

案例教学效果（课中）评估学员用表

尊敬的学员：

您好！对这次案例教学做出评估是您的权利，也是学习任务，更是我们改进教学工作的依据。请您认真并真实地填写这份评估表。谢谢合作！

主讲教师：　　　　　　　您所在班次：

课程题目：

填表要求：在下列 6 个评估项中分别选出您认可的等次，并按正确方法填涂有关信息点。

填涂方法：√

评估表：

项目　等次	好	较好	一般	差
案例选择				
资料提供				
课前准备				
课堂互动				
总结提升				
课件制作				

评估标准如下：

项目　等次	好	较好	一般	差
案例选择	使用的案例与教学目的一致，对学员有震撼、有启发。	使用的案例与教学目的基本一致，对学员有启发。	使用的案例与教学目的有关联，能引发学员思考。	使用的案例与教学目的不相关，不能引发学员思考。

项目 等次	好	较好	一般	差
资料提供	提供了与案例相关的完整背景资料。	提供了与案例相关的较多背景资料。	提供了与案例相关的某些背景资料。	没有提供与案例相关的背景资料。
课前准备	与学员沟通充分，学员了解课堂活动的程序与内容。	与学员沟通比较充分，学员大致了解课堂活动程序与内容。	与学员沟通不充分，学员对课堂活动的程序与内容完全不了解。	与学员没有沟通，学员不了解课堂活动的程序和内容。
课堂互动	有效激发学员的发言欲望，提问及时，引导学员深度分析。	比较有效地激发学员发言欲望，能够提问，基本能够引导学员深度分析。	有时能激发学员的发言欲望，偶尔能够提问并引导学员深度分析。	不能有效激发学员发言欲望，不能提问并引导学员深度分析。
总结提升	完整准确地描述学员案例分析情况，揭示案例中蕴涵的规律或真理，或给出分析本类案例的理论框架或工具。	比较完整地描述学员案例分析情况，揭示案例中蕴涵的部分规律或真理，或给出部分分析本类案例的理论框架或工具。	简单描述学员案例分析情况，试图揭示案例中蕴涵的规律或真理，或给出分析本类案例的理论框架或工具，但力不从心。	不能描述学员案例分析情况，不能揭示案例中蕴涵的规律或真理，或给出分析本类案例的理论框架或工具。
课件制作	相关内容图文并茂，生动鲜活。	相关内容简洁清晰。	相关内容表达完整，无技术性错误。	相关内容表达不清晰，有技术性错误。

另附：

评估表分值与权重设计

项目权重 等次分值	好	较好	一般	差
案例选择20%	10	8	6	4
资料提供10%	10	8	6	4
课前准备5%	10	8	6	4
课堂互动35%	10	8	6	4

项目权重 等次分值	好	较好	一般	差
总结提升 25%	10	8	6	4
课件制作 5%	10	8	6	4

课中正式评估的程序非常严密。由课程评估小组成员分工负责评估卷的发放、回收、信息处理以及结果发布工作。以严密的流程保证了评估结果的公正性。

从理论上讲,课程教学评估结果适宜在教学团队范围内公开,一方面有利于保护教学团队的权益,另一方面也是为了保护干部教育培训机构的权益。因此,本书暂不公开评估分值的详情,只能将课程评估的部分分值公开如下:最高分 10 分,最低分 7 分,平均分 9.4 分。

三、课后评估

"课后评估"通常被称作"冷评",是在课程结束后,学员奔赴各自工作岗位三个月后,经过实践的检验与个人的反思,对教学质量与效果所作的评估。其目的是了解培训课程对学员适应目前工作需要、提高工作业绩及其未来职业生涯发展有怎样的价值;对学员所在组织发展有什么影响。

(一)对学员的学习收获评估

本次案例教学课的授课对象是中共天津市委党校进修班的学员,有着丰富的实践经验和过硬的专业素质。按照习近平总书记提出的干部要提高"七种能力"的要求,此次调查问卷涉及到了这七种能力,即政治能力、调查研究能力、科学决策能力、改革攻坚能力、应急处突能力、群众工作能力、抓落实能力。

政治能力的培养是此次案例教学的首要任务。此次案例教学以天津和平区"五个聚焦"优化营商环境的实践来落实习近平新时代中国特色社会主义经济思想,同时以明显的实践成效印证这一科学理论的真理性,从而帮助学员提升政治领悟力和政治执行力。

为了培养学员调查研究的能力,在现场观摩＋访谈、交流研讨等环节,给学员创造大量的调查研究机会。通过彼此交流,学员之间可以获取到各个部门优化营商环境的信息,加强彼此交流合作。

　　为了培养学员的改革攻坚能力,本课程在现场观摩＋访谈的环节特别安排了专人讲解"五个聚焦"的实践过程中克服困难的经验和奋斗精神。激发学员们攻坚克难的勇气和智慧。

　　为了培养学员的抓落实能力,本课程的课后作业要求学员结合自己的工作实际,提出优化营商环境的建议和本岗位采取哪些措施来落实优化营商环境的地方性法规。如果哪位学员能制订出切实可行的方案,学校会向相关部门推荐并给组织培训部门和学员所在单位发出表扬信。这样的课后作业非常关注学习的实践成效。以作业的强制性推动学员将所学所思变成实践成效。

　　综上所述,课程评估小组设计了覆盖多项能力的调查问卷表格,收集学员对于能力提升情况的反馈。

　　评估结果

　　评估数据显示:大多数学员都感到自己在能力提升上很有收获。排在前三位的学习收获分别是调查研究能力(92.5％）、政治能力(87.5)和群众工作能力(80％）,这样的结果的确与预期目标不一致。预期是要重点提升政治能力、改革攻坚能力和抓落实能力。调查结果却显示在改革攻坚能力和抓落实能力的提升上并不理想,选择这两种能力的学员占比分别是42.5％和62.5％,特别是选择改革攻坚能力的学员占比还不到50％,非常值得关注。于是,课程评估小组进行了随机访谈,了解这样的结果出现的原因。学员纷纷表示:现场观摩＋访谈环节对提升他们的调查研究能力非常有意义。在对企业人员访谈的过程中,他们深入了解了群众的需求,更加有利于他们做好群众工作。之所以选择提升改革攻坚能力的人数较少,是因为并未感觉到"五个聚焦"实施过程中有多少困难。

第十一章
让所有老年人都能有一个幸福美满的晚年
——以天津市河东区智慧养老实践为例

2016年8月,习近平总书记在全国卫生与健康大会上强调,没有全民健康,就没有全面小康。习近平指出,要把人民健康放在优先发展的战略地位,重点普及健康生活、优化健康服务、完善健康保障、建设健康环境、发展健康产业,加快推进健康中国建设,努力全方位、全周期保障人民健康,为实现"两个一百年"奋斗目标、实现中华民族伟大复兴的中国梦打下坚实健康基础。要重视重点人群健康,保障妇幼健康,为老年人提供连续的健康管理服务和医疗服务。

本章以天津市河东区智慧养老的实践为例,通过向学员介绍课题调研组在天津市河东区实地调研的相关成果,引导学员总结智慧养老的经验启示,分析存在的问题,探寻进一步完善养老服务的路径选择及保障措施。

第一节 案例材料选取

中国是世界上老年人口数量最多的国家,老龄化速度快,应对人口老龄化任务重。党的十八大以来,习近平总书记做出一系列高瞻远瞩的重要指示,规划部署国家老龄事业发展和养老体系建设。习近平总书记指出,满足数量庞大的老年群众多方面需求、妥善解决人口老龄化带来的社会问题,事关国家发展全局,事关百姓福祉,需要我们下大气力来应对。总书记强调,要积极应对人口老龄化,构建养老、孝老、敬老政策体系和社会环境,推进医养结合,加快老龄事业和产业发展。

一、智慧养老实践的时代背景及动因

天津市人口老龄化程度居全国前列,已经进入深度老龄化社会,而河东区是天津市进入老龄化较早、老龄化程度较高的中心城区之一。截至 2018 年底,全区共有户籍人口 73.55 万人;60 岁以上的老年人 23.12 万人,占户籍总人口的 31.43%;65 岁以上的老人有 14.43 万人,占户籍人口的 19.6%;80 岁以上的高龄老人有 3.14 万人,占户籍人口的 4.3%;百岁及以上老人 25 人。2016 年,河东区被确定为全国第一批居家和社区养老服务改革试点地区。几年来,河东区委、区政府从实际出发,努力探索居家和社区养老模式的新路子,以社会化运营、智能化服务为着力点,不断丰富和完善居家和社区养老服务内容,扎实推进养老体系建设工作。

当前,由人工智能引领的新一轮科技革命和产业变革方兴未艾。正如习近平总书记在贺信中指出的:"在移动互联网、大数据、超级计算、传感网、脑科学等新理论新技术驱动下,人工智能呈现深度学习、跨界融合、人机协同、群智开放、自主操控等新特征,正在对经济发展、社会进步、全球治理等方面产生重大而深远的影响。"其中,以人工智能为基础的智慧养老已成为大势所趋。智慧养老充分利用智能硬件、互联网、物联网、云计算、大数据等信息技术的导入,让老人在日常生活中不受时间和地理环境的束缚,在家中享受高质量高水平的生活。2017 年 2 月,工信部、民政部、国家卫计委制定了《智慧健康养老产业发展行动计划(2017—2020 年)》;2018 年 8 月,工信部、民政部、国家卫计委联合公布了《智慧健康养老产品及服务推广目录(2018 年版)》,力求打造智慧健康养老应用示范基地,同时为智慧养老产业及众多养老企业的发展指明了方向。因此,探索如何在河东区推动智慧养老落地实施与不断发展,通过改变信息交流传递方式、强化资源配置整合力度、提升服务管理效率等手段,对现有养老服务模式存在的各种问题予以破解以推动养老模式创新发展,就成为一个亟待研究的课题。

二、天津市河东区智慧养老的主要做法

（一）完善制度，创建标准，推进养老服务由粗放管理模式向规范化精准化转变

制定出台《河东区社区老年日间照料中心建设实施方案》《关于鼓励社会力量兴办小型社区老年日间照料中心的意见》《河东区支持居家和社区养老服务龙头组织（企业）发展的意见》等一揽子制度，不断增强社会力量参与度，提高社区养老服务设施覆盖率。立足河东实际，联合中南大学等科研单位拟定《老年人能力筛查评估》和《老年人照护需求评估》地方标准，建立一套科学的、规范的筛查评估工具，以精准真实反映老年人失能现状，为政府制定相关养老服务政策提供科学的参考依据。

（二）实现"五进家庭"，推进养老服务由帮扶兜底模式向适度普惠模式转变

一是照料服务进家庭。在做好、做细居家养老服务（护理）补贴、百岁老人营养补助的基础上，深入探索为老服务走进家庭的途径与方法，全区1200余名经济困难老人得到居家养老基础保障，1600余名特殊困难老年人得到个性化关照。二是志愿者服务进家庭。在现有500余人专业服务队伍基础上，组织志愿者建立亲情爱老、自助互助、志愿扶老、社会助老四支服务队伍，实现邻里关照、志愿服务、企业包户等个性化服务。三是配餐服务进家庭。目前，通过日间照料服务中心、社区配餐站和部分社会餐饮单位可覆盖45.58%的社区，覆盖人群10万人。2021年，将进一步建设"老人家食堂"，每个街道确保有1~2家，基本解决居家老年人就餐难的问题。四是健康管理进家庭。探索老年评估室模式，配备专业评估器材，并利用录像设备记录整个评估过程，科学有效开展老年人能力评估、老年人需求评估，实现养老服务标准化科学化管理。2021年6月，7个街道和2家养老院正在进行第一批试点工作，2021年底前全区12个街道实现全覆盖。五是安全养老进家庭。为全区1000多名80岁以上特殊困难老年人安装煤气报警器、烟感报警器、一键呼叫器和智能可穿戴设备（腕表和智能手环等），通过与河东区安全

管理平台连接,以智能化手段保障老年人的安全。

(三)坚持市场导向,推进养老服务由政府包办模式向社会运营模式转变

按照"政府搭建平台、专业化管理、市场化经营、志愿者参与"的模式和"管办分离"的原则,引进居家乐、乐聆、九樱万联、福乐年华等养老服务企业参与现有 31 个社区老年日间照料服务中心社会化运营。服务项目和服务内容涉及家政服务、生活照料、医疗保健、健康管理、家电维修、法律咨询、精神慰藉等多个方面,社区老年人基本能就地、就近、就便地得到快捷的居家生活服务。每个企业采取"划片分块"方式承包运营多个照料中心,最大限度发挥优势,开拓创新居家养老新模式,并初步形成品牌化、连锁化的经营模式。如九樱万联运营丰盈里、东瑞家园等 9 家老年日间照料中心,建立樱桃阵社区消费互助养老平台、社区为老应急安全管理平台、社区为老配餐服务体系,形成"社区日间照料 + 互联网 + 多元化服务的消费互助养老模式"。乐聆经营曲溪西里、万达公寓等 10 家老年日间照料中心,依托智能终端腕宝健康监护设备、智慧社区居家养老服务系统平台、交互式平台联动服务中心,建立"云—管—端"闭环式养老服务生态系统。目前九樱万联和乐聆的养老服务已在全国 12 个省市落地,展现出了蓬勃的生机活力和巨大的发展空间。2019 年,探索推广社区小型嵌入式养老机构,打通社区老人的生活圈与养老圈。拟建立 3 个 800 平米以上的嵌入式养老机构,集养老院、老人日托中心、老人活动中心、老人家食堂等为一体,让社区老人实现在家门口养老。

(四)提升服务能力,推进养老服务由粗放管理模式向规模化发展模式转变

2018 年底新建河东区区级为老服务中心,中心坐落在富民路街道雍景湾社区,建筑面积为 4500 平方米,床位 150 张,采取公建民营的方式运营。除基本养老床位外,中心还内设医疗康复室、棋牌室、娱乐室、老年法律维权援助咨询工作室、阅览室等,能够高质量地满足住养老人的基本生活需要和个性化养老服务需求。用好现有 40 家民办养老机构、5900 张床位,积极鼓

励聚福兴老人院、优六老人院、康悦老人院探索开展社区延伸服务,将养老院的服务内容延伸到社区和居家老年人家中,为老人提供生活照料、康复护理、精神慰藉和家政服务等专业服务。积极筹建河东区居家和社区养老服务中心(养老产业孵化基地),集适老产品展示、康复体验、智慧养老管控、养老服务研究、照护人员培训、养老咨询服务等于一体,搭建养老服务产业链的前端触角与服务落地的桥头堡,通过服务资源的统一对接、服务需求的有效整合,实现需求与资源共享。

三、天津市河东区智慧养老未来发展中可能面临的问题

通过对老年人发放问卷调查、与街道相关部门、居委会负责人及提供智慧养老服务企业的深度访谈,调研组发现,在河东区推进智慧养老落地实施可能会面临如下难题和障碍:

(一)智慧养老相关政策的连续性问题

河东区自 2018 年起开展"养老在家里我们来助你"暖心助老工程,通过为特殊困难老年人发放智能设备的方式普及智慧养老服务。目前全区已经开展了两期暖心助老工程,2018 年在 26 个社区先行试点,为社区中近千名符合条件的高龄、独居、半失能老人发放智能穿戴设备、一键呼叫器和燃气报警器,实现对重点困难老年人的个性化关照,有效降低空巢(独居)老年人遭受意外伤害的风险。2019 年开展的第二期项目,为全区 700 余户无子女老年人家庭免费安装智能烟感报警器,报警器能探测房间内的烟雾浓度,一旦超标便会自动发出报警声,提醒老人屋内有险情,对老人用火不慎引起的火灾或电器起火起到预防作用,消除火灾安全隐患。这些举措为养老服务水平的提升起到了重要作用。但是在访谈中有社区负责人提出,这些智慧养老举措的延续性有待加强。例如,智能腕表的使用,功能越复杂其耗电量越高,而老年人往往忘记充电,甚至一段时间后充电器丢失,只能放弃使用。因腕表传输数据需要上网使用数据流量,会产生一定费用,也使得一部分老人在免费期结束后放弃使用。再如,燃气报警器的使用,需要和企业平台对接,而且随着使用时间的增加,报警器的灵敏度有可能下降,因此还要有后

期的校验、维护工作,而现实中后期服务往往很难跟上。同时,因报警器工作会产生一定噪音,有的老人会主动关闭仪器,也导致其作用很难发挥。

(二)部分老年人对智慧养老服务接受程度有待提高的问题

随着年龄的增长,老年人的记忆力、行动力都大大下降,视力、听力等都会出现不同程度地退化。从访谈中可知,部分受访老人都是使用子女淘汰和较为落后、功能单一的电子产品,如老年手机。升级更新这些设备达到智慧养老水平还需要一定的资金支撑,而部分老人收入水平较低。调研问卷统计结果显示:样本收入在 1000～3000 元的比例为 39.29%,3000～5000 元之间的比例为 47.14%,5000～8000 元的比例为 13.57%,由此可见,相当比例的老人更新设备存在明显的经济压力。此外,部分老人受教育程度偏低,问卷结果显示:样本中小学学历的占 6%,初中学历的占 47%,高中学历的占37%,大学以上学历的仅占 10%,并且很多老人未接触过互联网等现代通信技术,而智慧养老恰恰需要老年人较为熟练地使用智能终端进行信息沟通并递交请求。综合以上三个方面的因素,老年人由于生理特点、经济状况及教育背景,导致对智慧养老的接受程度有待提高。问卷统计结果显示,在喜欢的养老方式中,只有 14.9% 的老人选择智慧居家养老(手机一键定制生活照料、医疗保健、紧急救护等),在对于智能设备的了解程度这一问题上,有33.3% 的样本完全没有听说过,只有 10.6% 的样本很了解智能设备。在使用智能设备的意愿上,有 41.1% 的样本表示只有在政府补贴的情况下才会使用智能设备,只有 21.3% 的样本会在自费的情况下使用智能设备。

(三)智慧养老服务供需不平衡的问题

虽然智慧养老服务种类繁多,但通过实地调查和访谈可以发现,目前智慧养老服务最常见的是生活照料类服务,其他服务相对较少。从需求侧来看,老年人更加期望得到的服务不仅仅为生活照料服务,而是包含健康医疗、精神慰藉等诸多方面。生活照料服务是老年人的"低层次"需求,在得到较大程度的满足之后,还需要更高层次的养老服务。问卷结果也显示,在关于希望在日常生活中通过智能设备获得哪些服务这一问题上,医疗服务的期待值最高。在访谈中,也有社区工作人员提出,很多老人有协助挂号、协助购药、取药等方面的需求,但是限于现行相关政策,这方面的需求很难满足。在是否需要通过智能服务设备提供日常娱乐上,多数人选择需要,其中83%的老年人选择需要提供感情倾诉服务的智能设备。这也说明了老年人希望通过智慧养老提供的服务是多元化的,并不仅局限于生活服务方面。调研中还发现,智能手机目前已经走进很多老年人生活,而在平常主要使用手机哪些功能这一问题上,样本统计显示:80.1%使用打电话的功能,58.9%使用微信与他人聊天,13.5%使用手机进行购物,9.2%使用订餐、打车的服务。综上,大部分样本会使用手机的打电话功能,使用微信的比例接近半数,其他功能使用较少。因此,在智慧养老设备的选择上,除智能腕表、智能手环之外,还应重点设计使老年人通过打电话就能获得智慧养老服务的需求。

（四）对智慧养老企业的政策扶持力度有待提高的问题

调研中发现,目前智慧养老服务平台及系统的建设更多要依靠政府买单,部分智慧养老服务企业要依靠"政府兜底"才能勉强运营下去。企业提供的服务往往为公益性质的,多为免费服务,只能依靠政府专项补贴来支持机构的运营成本,但是申请补贴过程中,又会出现审批时间长、审批资料复杂、财政拨款不及时等难题。智慧养老行业属于投入高、资金回收慢的行业,社会资本往往难以承担起资金的压力。因此,目前智慧养老领域的市场化水平仍然较低,政府对智慧养老企业的政策扶持力度有待进一步提高。

（五）智慧养老服务人才队伍建设有待加强的问题

智慧养老服务过程中涉及大量的互联网、物联网信息技术应用,所以仅凭传统养老服务的工作人员无法完成专业的平台建设和维护工作,这就需要吸纳、培养专门的技术人才参与智慧养老事业,将专业的技术运用在养老服务中,开发及维护智能养老服务平台。同时,老年人由于教育水平、年龄的原因,对现代化的信息技术不熟悉,缺乏相关智能硬件设备的使用和培训经历,也需要复合型的专业人才帮助老人熟悉并使用智慧养老产品与服务。但是目前养老服务人员的待遇与社会地位都较低,导致流动性较大,工作人员的职业认同感低,直接导致养老服务人才队伍不稳定,人员素质较低。

第二节　案例教学的实施

一、教学对象及教学环境

进行案例教学的两个处级班学员包括市、区两级政府职能部门干部及街镇干部,都有丰富的工作经验,既有精通养老工作的民政等相关部门领导,也有其他职能部门领导。

两个班的学员人数都在40人左右,但是课程实施场所要选择能容纳80人左右的大教室。因为在案例教学过程中,学员要分组讨论,甚至离座相互交流,教师也要分别深入到每个小组进行交流,这就要求教室必须有足够的活动空间。教室内部布置5个10人一组的U型围坐桌,座椅可活动。五张桌子呈五角星的五点分布。这样的布局方便学员讨论案例,也方便教师深入到每组参与讨论。

教室配备移动白板、话筒、多媒体等设备。每桌配备讨论用海报纸、海报笔等记录用文具。

二、确定案例教学目标及时间安排

(一)案例教学目标分为两个层次

1. 知识目标

学员能理解智慧养老的基本内涵、主要做法及现实意义。

2. 能力目标

学员能分析提炼出进一步完善智慧养老的主要思路及重点。

(二)制定案例教学时间计划

课程总时长约为6个小时以上,其中课前预习2个小时以上,课堂3小时左右,课后复习1个小时以上。

1. 课前时间计划

案例开始前,提前将案例材料发放给学员,要求他们至少预习2个小时以上,达到对案例材料比较熟悉的程度。

2.课堂时间计划

案例教学课堂授课主要分案例导入、小组讨论、班级讨论(各组代表交流发言,其他组提问)、案例总结四部分。

案例导入:30分钟

分组研讨:50分钟

班级研讨:60分钟

案例总结:20分钟

3.课后时间计划

要求学员将案例教学重点讨论的三个思考题结合自身工作给出答案,并以书面形式提交。预计三道思考题需要1个小时以上的时间才能完成。

(三)划分讨论小组

按工作相关度将学员分组,大约10人一组。

组长产生方式为两种,一种是学号在前的为组长,另一种是推选产生组长,各组自主选择组长产生方式。由组长指定记录员和发言人。

此项工作在案例教学开始前,由班主任或班长负责完成。

三、案例教学的实施过程

(一)案例导入

1.第一环节

介绍智慧养老的基本内涵及天津市河东区推进智慧养老的时代背景及现实必要性、可行性。智慧养老是基于互联网信息平台,提供实时、快捷、高效、低成本的,物联化、互联化、智能化的养老服务。信息技术开发应用的出发点和落脚点不是技术本身,而是促进供给和需求的快速精准匹配,进而促进社会公共服务和资源的合理有效优化配置。精准高效的配置来源于数据,互联网最核心的也是数据,通过需求端数据获得大量数据样本,对数据进行汇集、共享分析,才能提升技术软件功能,试验探索出真正符合民众需求的功能,而只有老城区才有大量的样本。天津市河东区是老城区,也是进入老龄化较早、老龄化程度较高的中心城区之一。正是基于全区老年人口规模和占比较高的客观现实,满足老人需求的多元化、多层次、多类型,科技必将成为破冰神器。据调查显示,更多的老人选择居家养老。居家养老点多面广,传统服务方式效率不高,必须借助互联网与大数据技术,解决服务供给与需求的矛盾,提高服务效率和质量,打造没有围墙的养老院。河东区为智慧养老试点,建设老年宜居社区,对全市居家养老模式的探索有实践基础和实际需求。(10分钟)

2. 第二环节

天津市河东区在推进智慧养老中的基本做法是:一方面注重体制机制创新和服务举措规范;另一方面更加注重新技术应用,不断满足老年人现实需求,让数据多跑路,让群众少跑腿。具体包括三个方面:

一是政府搭台,推进"多元化"运作。政府主导加大顶层设计和政策支持力度,在服务机制建设、政策、财力、物力、协调等方面充分发挥"驱动器"作用。区政府出台规划、政策,做好顶层设计,各街道部门积极作为,实现为老服务全覆盖。进一步加强养老服务企业服务能力及规范化管理,提升全区养老服务质量,最终形成政府规划、空间保障、运营补贴、跟踪服务等一系列扶持政策,帮助落地企业形成可复制、可推广的专业化、品牌化、连锁化的养老服务运营模式。

二是创新模式,探索"社会化"运营。以"政府 + 市场"的方式,推进政社良性互动;引入 8 家民办养老服务机构,初步形成居家养老服务、日间照料中心、机构养老"三位一体"的为老服务模式,实现社会化运营。

三是智能整合升级,实现"信息化"管理。建设养老综合服务平台,整合老年人数据库、养老机构、养老服务设施综合服务和管理分析等功能,进一步规范养老服务体系信息化建设,扩大对各养老业务的监督范围,增强检测力度,实现信息的共享和交互,提升养老服务的管理能力,在为老人提供养老咨询、紧急救援、保健康复、家政保洁、餐饮配送、上门送药、陪诊陪聊、心理慰藉等服务方面实现智慧化派单上门服务,打造15分钟养老服务圈,服务近10万人次。四是打造团队,实现"专业化"运营。各智慧养老服务中心管理机构在资料整理、平台技术管理、日常考核、财务管理等方面组建专业团队。加强业务技能和实务操作培训,搭建专业化服务团队,积极与河北工业大学、天津财经大学、天津城市职业学院等高校、职业院校展开合作,充分发挥学校教学科研、人才培养、科学研究的作用,定向开展培训。同时学校定期派遣专业骨干教师或学生组成志愿服务队,到街道社区参加服务高龄、孤寡老人等公益劳动和帮扶活动。区民政局为老年服务与管理、社区管理与服务专业的学生提供见习、专业实习、毕业实习机会,并在岗位推荐、公益创投及社会实践等活动中提供必要的协助。(10分钟)

3. 第三环节

分析河东区智慧养老未来发展中可能面临的问题、困难。布置案例研讨思考题,给出答题的参考意见。(10分钟)

参考意见一:小组成员结合各自工作实际积极发言,采用头脑风暴法形成小组意见,推选1~2名成员做代表发言。

参考意见二:结合实际,分析其他国家、城市在智慧养老方面的成功经验及其借鉴意义。

参考意见三:结合各自工作,分析进一步推进智慧养老的运行模式、保障措施。

(二)小组讨论

1. 讨论问题

(1)天津市河东区智慧养老的经验启示有哪些?

(2)智慧养老未来发展的实施路径应如何选择?

(3)为进一步做好智慧养老工作,需要出台哪些保障措施?

每个小组任选一个讨论问题。组长主持讨论,确保每位学员都有发言的机会。记录员要将发言的主要观点记录下来,并会同组长和发言人将本组的主要观点提炼出来。

2. 注意事项

在讨论过程中教师要深入各个小组倾听学员讨论。

教师尽可能不发表意见,主要以巡视和引导的方式为主,维持秩序,引导学生能充分思考和表达个人观点,能认真倾听其他人发言,保证讨论不能偏离主题。

教师在讨论过程中要记录下各个小组讨论的基本情况,适当点评。

(三)班级讨论

1.各小组汇报讨论结果

每个小组委派一名发言人将本小组讨论的主要观点汇报给大家,汇报时间控制在5分钟左右。

2.每个小组汇报结束后,教师引导学员对各组汇报内容进行问询,发言人或其所在小组成员要给予答复。(时间控制在5分钟左右)

3.注意事项

教师以主持人的身份出现。其功能与主持人的功能非常相似,主要是把控好汇报和问询的秩序,调节好气氛,控制好时间和节奏,贯穿好流程,保证讨论有序进行。同时,教师要认真记录各小组观点和问答内容。每组都委派一名代表将讨论的主题和结论向全班同学展示。统计结果显示:选择思考题一的小组数量最多,选择思考题二的小组数量几乎为0。

4.教学效果

锻炼学员表达能力,以及分析问题、提出问题和解决问题的能力。

(四)案例总结

1.以学员回答、教师记录的方式归纳本次讨论观点

记录归纳侧重在河东区及其他先进国家、地区在智慧养老方面的成功经验启示,以及下一步深入推进智慧养老的工作思路。例如,学员总结并对比了河东区引入社会力量参与智慧养老服务的经验做法,九樱万联公司通过"社区＋互联网＋多元化服务"来构建社区消费互助养老新模式,先后建立了樱桃阵社区消费互助养老平台、社区为老应急安全管理平台,社区为老配餐服务体系。乐聆公司打造的是互联网＋智慧医养融合养老新体系,建立"云—管—端"闭环式养老服务生态系统。("云"是指在互联网＋基础上建立起来的智慧社区养老物联网管理服务系统、"管"是线上线下的专业团队在物联网管理服务系统支持下,为家居老人进行实时、及时帮助、服务和

管理的各种手段。"端"是指管理和被管理者多方的信息终端。

2.带领学员回顾本次课程涉及的重要知识点

带领学员回顾本次课程的重要知识点,包括智慧养老的基本内涵、基本举措、深化完善智慧养老的运行模式及保障措施。

3.点评学员的表现并做出总结

由教师对学员的表现做出点评,如能够在推进智慧养老工作中贯彻、践行习近平总书记提出的健康中国理念,能够兼顾养老服务的顶层设计与具体措施,能够考虑到社会多元主体在养老服务中的作用发挥,同时在各政府部门协同推进养老服务、深化智慧养老工作方面还有待提升等。

第三节　案例教学效果的评估

一、学员的学习效果评估

通过学习研讨,学员普遍反映收获显著,体现在智慧养老的现实意义、后续完善思路及具体运用等方面。

(一)总结智慧养老的经验启示

1.政府相关政策的大力支持

任何社会公共事业和慈善事业的良好发展离不开政策的大力支持。总结美国、德国、日本的智慧居家养老服务的实践,可以发现政府的大力支持和政策倾斜贯穿始终。同时,国内部分城市智慧养老服务一样离不开政府的大力支持和政策倾斜。

2.智慧养老服务要重点体现在科技产品的先进性

先进的科技产品能够灵活帮助老人、服务人员等,借助机器人、智能设备等满足老年人情感、渴望关爱等方面的精神慰藉,尤其远程医疗的先进性满足了老年人医疗保健方面的需求。因此,要通过科技创新,设计更先进的为老年人提供智慧养老服务的产品。智慧养老的发展目标是不断满足老人养老需求,这也是老年人享受科技改变生活与社会经济发展成果的途径。

在科技产品基础上,将服务对象细化,有针对性地提供养老服务,使养老资源充分利用。

3.智慧居家养老要鼓励多元主体合作参与

智慧居家养老作为一项系统工程,必须整合社会各种养老资源,建立以政府为主导、多元合作、全社会参与、具有市场竞争性的协同创新机制,实现智慧居家养老服务管理社会化,更好地满足老年人居家养老服务需求。鼓励企业和社会福利组织积极参与到智慧居家养老服务体系中,多渠道筹集资金,形成多样化筹资机制,扩大智慧社区居家养老服务的资金来源。

4.智慧居家养老充分利用现代信息技术

在智慧居家养老中,各种高科技的养老、助老设施必不可少。一些适合老年人使用的高科技产品的成功研发,在真正意义上实现了"智慧养老"。在日本,使用电子宠物来照顾老人做法已经非常普遍。日本松下电器有限公司推出了一款宠物机器人"泰迪"(Teddy),可以作为老年人的通信支持系统终端。泰迪可以通过电话线连接到外部支持中心,观察独居老人的生活,并监控他们的安全和健康状况。此外,它还有一个内置的"对话处理"功能,老年人可以与泰迪进行连续对话,以此来排除寂寞。

5.智慧居家养老要加强高度专业性的服务队伍建设

智慧养老服务是新型的养老模式,需要大量的专业型、复合型的人才。从智慧养老平台的顶层设计到智慧居家养老系统的安装和维护,从智慧居家养老服务的管理到上门提供具体服务,都需要高素质、高水平、专业化的人才。因此,需要加强智慧养老服务队伍人才教育,加大智慧养老服务人员就业扶持和激励政策。加强对智慧养老服务从业人员的培训,满足长期养老服务补贴政策出台后的人才需求。

(二)分析智慧养老推进的实施路径

运行模式设想如下:

1.智慧养老工作的实施主体

智慧养老工作的落地实施需要多元主体的共同参与,具体体现为强化政府主导、积极发挥市场和企业作用、充分调动社会力量三个方面。

（1）强化政府主导。民政部门落实牵头职责,金融、市场监管、卫生健康、商务、人社、财政、发展改革等各相关部门全力支持探索尝试,各负其责,形成合力。在智慧养老工作的推进实施中,政府各相关部门要发挥主导作用,加强统筹规划,综合调配各项政策资源,精准制定宏观调控、政策设计和发展布局,加强监督管理,避免大而化之和无序竞争。要充分发挥政策的撬动引领作用,激发老年人的意愿和企业积极性,为养老服务产业发展提供稳定支撑。在具体的运行过程中,要推动建设统一的服务质量标准,并积极鼓励养老企业的技术革新和开拓市场。

（2）积极发挥市场和企业作用。企业和市场在互联网技术的运用和推广中扮演着重要角色。通过对河东区老年人问卷调研和实地调查发现,老年群体是一个多元化、差异性强的群体,在年龄、收入水平、教育背景、身体状况、居住状况等方面的差异造就了老年群体需求多样化等特点。在智慧养老推进过程中,必须发挥市场和企业作用,养老服务企业应以老年人差异化的养老需求为中心,准确定位和区分产品市场,设计适合老年人的智慧产品和服务,满足老年人的需求,获得老年人的认可,从而实现企业盈利和老人养老的双赢。企业在智能产品的研发上要发挥主体作用,研发易用性、便捷性的智能终端设备,例如一键式手机、功能集成的智能设备等。

（3）充分调动社会力量。智慧养老作为综合性的养老服务模式,必须积极调动社会各方力量加入,如公益组织、志愿者等。目前,像南京等地方已经打造了以"时间银行"为储蓄养老的志愿者互助养老服务形式,志愿者利用闲暇时间为有需求的老年人提供服务,并将工作时间和服务项目及质量记录在时间银行里,当自己年老时可从"时间银行"中免费获得自己所需的日常服务。可见,这种互助养老的方式更有利于养老服务模式的壮大。要吸引公益组织参与养老服务事业,公益组织可以通过养老信息平台查询养老需求信息,并及时提供服务,参与居家养老事业。

2.智慧养老工作的实施对象

在前期试点工作的基础上,智慧养老应在河东区全面覆盖,服务对象涵盖具有本市户籍的所有60周岁及以上的老年人。在具体工作中,可以将老年人划分为养老援助服务对象和自助服务对象两类。其中,具有本市户籍的60周岁及以上的失智和70周岁及以上失能空巢老人为政府援助对象,经民政部门审批后,为其免费发放相关设备,如智能腕表、智能手环等,并承担基本使用费用和后期维护保障。其余老年人为自助服务对象,自愿接受智慧养老服务,可到民政部门指定的服务网点自行购买智能设备,和援助对象一样享受相应的服务。

3.搭建覆盖全区的智慧养老服务体系基本框架

目前,河东区已引入了居家乐、乐聆、九樱万联、福乐年华等多家养老服务企业,采取"划片分块"方式承包运营31个社区老年日间照料服务中心,并初步形成品牌化、连锁化的经营模式。例如,九樱万联运营丰盈里、东瑞家园等9家老年日间照料中心,建立樱桃阵社区消费互助养老平台、社区为老应急安全管理平台、社区为老配餐服务体系,形成"社区日间照料+互联网+多元化服务的消费互助养老模式"。乐聆经营曲溪西里、万达公寓等10家老年日间照料中心,依托智能终端腕宝健康监护设备、智慧社区居家养老服务系统平台、交互式平台联动服务中心,建立"云—管—端"闭环式养老服务生态系统。在此基础之上,应进一步整合运营模式,搭建覆盖全区的智慧养老服务体系框架,作为智慧养老服务工作的基本载体。

根据智慧养老服务体系的构建目标与原则,设计"一个中心,两个体系"的智慧养老服务体系,为老人提供健康监测、安全监护、生活服务、精神慰藉等多方面的服务。其中一个中心是指一个区级的居家养老服务中心,两个体系是指线下服务体系和线上服务体系。建立统一的居家养老服务中心和多个社区服务中心,社区服务中心负责具体的线下运营工作,包括信息采集、评估监管、加盟推广等,居家养老服务中心负责线上运营工作,建立统一的服务对象与服务供应方数据库,进行线上服务流程管理,接受政府监督管理,并为政府提供相关决策数据。建设并不断完善智慧养老服务体系。

（1）搭建智慧养老服务中心平台

搭建河东区统一的智慧养老信息服务平台,建立区、街道、社区三级老人服务信息管理系统,便于为老服务的实时查看监管;提供享受补贴人群、低保人群、特殊人群在线监管筛查。在服务平台上为每位老人建立一套完整的档案，包括基础信息档案（通过该档案能够快速知道老人的住址、紧急联系人）、健康信息档案（通过该档案能够知道老人的病史、常规健康参数、健康检测动态信息）、养老档案（可以看到老人是否享受补贴、是否为特殊老人）等。对老人通过智能终端设备检测获得的健康数据（如血压、心率、血氧、体温、运动量等）进行收集、分析和储存，对每位老人进行持续的健康分析和健康干预，系统后台和在线客服及社区健康顾问对老人进行健康管理。一旦老人出现紧急状况，服务中心平台可同时向急救中心、社区服务中心、老人亲属报警并且提供急救指导，还可以提供远程定位，确定老人位置。

同时，利用服务平台为老人提供多方面的生活服务。在服务平台上严格筛选为老人提供餐饮、家政、保洁、代购、物业等上门服务公司的信息，并对每一次服务进行监管，客观呈现老人对服务的评价，真正筛选出让老人满意的服务公司并且为老人提供更多的选择（例如，平台有多家配餐企业，老人可以针对自己的口味自由选择），服务企业也能得到持续的经济效益。

（2）完善社区服务中心建设

不断完善社区服务中心建设。在医疗健康服务方面，在社区服务中心设立大型体检一体机，为老人检测十二导联心电图、血脂三项、胆固醇、尿酸、血糖、身高、体重等健康数据并与服务平台对接，健康动态数据实时上传到平台进行综合分析。在精神慰藉方面，在服务中心开设丰富多彩的活动，如智能手机培训班、舞蹈班、书法班、生日宴会、歌唱班、各种节日活动等。

（3）以老人需求为导向优化智慧养老终端设备

智慧养老终端是老人随身携带和长期使用的必备品，它是收集老人健康状况和基本信息的重要硬件设备，对于平台提供精准服务和精准决策，具有重要作用。因此，在产品研发阶段，应深入调研，在了解老人真正需求的基础上，做到尊重老人需求，针对不同类型、不同年龄阶段的老人开发包括智能腕表、智能手环、智能手机等多样性的养老产品，实现以人为本。在开发过程中，尽可能降低产品价格、简化产品使用方式，开发出便于老人使用、安全实用、质优价廉的智能养老终端设备，把握"傻瓜式"的应用特征，为远程医疗、信息互动、健康监测、居家护理等服务提供依据。

(4)研发针对不同人群的互联网应用

在亲情关爱方面,针对与老人不在一起居住的子女或亲属开发 App,通过 App,子女可以远程了解老人的健康情况、位置情况和生活需求,从而提高子女对老人关爱的可实现程度,实现孝心亲情零距离。在医疗健康方面,可以为社区医生专门开发 App,老人的健康数据能够随时随地地传输到为其提供服务的医生,医生可以随时与社区老人进行沟通和交流,从而提高医生的管理效率和老人对医疗服务的满意度。同时,医生还可以随时了解慢性病患者和在家康复患者的病情治疗情况,以达到医保控费的效果。

(三)下一步推进智慧养老的保障措施

1. 进一步提高对智慧养老工作的重视,抓好顶层设计

为推动智慧养老的全面发展,政府应进一步提高对智慧养老工作的重视,做好顶层设计,为智慧养老的不断深入奠定坚实的基础。建议政府成立由相关部门领导、专业研究人员等构成的专项工作机构,规划全市智慧养老服务发展的目标、任务和实现的路径。例如制定中长期发展目标和各阶段的主要任务,构建适合我市不同区县实际情况的智慧养老模式,出台与之配套的政策、人力和财力支持举措等。

2. 加大宣传推广力度,提高老人接受智慧养老的程度

一是要大力开展智慧养老的宣传活动,通过通俗易懂、老年人喜闻乐见的形式,提高老年人对智慧养老的认知和接受程度。二是提高老年人对智能设备的操作能力,消除年龄"数字鸿沟"。通过志愿者培训、社区活动、老年大学等多种方式,开展针对老年人的互联网知识及智能终端的公益培训,使老年人能够较为熟练地使用智能手机、智能手环等设备享受智慧养老服务。

3. 进一步拓展智慧养老服务的领域

老年人对智慧养老的服务需求是多元化的,并不仅局限于生活服务方面。为了不断推进智慧养老服务的深入,要进一步丰富智慧养老服务的内容,积极拓展服务领域。要引导养老服务企业和机构在优先满足老年人基

本服务需求的基础上,拓展养老服务内容,鼓励和引导相关行业利用信息技术拓展适合老年人特点的文化娱乐、体育健身、休闲旅游、健康服务、法律服务、精神慰藉等服务。同时,加强对失能、失智、残障老年人的专业化服务。

4.加大对智慧养老服务企业的引导和扶持力度

一是加快实现政府、企业、社区的对接,打通智慧养老服务进社区、进家庭的"最后一公里"。放宽企业引进渠道,规范企业准入退出制度。大力培育智慧养老服务的"龙头企业",同时积极促进企业间的合作,发挥强强联合的互补效应,整合具有"互联网+"功能的养老服务、医疗康复护理、金融保险、科技研发、养老服务培训、文化旅游等企业资源,把智慧养老服务作为一个行业组织起来,从而推动智慧养老服务产业的健康、持续发展。二是加大对智慧养老服务企业的财税金融支持力度。鼓励金融机构加快金融产品和服务方式创新,支持智慧养老服务业的信贷需求,为符合条件的智慧养老服务企业和项目提供投融资支持。进一步丰富对智慧养老服务企业的补贴和奖励方式。

5.加强智慧养老的技术研发

要完善智慧养老的技术支撑,支持企业提升智慧养老终端核心关键技术水平,开展医疗健康电子产品和系统的研发,以及老年辅助技术、智能服务机器人的研发和推广应用。促进健康保健、居家养老等智能终端与系统的完善。推动企业和养老服务机构与社区对接,充分运用智慧养老产品,创新健康养老服务模式。

6.加强智慧养老专业人才队伍建设

一是通过逐步提高工资福利待遇、落实社会保障等手段,积极引进和留住专业人才,投身智慧养老事业。二是加强智慧养老业务技能培训。支持高校、职校增设智慧养老服务相关专业和课程,扩大人才培养规模,加快培养智慧养老专门人才。三是多渠道缓解智慧养老人才短缺的问题。要培育发展为老服务公益慈善组织,扶持发展各类为老服务志愿组织,鼓励、支持社会工作者参与智慧养老服务,倡导机关干部和企事业单位职工、大中小学学生参加智慧养老服务志愿活动。

7.建立完善的智慧养老科学评估机制

一是建立以老人满意度为目标的智慧养老服务评估机制。二是建立完整、可操作性强的智慧养老服务评估指标体系,增强评估指标的科学、合理性,为评估提供客观、可靠的依据。三是健全智慧养老服务第三方评估机制,尤其注重对用户隐私保护方面的评估。

二、学员对教学模式和教学内容匹配度的评价分析

习近平总书记强调,没有全民健康,就没有全面小康。为老年人提供连续的健康管理服务和医疗服务,是加快推进健康中国建设的重要内容,也是实现"两个一百年"奋斗目标、实现中华民族伟大复兴的健康基础。绝大多数学员认为,这一现实主题以案例教学这种开放、互动式的教学形式开展是非常合适的,通过介绍成功案例、总结经验教训、分析完善措施等环节,学员深化了对智慧养老工作的认识,因此这种教学方法非常鲜活生动。

三、学员的学习遗憾分析

在课后的交流中,有学员表示,自身工作领域与养老问题联系不多,对这一问题关注不够,理论储备及实践经验不足,使得在小组研讨中不够深入;还有学员表示,希望能将案例教学与现场教学结合起来,如果能够到智慧养老工作做得比较好的街道、社区及企业现场参观、演示,学习效果一定会进一步提升。

四、课堂互动影响因素分析

课堂互动的形式包括教师与学员间的互动、学员与学员之间的互动等。有学员在课后的反馈中表示,希望互动能够进一步深入,如教师理论功底更为深厚,学员实际工作经验更加丰富,二者应进一步加强互动、互补,进而为全市智慧养老工作提出对策建议。

第十二章
加强和创新基层社会治理，使每个社会细胞都健康活跃

——以"街乡吹哨、部门报到"，强化党建引领基层
治理，促进城市精细化管理的北京实践为例

基层社会治理，就是在党的领导下，运用包括政府在内的多种力量向基层辖区居民提供民生保障、公共服务、利益协调、矛盾纠纷化解、创造平安和谐舒适生活环境的活动。习近平总书记在基层代表座谈会上的重要讲话中指出："'十四五'时期，要在加强基层基础工作、提高基层治理能力上下更大功夫。"社会治理工作最坚实的力量支撑在基层，最突出的矛盾和问题也在基层。加强和创新基层社会治理，既是推进国家治理体系和治理能力现代化的题中应有之义，也是夯实党的执政基础、巩固基层政权的必然要求。

本章以北京市党建引领街乡管理体制机制创新，实现"街乡吹哨、部门报到"为例，引导学员总结党建引领基层社会治理体制机制创新的经验，分析存在的问题，探寻进一步完善基层社会治理的基本着力点。

第一节　案例材料选取

党的十八大以来，习近平总书记多次视察北京并发表重要讲话，深刻阐述了"建设一个什么样的首都，怎样建设首都"这一重大时代课题。习近平指出，建设和管理好首都，是国家治理体系和治理能力现代化的重要内容，要加快形成与首都城市战略定位相匹配的城市治理能力。

一、"街乡吹哨、部门报到"的背景及动因

(一)坚持问题导向

北京在城市治理特别是在基层治理领域,长期存在一些在全国具有共性、普遍性的问题:横向部门合力不足,主动协作意识不强,"五指分散不成拳";纵向基层力量不强,治理重心偏高,"看得见的管不了,管得了的看不见";管理执法衔接不紧,谁都管又谁都不管,"八个大盖帽管不了一顶破草帽";社会参与程度不高,群众参与渠道不畅,"政府干着、群众看着,政府很努力、群众不认同";干部担当作为不够,群众家门口的事情解决不及时,群众不满意。此外,北京作为首都和超大城市,基层治理还面临一些特殊困难:一方面,驻地主体多元,隶属各异,层级跨度大,尽管行政力量充足,但统筹协调难,基层权力运行存在碎片化现象;另一方面,首都无小事,事事连政治,社会各界对首都基层治理能力和治理水平要求更高。如何贯彻落实好习近平对北京工作的指示精神,落实好城市基层党建工作各项任务,推动解决首都城市治理难题,迫切需要北京市以体制机制的改革来提高首都城市治理精细化水平。

(二)街镇的有益探索

在北京市各级党组织探索创新的过程中,"平谷探索"引起了北京市委的高度关注。"街乡吹哨、部门报到"这项改革创新起源于平谷区,来自于基层的实践创造。长久以来,非法盗采金矿活动在平谷区金海湖镇屡禁不止,甚至形成了"产业化""一条龙"的恶劣态势。针对这些底线问题,平谷区按照"试点先行、全面推进"的工作思路,坚持问题导向、目标管理,运用法治思维和法治方式解决治理难题,从综合执法体制改革入手,建立问题清单、权责清单、绩效清单"三张清单",创新优化执法机制,通过赋予街乡召集权、吹哨权,打破了条块间的机制壁垒,实现了各街乡政府属地职能与各执法部门执法职能的有机、有效融合,并在实践过程中逐步总结出"街乡吹哨、部门报到""一门主责、其他配合""部门布置、乡镇落实"的"三协同"综合执法模式,社会顽疾得到有效治理,依法行政能力显著增强,问题解决机制更加健

全,工作作风持续转变。平谷区在治理金矿盗采过程中,逐步摸索出的这套部门联合执法的"街乡吹哨、部门报到"工作机制,不仅有效治理了盗挖盗采的违法行为,也为全市破解基层治理"最后一公里"难题探索了新路径。

(三)北京市的 1 号课题

2017 年 9 月,北京市委常委会在专题审议全市《关于加强和改进城市基层党建工作的意见》时,决定将平谷区及其他地区基层社会治理的经验做法总结提升为"街乡吹哨、部门报到",作为 2018 年全市"1 号改革课题",向全市推广。2018 年 2 月,十二届市委深改领导小组第六次会议审议通过了《关于党建引领街乡管理体制机制创新,实现"街乡吹哨、部门报到"的实施方案》,明确了加强党对街乡工作的领导、推进街道管理体制改革、完善基层考核评价制度等 14 项重要举措。各区均成立由区委书记牵头、区委专职副书记具体负责的专班,作为"书记工程"推动任务落实。市委始终强调,"街乡吹哨、部门报到"的核心要义是:坚持党建引领,着力形成到基层一线解决问题的导向,走好新时代的群众路线。主要目的就是解决基层治理难题,落实基层治理和服务的"最后一公里",建立服务群众的响应机制,办好群众家门口的事。

二、"街乡吹哨、部门报到"的主要做法

在实施"吹哨报到"的改革中,北京市紧紧围绕综合执法、应急处置等工作,着力在赋权、下沉、增效等要素上下功夫,坚持以"吹哨"反映群众诉求、以"报到"解决群众问题,取得了卓有成效的治理效果。人居环境明显改善,基层干部队伍面貌焕然一新,人民群众获得感、幸福感、安全感显著增强。

(一)坚持党的领导和党建引领,提升党组织的领导力和组织力

党建引领社会治理是新时代我国社会治理的新趋势。推动党建引领基层社会治理创新,促使党建嵌入基层治理实践中,发挥好党组织的战斗堡垒作用。一是加强党对街乡工作的全面领导。为推进"基层党建 + 社会治理"创新,北京市加强街乡领导班子建设,健全街乡工委工作体系,推进了高素质专业化街乡干部队伍建设。二是以优化为重点,创新组织引领。北京市

围绕提升基层党组织组织力的要求,探索创新功能型党组织建设和区域化党建工作模式,建立区、街乡、社区三级党建协调委员会,形成互联互通的整体合力。朝阳区在建立"一轴四网"区域党建机制方面具有示范创新性。三是切实转变机关干部的作风。北京市加大机关干部到基层一线实践锻炼力度,发挥考核"指挥棒"作用,推动了党员干部务实亲民的作风建设。

(二)坚持明责赋权精简机构,增强街乡"吹哨"能力

为解决基层部门权责利不清晰的顽症,增强街乡统筹协调功能,北京市实施"吹哨报到"改革,坚持明责赋权精简内设机构。一是明确街乡各部门的职责定位,使其"吹哨"有据。北京市聚焦街乡抓党建、抓治理、抓服务的主责主业,明确党群工作、平安建设、城市管理、社区建设、民生保障、综合保障6大板块111项职责。二是给街乡赋权,使其"吹哨"管用。为确保相关部门闻哨而动,北京市赋予街乡工委对派驻机构统筹调度权、督办权、考核评价权等。三是综合设置和精简街乡各类机构,使其"吹哨"有力。为了减少层级管理,实现精简高效的目标,北京市依据街乡职责任务,按照大部门制、扁平化管理的工作要求,坚持"6办 +1纪工委 +1综合执法队 +3中心"模式设置机构。

(三)坚持资源力量下沉,推动执法部门到街乡"报到"

针对基层执法力量分散、难以"握指成拳"等问题,北京实施"吹哨报到"改革,推动资源权力下沉到基层。一是坚持以下沉为导向,夯实"吹哨报到"的基层力量。为打通基层治理"最后一公里",北京市坚持人往基层走、钱往基层投、政策往基层倾斜的导向,瞄准治理难点问题,推动资源下沉,开展综合治理、集中发力,坚持事不完、人不撤,提升了街乡统筹指挥能力和应急处置水平。二是加强街道实体化综合执法平台建设。为推动执法力量下沉基层,北京市全面推广石景山区"1+5+N"模式,在290个街乡普遍建立了实体化综合执法中心,引导城管、公安、交通、消防、工商、食品药品监管等部门执法力量到街道办公。

(四)坚持共商共建共治共享,拓展"报到"服务的参与面

多元治理主体间结构化社会关系,决定了必须坚持共建共治的治理思

路,充分调动街乡部门、驻区单位和社会力量协同共治。一是搭建平台,凝聚多元治理主体合力。为广泛吸引多方力量参与治理,东城区推进社区、社会组织、社会工作"三社联通",搭建了纵向到底的"区、街、社区"三级网格一体化工作平台及横向到边的政府、市场专业力量、社会组织、社区、居民"五方联动"的治理格局。二是积极引导党员参与社区建设。北京市依托"党员E先锋"网络平台,组织相关单位的在职党员回社区报到服务。三是发挥新型经济组织和社会组织在基层治理中的作用。通过政府购买服务等方式,用好新兴领域治理资源是推动社会力量共建共治的内在要求。北京市工商系统把分散的"小个专"企业和商户聚拢在一起,夯实了基层治理力量。四是实施"双向"沟通机制,创新共建方式。为促使基层自治组织与驻区单位在社区建设中实现"双向"沟通,北京市围绕资源、需求、项目等清单,实现双向需求征集、双向沟通协商、双向提供服务、双向压实责任、双向考核评价。

(五)完善"吹哨报到"响应机制,激活基层治理"神经末梢"

新时代影响社会治理体系和治理能力现代化的最关键因素是体制机制问题。为办好群众的烦心事操心事,就应着力从体制机制创新上破解街乡管理顽症,引导街乡干部深入一线,精准有效地破解基层治理难题。一是完善"街巷长"机制。街长一般由街道处级干部兼任,巷长一般由街道科级干部和站所负责人兼任。北京市深化了"日巡周查月评季通报"机制,加强对街巷长的考核。二是建强"小巷管家"队伍。北京市进一步明确"小巷管家"工作职责、工作流程,扎实推进"小巷管家"典型经验制度化工作。三是加强社工队伍管理。东城区加强对社区工作者队伍的管理和激励,深化社区"匠心工作坊"建设,试点打造了优秀社区党组织书记工作室,推行了社区全面服务制。四是整合协管员队伍。北京市建立了市级总体统筹、区级部门招录培训、街道统筹管理使用的协管员队伍管理机制,加强了协管员队伍管理。五是建立专职社区专员制度。社区专员具体负责沟通协调、组织发动、检查督促,帮助社区协调解决困难和问题。六是推动"吹哨报到"向社区延伸,提升社区服务功能。北京市坚持开展社区减负行动,坚持做实做优社区,建立社区准入联席会议制度,推广"离案式"、走动式工作法,实施社区全响应服务制。

(六)坚持科学运用新技术,夯实街乡治理信息化支撑

新技术的快速发展,迫切要求促使其与社会治理深度融合,实现社会治理的智能化。一是充分运用新的技术手段,积极创建智慧城市。相对于过去的电子政府而言,在社会治理中智慧城市更强调互联网、物联网的综合运用。北京市科学运用"互联网+"、大数据等新技术,加大对智慧城市建设的整体规划,加强城市基础设施智慧化管理与监控服务。二是给城市治理赋予智能,推进城乡"多网"融合发展。构建以智能化为核心的基层社会治理系统,探索"大数据+网格化"的工作新模式,是适应新技术发展的必然要求。北京市依托"北京通"等重点工程,推进城市管理网等"多网"融合发展和社区公共服务综合信息平台建设,有效采集交通、环保、房屋管理和综合执法等数据并进行综合智能化分析,实现了网上吹哨、报到一体化运行。

三、"街乡吹哨、部门报到"的经验启示

北京市实施的"吹哨报到"改革,是新时代加强和巩固党的执政基础的创新实践,是强化为人民服务宗旨意识的生动写照,充满着推进治理能力和治理体系现代化的新时代气息,具有强烈的创新引领性和示范推动性,为新时代推进基层社会治理创新积累了宝贵经验。

(一)坚持以人民为中心,不断满足人民日益增长的美好生活需要

新时代我国社会的主要矛盾转变为人民日益增长的美好生活需要和不平衡不充分的发展之间的矛盾。社会主要矛盾的变化,迫切要求在推动基层社会治理中秉持以人民为中心的理念,把服务和造福群众作为出发点和落脚点。一是坚持面向群众的原则,走好新时代的群众路线。在基层治理中,要坚持民有所呼、我有所应,切实聆听群众诉求,请群众参与,让群众评判,把群众知晓、群众参与、群众满意度作为工作的出发点和落脚点;要依靠群众、发动群众,使人民群众成为发现问题的眼睛和解决问题的帮手。二是要解决人民群众的多层次需求,使广大人民群众拥有更有保障、可持续的获得感幸福感安全感。人民对美好生活的向往,是党的奋斗目标。新时代坚

持以人民为中心加强和创新社会治理,要顺应人民群众日益增长的美好生活需要,通过全面深化改革和改善民生,增强人民获得感;通过合理有效的分配制度和社会保障制度把"蛋糕"分好,努力推进基本公共服务均等化,不断促进社会公平正义,提升人民幸福感;要把人民群众生命安全放在第一位,以安全社会建设增强人民安全感。

(二)坚持以党建为引领,把党的领导和党的建设贯穿基层治理全过程

通过党建引领基层社会治理,能够对市场、政府、社会等治理力量进行一种宏观安排,深化整合多元治理主体。新时代要深化党建引领,坚持改革推进到哪里、党建工作就跟进到哪里,不断探索和创新城市治理体系,夯实基层社会治理的组织保障。

一是以"前置"为关键,突出思想引领。各级党委要把统一全局思想认识的关口前靠,要通过广泛开展"大学习、大调研、大讨论"活动把思想政治工作前移,把党的政治和组织优势转化为基层治理优势,着力提升基层党组织的领导力和组织力。

二是以"优化"为重点,调整基层党组织设置,实现党的一切工作到支部。各级党委要紧紧围绕突出政治功能的要求,优化基层党组织设置,完善基层党建的组织架构,有步骤、有计划地把社区党组织、驻区单位党组织、非公有制经济党组织及社区综合治理等统揽起来。同时,新时代要加强党支部规范化建设,必须结合街道大部制改革要求,同步调整机关党支部设置,同步配齐机关党务工作力量,同步完善机关党建工作责任制,同步跟进机关党的建设,建立功能型党支部,并在重点工作与重大项目中采取联合组建方式建立临时党组织,在应急处置工作中建立党员突击队、应急队,着力提升党的组织和工作覆盖质量。

三是整合区域党员力量,强化区域统筹,探索创新区域化党建工作模式。新时代要开展基层党组织和在职党员"双报到"工作,健全属地和驻区单位在基层治理与街乡建设中的"双向"沟通机制;健全区、街道、社区三级党建协调委员会组织架构,建立联络员制度,汇聚基层治理的党建工作合力,实现基层党建齐抓共管良好格局,强化统筹权威和治理效能。

（三）坚持以问题为导向，着力破解群众反映强烈的突出问题

随着改革的深化、经济社会的发展，基层社会治理面临的问题越来越复杂，矛盾越来越突出。新时代推进社会治理创新，要把坚持问题导向、解决突出问题贯穿于工作始终，以破解人民群众反映强烈的问题为抓手。

一是遵循面向问题的原则，强化问题意识。在社会治理实践中遵循面向问题的原则，必须树立到一线解决问题的工作导向，对基层社会治理中突出的短板弱项要扭住不放、持续用力、逐个解决，确保基层治理取得实效。同时，为避免流于形式，应结合基层治理的实际和特点，具体通过入户走访、召开座谈会、发放征求意见表、暗中摸排等形式，找问题、听意见，并合理确定具体工作方案。

二是着力解决人民群众关心的民生问题。新时代推进基层社会治理，要聚焦关乎人民群众实际生活和现实利益的重要问题，特别是涉及城市管理、环境整治、突发事件、社会矛盾等群众"家门口"的操心事、烦心事，解决好食品药品安全、征地拆迁等事关人民群众利益的问题，解决好人民群众在教育、就业、医疗、住房、社会保障等方面的基本需求问题。保障和改善民生是一项需要长期攻坚的重要工作，没有终点站，只有连续不断的新起点。习近平指出，"抓民生要抓住人民最关心最直接最现实的利益问题，抓住最需要关心的人群，一件事情接着一件事情办、一年接着一年干，锲而不舍向前走"。"天地之大，黎元为先。"当前，应坚持社会政策要托底，织牢民生安全网的"网底"。此外，要把解决群众身边问题的实效性作为检验治理工作的标准，提升人民群众的满意度。

（四）以共建共治为合力，下好基层综合治理一盘棋

新时代加强和创新基层社会治理，必须完善治理机制，改进治理方式，下沉治理重心，促进政府、市场、社会、公众等多种力量共建共治。

一是推动力量下沉，凝聚自治力量。新时代推动基层社会治理创新，要通过体制机制和治理理念的革新，打破条块分割的僵局，整合多方力量参与治理。为此，要把资源、服务、管理下沉到基层，推动相关职能部门力量在街乡聚合；要进一步加强编制保障，配强直接面向人民群众的社区建设部门，

促使社区专员在基层收集民情、反映民需并推动解决。此外，要凝聚居民自治力量，挖掘志愿者组织等社会力量，发挥其在街乡联系群众的特点和优势。

二是发挥市场专业力量承接公共服务和资源配置的作用。新时代要充分发挥市场机制在基层社会治理中的优势，必须创新与完善政府向市场专业力量购买服务的体制机制。其中，政府应以制度和规则制定者、公共服务法定供给者的角色，保障公共服务享受者的权利、机会和规则平等；而"市场机制则以价值规律和市场供求关系为基础的多重理性运行机制，优化公共服务的资源配置"，降低社会成员公共服务成本，提升公共服务的效率、效益和品质。

三是统筹发挥社会组织协同作用。新时代创新基层社会治理，必须坚持以"包容性发展"为中心的发展策略，淡化传统的以管理为目的的行政秩序；完善政府与社会组织合作共建中的购买服务与评估监管，加强社会组织"接得住"的能力建设。此外，要开展社区社会组织品牌化建设，秉持共建共治共享理念，以需求定项目，以项目带组织，以组织促服务。

四是创新街乡议事协商体系，营造"共商共治"氛围。新时代创新基层社会治理，引领街乡协商发展，要按照"党委领导、多元联动、规范协商、共治共享"的总体思路，建立"参与型"社区协商体系，搭建多方参与协商的议事平台，健全完善社区矛盾纠纷化解工作体系，实现社区议事协商工作线上和线下的有机结合，最大化地引导各类社会组织、流动人口等共商共治。

（五）以技术创新为手段，提升基层社会治理信息化水平

大数据时代，发挥技术带来的强大信息采集、分析和协同优势，改革和完善公共服务供给模式，对于创新社会治理机制至关重要。当前，基于大数据构建多元主体协同、信息均衡、数据驱动的智能化社会治理体系已成为基层社会治理创新的显著趋势，新时代推进基层社会治理，必须坚持以技术为手段，推动互联网与社会治理深度融合，实现基层治理的智能化。

一是充分运用互联网技术优势，破解基层社会治理的技术瓶颈，创新基层治理工作机制。大数据以迅雷不及掩耳之势开辟了新时代社会生活和政

府治理的全新场域,展现了社会治理变革的全新维度。当前,要借助新技术优势,逐步实施"互联网 + 政务服务"工程,打造街乡公共服务综合信息平台,强化"一门式"服务模式的街乡应用,为人民群众提供便利高效宜居的现代化生活环境。同时,促使互联网与街乡治理的深度融合,完善网站、微信、微博、热线的服务功能,疏通人民群众参与公共事务与基层治理的渠道。

二是搭建全国统一的党建信息和应用平台,创新"互联网 + 党建"的基层社会治理模式,推进党建信息化的发展进程。当前,应以云计算、大数据为基础,整合各地各领域的基层党组织的网络应用平台,运用互联网、视频多媒体、移动媒体等构建一个互动互联、资源共享、立体互动的党建网络平台,构建与创新"互联网 + 党建"长效运行保障机制。

三是以智能化为方式,着力打造执法数据系统。新时代创新社会治理,要充分运用大数据技术,推进"互联网 + 综合行政执法",采用智能化执法方式提升执法效能。同时,要打造集信息上报、系统研判、综合执法、反馈跟踪于一体的综合化实体平台,将综合执法环节纳入网格精细化管理,同步推进平台信息化建设。此外,要运用大数据技术对基层治理中的不确定事件进行预测和研判,做好风险评估和预防措施,提升预警、预防能力和执法智能化水平。

第二节 案例教学的实施

一、教学对象及教学环境

进行案例教学的两个处级班学员分别是区属职能部门干部和街镇干部,都有一定的基层社会治理的实践经验。

两个班的学员人数都在 40 人左右,但是课程实施场所要选择能容纳 80 人左右的大教室。因为,在案例教学过程中,学员要分组讨论,甚至离座相互交流,教师也要分别深入每个小组进行交流,这就要求教室必须有足够的活动空间。教室内部布置 5 个 10 人一组的 U 型围坐桌,座椅可活动。五张桌子呈五角星的五点分布。这样的布局方便学员讨论案例,也方便教师深入每组参与讨论。

教室配备移动白板、话筒、多媒体等设备。每桌配备讨论用的海报纸、海报笔等记录用文具。

二、确定案例教学目标及时间安排

(一)本次案例教学目标分为两个层次:

1. 知识目标

学员能理解"街乡吹哨、部门报到"的基本内涵、主要做法及现实意义。

2. 能力目标

学员能运用"街乡吹哨、部门报到"的基本精神解决现实工作中的具体问题,并总结提炼出进一步完善"街乡吹哨、部门报到"的主要思路及重点。

(二)制定案例教学时间计划

课程总时长约为 6 个小时以上,其中课前预习 2 个小时以上,课堂 3 小时左右,课后复习 1 个小时以上。

1. 课前时间计划

案例开始前,提前将案例材料发放给学员,要求他们至少预习 2 个小时以上,达到对案例材料比较熟悉的程度。

2. 课堂时间计划

案例教学课堂授课主要分案例导入、小组讨论、班级讨论(各组代表交流发言,其他组提问)、案例总结四部分。

案例导入:30 分钟

分组研讨:50 分钟

班级研讨:60 分钟

案例总结:20 分钟

3. 课后时间计划

要求学员将案例教学重点讨论的三个思考题结合自身工作给出答案,并以书面形式提交。预计三道思考题需要 1 个小时以上的时间才能完成。

（三）划分讨论小组

按工作相关度将学员分组，大约10人一组。

组长产生方式为两种，一种是学号在前的为组长，另一种是推选产生组长，各组自主选择组长产生方式。由组长指定记录员和发言人。

此项工作在案例教学开始前，由班主任或班长负责完成。

三、案例教学的实施过程

（一）案例导入

1. 第一环节

介绍、梳理基层社会治理的基本含义及北京市"街乡吹哨、部门报到"的政策出台背景。结合实际，重点阐释基层治理难题的具体表现，如横向部门合力不足，"五指分散不成拳"；纵向基层力量不强，"看得见的管不了，管得了的看不见"；管理执法衔接不紧，"八个大盖帽管不了一个破草帽"；社会参与程度不高，"政府干着、群众看着，政府很努力，群众不认同"。（10分钟）

2. 第二环节

介绍北京市"街乡吹哨、部门报到"的具体做法及保障措施，"吹哨"主要表现为三种形式，一是围绕群众生活中面临的环境整治、垃圾堆放清理、老旧小区综合治理、街巷停车难，吹好"日常哨"；二是围绕群租房和开墙打洞治理、违法建设拆除、小巷整治提升等重点工作，吹好"攻坚哨"；三是围绕城市道路、地下管线、消防、防汛等应急处置事项，吹好"应急哨"。"报到"的形式主要包括驻区党组织和在职党员"双报到"，执法力量到综合执法平台"报到"，街道干部任街巷长沉到基层"报到"，通过周末卫生大扫除等活动组织党员干部到现场"报到"等。为保障"吹哨报到"，北京市的做法一是明责赋权、优化职能，增强街乡"吹哨"能力；二是建立综合执法平台，推动执法部门到街乡"报到"；三是引导街乡干部深入一线，构建"吹哨报到"快速响应机制；四是拓宽"吹哨报到"的参与范围，调动驻区单位和社会力量共建共治；五是推动"吹哨报到"向社区延伸，激活基层治理"神经末梢"。（15分钟）

3. 第三环节

布置案例研讨思考题,给出答题的参考意见。(5分钟)

参考意见一:小组成员结合各自工作实际积极发言,采用头脑风暴法形成小组意见,推选1~2名成员做代表发言。

参考意见二:分析案例中蕴含的习近平社会治理思想的理论观点。

参考意见三:结合实际,分析案例中可供借鉴的经验启示、落实中有可能存在的困难及未来进一步完善的思路。

(二)小组讨论

1.讨论问题

(1)"街乡吹哨、部门报到"的现实意义有哪些方面?

(2)针对执行中可能存在的困难,如何进一步完善"街乡吹哨、部门报到"?

(3)运用"街乡吹哨、部门报到"的精神,解决基层社会治理中的一个具体问题:某小区是以保障性住房为主的大型居住区,小区内使用电动车的群众偏多,存在电动自行车进楼充电和"飞线充电"、占用消防车通道和疏散通道等一系列问题。如果强行清理,群众不满意;如果不清理,群众的生命安全就会受到威胁。假如您是一名街道书记,请运用"街乡吹哨、部门报到"的文件精神,解决这一基层社会治理难题。

每个小组任选一个问题讨论。组长主持讨论,确保每位学员都有发言的机会。记录员要将发言的主要观点记录下来,并会同组长和发言人将本组的主要观点提炼出来。(50分钟)

2.注意事项

在讨论过程中教师要深入各个小组倾听学员讨论。

教师尽可能不发表意见,主要以巡视和引导的方式为主,维持秩序,引导学生能充分思考和表达个人观点,能认真倾听其他人发言,保证讨论不偏离主题。

教师在讨论过程中要记录下各个小组讨论的基本情况,适当点评。

(三)班级讨论

1.各小组汇报讨论结果

每个小组委派一名发言人将本小组讨论的主要观点汇报给大家,汇报时间控制在 5 分钟左右。

2. 问询

每个小组汇报结束后，教师引导学员对各组汇报内容进行问询，发言人或其所在小组成员要给予答复。（时间控制在 5 分钟左右）

3. 注意事项

教师以主持人的身份出现。其功能与主持人的功能非常相似，主要是把控好汇报和问询的秩序，调节好气氛，控制好时间和节奏，贯穿好流程，保证讨论有序进行。同时，教师要认真记录各小组观点并进行互动点评。

4. 教学效果

锻炼学员表达能力，以及分析问题、提出问题和解决问题的能力。

（四）案例总结

1. 以学员回答、教师记录的方式归纳本次讨论观点

记录归纳侧重在运用"街乡吹哨、部门报到"的文件精神，解决实际问题的思路方面。例如，针对电动自行车充电问题，学员的解决思路有：一是充分调研，了解建设集中充电车棚的可行性以及居民不同的诉求，并形成初步的工作方案；二是街道吹哨，召集消防、电力、住建、公安、规划、发展改革、财政等部门及社区、物业、业委会等共同商议，进一步完善工作方案；三是广泛宣传，运用各种行之有效、生动活泼的方式，使广大居民了解入户充电的危害、隐患及集中充电的必要性；四是通过多种方式募集资金，建设集中充电车棚；五是建立长效机制，维护车棚的正常运行，并监督、制止极个别居民继续入户充电的行为，保证社区居民生命财产安全。

2. 带领学员回顾本次课程涉及的重要知识点

带领学员回顾本次课程的重要知识点，包括"街乡吹哨、部门报到"的内涵、措施、启示，以及下一步完善基层社会治理的基本思路。

3. 点评学员的表现

由教师对学员的表现做出点评。如能够在解决问题中贯彻、践行习近平总书记提出的全周期管理理念；能够考虑到在基层社会治理中体现多元主体的介入；针对具体问题，能够做到兼顾顶层设计与具体措施，做到源头

治理、系统治理；同时在社会治理中如何体现科技支撑及发挥社区党员作用方面还有待提升等。

4.由教师对进一步完善"街乡吹哨、部门报到"的思路进行总结

（1）要进一步发挥党建引领基层治理的作用。党建引领具体体现在：一是政治引领，用习近平新时代中国特色社会主义思想引领基层治理，贯彻落实好习近平总书记重要批示指示精神，基层治理要听党话、跟党走；二是组织引领，加强基层党组织建设，完善街道"大工委"、社区"大党委"制，切实把辖区内各个单位、各类组织的党组织凝聚起来，共商辖区治理重大事项；三是服务引领，也就是指在职党员"双报到"之后，用服务争取民心，服务要用心（换位思考）、用情（服务打动）、用力（合理诉求落实到位、不合理诉求解释到位、有困难的帮扶到位）。

（2）要进一步提高各级领导干部的综合素质。做好"街乡吹哨、部门报到"，对属地管理部门及属事管理部门的领导干部都提出了新的更高的要求：一是必须要有坚定的理想信念和过硬的宗旨意识，真正认识到群众利益无小事，努力做到全心全意为人民服务；二是必须要有敢于担当、主动作为的精神，敢挑重担，敢于决策；三是不断提升领导能力和工作本领。

（3）要进一步完善各项保障措施。包括完善激励机制、完善部门间权责划分、完善监督机制等。

第三节　案例教学效果的评估

一、学员的学习效果评估

通过学习研讨，学员普遍反映收获显著，体现在"街乡吹哨、部门报到"的现实意义、后续完善思路及具体运用等方面。

（一）充分认识到"街乡吹哨、部门报到"的现实意义

通过研讨，大家总结"街乡吹哨、部门报到"的现实意义有如下方面：

1.从价值取向看，体现了党中央以人民为中心的发展思想

（1）发展是为了人民。党的十八大以来，以习近平同志为核心的党中央坚持以人民为中心的发展思想，多谋民生之利，多解民生之忧，让人民从国家的发展中有更多的获得感。针对基层治理重心偏高、管理执法衔接不紧、群众参与渠道不畅等问题，海淀区在"街乡吹哨、部门报到"的整个改革实践中，顺应海淀区经济社会发展及基层治理的需求，将原来区政府有关部门的职能和权力下沉到街镇，"民有所呼、我有所应"，及时有效地解决群众的困难和问题，提升基层服务管理效能，发挥街镇治理的主动性，实现基层高效、精准的治理。同时，通过党建引领基层社会治理创新，最大程度地激发民力，致力于构建共建、共治、共享的基层社会治理格局，体现了党中央发展为了人民、发展依靠人民、发展成果由人民共享的思想。

（2）发展要依靠人民。人民群众是发展的主体，也意味着社会治理、城市发展需要群众的共同参与。全面做好基层治理不仅仅是党委、政府唱"独角戏"，而是要广泛地调动街镇各种社会力量和居民的积极性和创造性。海淀区在"街乡吹哨、部门报到"改革中，除了落实市委、市政府"街乡吹哨、部门报到"的改革要求，还结合海淀区基层治理实际，创造性地提出了"地区鸣笛、家家出力"的新举措，不仅街镇向上级政府部门"吹哨"，政府及时回应和解决群众的困难和问题，而且"地区鸣笛、家家出力"就是强调在解决基层群众问题的时候要发扬民主，广泛汇聚民智，最大程度地激发民力，形成人人参与、人人尽力、人人都有成就感的生动局面，构建共建、共治、共享的基层社会治理格局。

（3）发展的成果人民共享。习近平指出，共享是全面地共享。当前，人民群众对"物质文化生活的需要"已经转化为对"美好生活的需要"。也就是说，共享不仅是物质层面和经济方面的共享，也包括对社会建设、文化建设、生态建设等方面成果的共享。海淀区"街乡吹哨、部门报到"的改革正是顺应了人民群众从物质层面需求向高品质生活转型的需求，对于一些城市建设滞后的街巷，通过"街区责任规划师"的工作，补充和完善城市生活功能，将城市管理向街巷胡同延伸；通过"街巷长制"的全面落实、"大城管体系"的有效运行等改革，在城区全面推进精细治理、有效治理、科学治理，满足群众对高品质生活的需求,让人民群众能真切地"享有幸福安康的生活"。

2.从实践发展来看,推进基层社会治理现代化

推进基层社会治理现代化主要体现在如下方面:

(1)系统化治理。我国的经济改革取得了重大成就,人民群众的需求层次向高品质、高质量生活转化。也就是说,群众的需要是整体的、全面的。针对现有的治理机制存在分割化、碎片化现象,以及部门工作存在"缺位""错位"和"越位"现象等问题,"街乡吹哨、部门报到"改革的最大特点就是系统化地推进改革,努力克服部门条状管理和基层块状管理的分离,整合了部门资源,形成服务和管理的合力,及时有效地解决基层群众多元化多层次需要的满足问题。

(2)精细化治理。习近平在2017年3月5日全国人大会议期间参加上海代表团审议时强调,城市管理应该像绣花一样精细。海淀区在基层社会治理改革创新中,针对背街小巷在设计和管理上被忽视的问题,推进"街巷长制"。从本质上来看,"街巷长制"是对网格化治理的重要补充和发展,最终实现基层城市治理的全覆盖。海淀区创造性地推进"街区责任规划师"试点工作,解决以往城市整体规划设计中街道一级被忽视的设计规划断层问题,不断提升城市精细化治理水平。

(3)智能化治理。党的十九大提出,要提高社会治理的智能化水平,就是针对当前有关部门信息的碎片化、条块化、人力和运行成本高、快速反应能力不足等问题对社会治理创新提出的新要求。社会治理智能化,就是在网络化和网络平台基础上,运用大数据、云计算、物联网等信息技术,使社会治理能够更加精准分析、精准服务、精准治理、精准监督、精准反馈,能更好地服务不同社会群体,更有效地管理好国家和社会的公共事务,在社会治理方式上实现革命性的变革。"街乡吹哨、部门报到"改革中,海淀区城市服务管理指挥中心融合运用"人工智能+物联网+视频图像"的方式,打造全感知、全互联、全分析、全响应、全应用大城管综合指挥平台,形成城市管理"数据云"。现代化信息技术的运用提高了城市治理的科学化水平。

(二)研讨"街乡吹哨、部门报到",党建引领基层社会治理的后续努力

方向

学员普遍表示,"街乡吹哨、部门报到"改革,为首都北京探索出一条符合超大城市特点和规律的党建引领基层社会治理新路径。下一步,还需在以下方面继续下功夫。

1. 党领导基层社会治理要体现针对性,必须聚焦群众需求

党领导基层社会治理,必须坚持以人民为中心的发展思想,针对群众需要和诉求,依靠基层的办法解决基层的问题,"原汤化原食",牢固树立向基层报到、向群众报到、到基层一线解决问题的导向,真正实现"民有所呼、我有所应"。各级党组织的服务意识强不强、基层治理成绩怎么样,人民群众的获得感是最好的一杆秤。据统计,"街乡吹哨、部门报到"实施近一年的时间内,全市 12345 热线市民对政府工作肯定表扬的来电数量同比上升 17.37%。超过九成居民对"开墙打洞"、无证无照经营和老旧小区整治表示满意。这些成绩既是"吹哨报到"的成效,更是党领导基层社会治理针对性的体现,为今后深化改革指明了方向。

2. 党领导基层社会治理要体现主体性,必须凸显党组织核心作用,有效凝聚各类社会主体

党的十九大报告强调,在基层社会治理中必须突出基层组织、基层政府、社会组织、非公经济组织和广大群众等各类主体的地位,抓住党组织领导基层社会治理主线,形成和完善以党组织为核心、多主体共同参与的社会治理体系,发挥好各类主体的功能和作用。在"街乡吹哨、部门报到"中,要解决的问题大多数是难啃的"硬骨头",正是因为坚持了党组织领导基层治理这条主线,凝聚各类主体共同参与,才推动了问题更加有效地解决和基层社会治理的创新发展。

3. 党领导基层社会治理要体现时代性,必须确立精治、共治、法治的风向标

党的十九大报告指出:"经过长期努力,中国特色社会主义进入了新时代,这是我国发展新的历史方位。"习近平总书记在视察北京时强调,要处理好都与城、舍与得的关系,城市管理要像绣花一样精细。这些论述,既为我

们做好新时代首都城市管理工作提供了根本遵循,也为我们树立了党领导基层社会治理的风向标。"街乡吹哨、部门报到"改革,要紧紧抓住新时代社会主要矛盾,通过体制机制创新,不断提升首都基层社会治理的精细化水平,推动基层社会治理朝着精治、法治、共治的轨道持续前进。

4. 党领导基层社会治理要体现系统性,必须坚持科学谋划、条块协同,形成整体效应

党领导基层社会治理是一项系统工程,既要发挥党组织把关定向和统筹协调作用,又需要各职能部门协同作战、各类社会力量广泛参与,共同解决"五指分散不成拳""八个大盖帽管不了一个破草帽""看得见的管不了、管得了的看不见"等社会治理难题。加强党领导基层社会治理,必须加强顶层设计,牢牢牵住党建引领街乡管理体制机制创新的"牛鼻子",坚持系统谋划、整体推进,把街乡和部门拧成"一股绳",实现条块协同、双向用力,不断扩大党领导基层社会治理的整体效应,形成以党组织为核心的多元参与地区治理体系,进一步完善党领导基层社会治理的新路径。

二、学员对教学模式和教学内容匹配度的评价分析

坚持和完善共建共治共享的社会治理制度是推进国家治理体系和治理能力现代化的重要组成部分。这一主题一般都是以理论讲授的形式开展教学活动的。以案例教学这种开放式、互动式的教学模式开展教学活动是否会得到学员的认可呢?在课后与学员的沟通和交流中,绝大多数学员认为案例教学形式与完善基层社会治理的内容是非常匹配的,在课后还有很多学员继续对课堂上的案例进行深入交流讨论。由此可见,这堂案例教学课程在学员中是非常受欢迎的。

三、学员的学习遗憾分析

在课后的交流中,有在职能部门工作的学员表示,对基层社会治理的理论储备及实践经验不足,使得在小组研讨中深入的程度不够;还有学员表示,要是能将案例教学与现场教学结合起来,学习效果一定会进一步提升。

四、课堂互动影响因素分析

课堂互动的形式包括教师与学员间的互动、学员与学员之间的互动等。有学员在课后的反馈中表示，希望互动能够进一步深入，包括教师对学员提出思路的可操作性、可行性进行更深入地点评及在职能部门与街乡工作的学员之间应进一步加强互动。

第十三章
培育和弘扬社会主义核心价值观必须立足中华优秀传统文化
——以南开大学在传承中华优秀传统文化中培育时代新人为例

党的十九大报告强调,应深入挖掘中华优秀传统文化蕴含的思想观念、人文精神、道德规范,结合时代要求继承创新,让中华文化展现出永久魅力和时代风采。习近平总书记在党的十九大报告中对坚定文化自信,推动社会主义文化繁荣兴盛创造性地提出了一系列新思想、新观点和新要求。习近平总书记指出:"中华优秀传统文化已经成为中华民族的基因,植根在中国人内心,潜移默化影响着中国人的思想方式和行为方式。今天,我们提倡和弘扬社会主义核心价值观,必须从中汲取丰富营养,否则就不会有生命力和影响力。"深刻理解习近平总书记关于文化建设重要论述的民族性和人民性具有十分重要的意义。高校是中国特色社会主义文化建设的重要阵地。大学生是国家的希望、民族的未来,他们在高校学习深造的过程中思想道德体系逐步形成。南开大学的"创新实践"对于加强高校文化建设阵地建设,对在大学生群体中培育社会主义核心价值观,凝聚大学生的共同价值追求具有非常积极的意义。

教学目标是所有教学活动的核心,它不仅决定着可以设计哪些教学行为,也是评估教学成果的重要依据。本次案例教学课程的教学目标如下:

1. 知识目标

学员进一步理解习近平总书记关于"培育和弘扬社会主义核心价值观必须立足中华优秀传统文化"的重要论述。把握社会主义核心价值观和中华优秀传统文化的逻辑关系。了解南开大学构建创新模式的背景与做法。

2. 能力目标

学员能运用"南开大学创新模式"中蕴含的习近平关于文化建设的新思想来分析和解决现实中弘扬社会主义核心价值观所面临的新问题;在分析问题中更加深刻领会"培育和弘扬社会主义核心价值观必须立足中华优秀传统文化"的必要性和可行性,进一步守正创新;在讨论中提升沟通协调能力,破除部门壁垒,增进各自所在高校之间的密切联系。

3. 情感目标

学员在分析过程中坚持正确、清晰的价值观念,更加强化对习近平总书记"培育和弘扬社会主义核心价值观必须立足中华优秀传统文化"的重要论述的情感认同;学员能在现场教学和分组研讨的过程中,更加密切彼此间的协作,增强团队合作意识与自我管理意识。

第一节　案例材料选取与案例教学实施

以《在传承中华优秀传统文化中培育时代新人——南开大学"经典品读、名师传授、实践养成"育人模式的创新实践》为案例材料的教学实践为例,分析案例教学实施的全过程。本次案例教学课程实践的对象为高校校长高级研修班的学员。使用的案例来源于中共中央组织部组织编写的《贯彻落实习近平新时代中国特色社会主义思想、在改革发展稳定中攻坚克难案例·文化建设》一书。案例教学的内容紧紧围绕习近平总书记关于"培育和弘扬社会主义核心价值观必须立足中华优秀传统文化"的重要论述,分析研讨南开大学"经典品读、名师传授、实践养成"育人模式的主要做法和经验启示,为以校长为主体的教学对象在日常工作中推广经验、创新实践提供了学习平台。

一、案例材料的选取

(一)选择合适的案例材料

这堂案例教学课程所选取的案例材料是《在传承中华优秀传统文化中培育时代新人——南开大学"经典品读、名师传授、实践养成"育人模式的创新实践》,具体内容如下:

在传承中华优秀传统文化中培育时代新人

——南开大学"经典品读、名师传授、实践养成"

育人模式的创新实践

【引言】2014年2月24日,习近平总书记在十八届中央政治局第十三次集体学习时强调,培育和弘扬社会主义核心价值观必须立足中华优秀传统文化。牢固的核心价值观,都有其固有的根本。抛弃传统、丢掉根本,就等于割断了自己的精神命脉。博大精深的中华优秀传统文化是我们在世界文化激荡中站稳脚跟的根基。中华文化源远流长,积淀着中华民族最深层的精神追求,代表着中华民族独特的精神标识,为中华民族生生不息、发展壮大提供了丰厚滋养。

【摘要】在传承和弘扬优秀传统文化的过程中教育引导广大青年学生做社会主义核心价值观的坚定信仰者、积极传播者、模范践行者,不断提高学生的思想水平、政治觉悟、道德品质、文化素养,培育担当民族复兴大任的时代新人,是当前高校思想政治工作面临的重要课题。

党的十八大以来,南开大学聚焦立德树人的根本目标,积极探索社会主义核心价值观的"南开表达",在"营造浓厚氛围、筑牢培育根基、搭建载体平台、拓展实践路径、传播文化名片"等方面持续探索创新;通过"高雅艺术进校园""南开文化周末""南开公能讲坛"等教育专题,探索出具有南开特色的"经典品读、名师传授、实践养成"优秀传统文化育人模式,有关经验做法先后四次入选全国高校"礼敬中华优秀传统文化"十大示范项目、特色展示项目。南开大学为学生创造学习感悟中华优秀传统文化的浓郁氛围和丰富平台,引导新时代青年学生自觉传承民族精神基因、铸牢中国文化自信,值得借鉴推广。

【关键词】社会主义核心价值观 中华优秀传统文化 南开大学

1. 背景情况

如何进一步深入挖掘中华优秀传统文化蕴含的思想观念、人文精神、道德规范,并结合时代要求加以传承和创新;如何以青年学生喜闻乐见的方式传播中华优秀传统文化,使他们在潜移默化的文化滋养过程中深刻理解中华优秀传统文化的精神要义,以中华民族最深层的精神追求作为个人成才报国的强大精神力量,自觉做社会主义核心价值观的坚定信仰者、积极传播者、模范践行者……这些问题始终贯穿于高校思想政治教育的理论阐释和育人实践过程中,需要不断加以探索和创新。

党的十八大以来,南开大学坚持把培育和践行社会主义核心价值观融于大学文化建设,立足中华优秀传统文化,在立德树人过程中着力探索和挖掘社会主义核心价值观的"南开表达",陆续开展了一系列主题活动:2014 年推出"学向经典,行在当下"中华优秀传统文化育人项目;2015 年推出"至诚至善致青春"培育和践行社会主义核心价值观教育活动,以及"全民阅读在南开,公能书香飘全球——南开大学积极推广全民经典阅读"项目;2016 年推出"习文思辨以明礼 诵史通今爱家国"培育和践行社会主义核心价值观主题教育活动;2017 年推出"立德修身,立公增能,立志报国"社会主义核心价值观主题教育活动;2018 年推出"牢记嘱托,勇担使命,做爱国奉献、公能兼备的时代新人""重温习近平总书记重要回信精神,厚植爱国主义情怀""弘扬爱国奋斗精神、建功立业新时代"等多个主题教育活动;2019 年推出"小我融入大我,青春奉献祖国"主题教育活动。通过系列活动的展开,南开大学着力在温故知新、教学相长、学以致用三个层面做实、做新、做好社会主义核心价值观主题教育,发挥师生主体作用,强化广泛动员和主动融入,实现涵养心灵、浸润思想、陶冶情操、提升境界、丰富生活,使社会主义核心价值观内化为学生的精神追求,外化为爱国奋斗的实际行动。

2. 主要做法

南开大学将特色鲜明的校训校史文化、人文学科优势与中华优秀传统文化相融合，充分整合利用优秀传统文化的育人资源，通过集"经典品读、名师传授、实践养成"于一体的育人模式，立足名师引领和朋辈辅导两个路径，激发学生研习优秀传统文化的积极性主动性。通过各种教育教学活动的开展，推进学生准确把握中华优秀传统文化的深刻内涵，准确把握中华优秀传统文化与社会主义核心价值观的契合之处，把跨越时空的思想理念、价值标准、审美风范转化为学生的精神追求和行为习惯。

（1）经典品读，让学生深刻感受中华优秀传统文化的博大精深。南开大学加强立德树人浸润式平台建设，注重在校园中营造书香浓郁、古典雅致的文化氛围，让中国古典艺术瑰宝、优秀传统文化典籍成为校园生活的重要组成部分，在耳濡目染中培养学生对中华优秀传统文化的兴趣。

一是从新生抓起，培养其研习优秀传统文化的兴趣。在每年给新生寄去的录取通知书中，南开大学校长都会在"新生寄语"一栏中将《大学》《论语》《孟子》《唐诗三百首》《宋词选》《古文观止》《三国演义》《红楼梦》等国学经典书目推荐给新生，引导新生利用开学前的一段时间阅读经典，撰写读书心得。开学后，各学院会集中组织新生开展"品读国学经典"读书分享会。2016年起，学校在新生入学前组建了线上读书分享群，同学之间虽然未曾谋面，却已经开始相互荐书并交流读书心得了。

二是以多彩多样的校园活动丰富学生认知。依托"南开文化周末""高雅艺术进校园"等平台，邀请国家京剧院、国家京剧三团、中央民族乐团、中国雷琴研究会、浙江小百花越剧团、天津民族乐团、天津芗兰昆曲剧团等传统文化院团以及著名表演艺术家走进南开，展现传统文化艺术风采。仅以"南开文化周末"为例，党的十八大以来，已举办京剧、越剧、昆曲等中华曲艺类高水平演出20余场，师生参演人数超过300人次，观众累计超过6000人次。

三是用优秀传统文化滋养塑造学生的灵魂和人格。南开大学发挥首批全国普通高校中华优秀传统文化传承基地的优势，通过多部门协作，尝试以生动活泼的传授形式展现传统艺术所承载的中华美学精神、道德理想、人生哲理,激发南开学生研究民族优秀传统文化的兴趣与动力。近年来,在学生中培养出一大批具有较高艺术水准的欣赏者、研究者、表演者。南开大学学生合唱团创作并排练的《精忠报国》《花木兰》等展现民族气节的经典佳作屡获国际大奖;"古韵今声"中华古典诗词大赛构建起"上下联动"的运行模式,让校园文化活动与学生需求"无缝对接";"中华优秀传统文化教室博物馆"以中华饮食文化、中华武术、中华琴棋书画艺术和中华医药等主题布展面向全校师生开放,开展多国语言讲解……在日复一日、年复一年的熏陶教育下,南开学生对中华传统艺术愈发熟识、喜爱,学生相声社团、京剧社团等传统文化类社团每年都吸引众多学生报名参加。

（2）名师传授,让学生熟悉、掌握中华优秀传统文化的深刻内涵。南开大学加大对优秀传统文化类课程的支持力度,通过课堂教学深入讲解中华优秀传统文化的深刻内涵,引导学生秉持客观、科学、礼敬的态度,对传统文化进行深入学习。

一是发挥第一课堂的主阵地作用。学校专门开设书法与篆刻、中国古籍知识与文化、诗词格律与欣赏、中国象棋等数十门传统文化公选课,加强学生的优秀传统文化教育。面向校内外公开"招标"文化通识课程,面向广大校友开展"我为母校捐课程"活动,鼓励优秀传统文化教育资源流向大学课堂。2017年,南开大学与天津市文化广播影视局共同开设"非物质文化遗产的保护与传承"课程;课程汇集了剪纸、年画、蓝染、瓷、古琴、法鼓、四时节令与传统医药、传统武术、茶道、花道、古书画装裱修复、青铜器修复、古钟表修复等代表性项目。依托该课程开展了"非遗南开——故宫文化月"活动,邀请多位国内知名专家来校讲课,从历史、社会、文化、技术、传播等多元的角度,提高学生对于文化现象的纵横思考能力。据统计,近年来,南开大学每学期开设文化类选修课约80门次,其中涉及中华优秀传统文化类课程40门次,每15门选修课中就有1门在讲授中华优秀传统文化,每学期选修人数逾2000人次。依托南开大学中华古典文化研究所、书画艺术与美学研究中心、东方艺术系等机构,立足学科交叉整合,对中华传统美德、传统文化教育、诗词书画等展开专题研究,为中华优秀传统文化教育提供理论支撑,用中华优秀传统文化的智慧和思想,解读、阐释社会主义核心价值观。

二是邀请校内外名家名师讲授中华优秀传统文化。每年新生入学后,南开大学讲席教授叶嘉莹先生都会在"初识南开"讲座中,带领新生共同感受古典诗词之美。搭建"南开公能讲坛""传统文化大讲堂"等育人平台,邀请南开大学文学院陈洪教授谈"周易中的人生智慧",邀请天津音乐学院教授、笛箫演奏家王建欣谈"礼乐中国——传统中国人的礼乐观",邀请天津美术学院教授、美术史论专家、国画家何延喆谈"北宗烟雨——来自禅的中国画流派",邀请"泥人张"等非物质文化遗产传承人开展文化漫谈,进行泥塑、篆刻、剪纸等传统艺术的欣赏与指导……一系列名家讲座的举办,提高了学生的文化修养,增强了他们的文化自觉和文化自信。

三是联合兄弟高校扩大中华优秀传统文化影响。2014年,南开大学主办全国高校"传统文化与大学教育"高层论坛,来自北京大学、清华大学、复旦大学等40所高校的教育工作者出席会议。与会学者联合发出弘扬中华优秀传统文化的倡议,强调传统文化是文化传承与再造弥足珍贵的资源,是民族复兴与国家崛起必不可少的精神保障;倡导对文化传统进行全面的分析梳理,萃取其精华,在现代语境下激活;探讨其与世界各民族文化的兼容途径,并积极主动参与面向学生的文化传承活动,通过切实的示范和引导,使中华优秀传统文化滋养学生心灵。

(3)实践养成,让学生充分汲取中华优秀传统文化的行动力量。南开大学持续深入开展社会主义核心价值观主题教育活动,以具体鲜活的实践载体,让中华优秀传统文化看得见、摸得着,让学生通过切身参与,在审美过程、实践过程中获得愉悦、感受魅力。同时,学校注重在传统佳节和国家重大节庆活动中体现仪式感、庄重感、荣誉感,彰显中华传统礼仪文化的时代价值,增强国家认同、民族认同、文化认同。

一是注重将中华传统文化传承教育与实践活动紧密结合。近年来,南开大学将中华优秀传统文化教育融入暑期社会实践和主题党日(团日)等活动中;依托国学社、诗词楹联协会、书画协会等学生社团,利用中华传统佳节和国家重大节庆活动开展传统文化实践活动。举办"中华诵"经典诗歌朗诵会、成语大赛、国际文化交流周、汉服设计大赛等富有时代气息的传统文化活动，为学生体验优秀传统文化搭建平台。以端午、中秋、重阳等传统节日为契机，通过组织包括留学生在内的广大学生参与手包粽子、制作月饼、登高赏菊等实践体验活动，将"爱国""感恩""团圆""孝行"等传统美德教育融入其中。学校还充分利用国庆节、校庆日、周恩来总理入学纪念日、一二·九运动纪念日、清明节、端午节、中秋节等教育时机，结合建党95周年、工农红军长征胜利80周年、五四运动100周年、新中国成立70周年等重大时间节点，通过讲校史、唱校歌、诵校训、戴校徽、鸣校钟，开展学习党史国史、祭扫先烈等系列主题实践活动。依托评选"伯苓班""周恩来班""周恩来奖学金"等庄严仪式和重要活动，赓续传承南开"爱国、敬业、创新、乐群"的光荣传统。

二是探索师生"同学同研同行同讲"实践育人模式。近年来重点实施了"坚定中国信仰""牢树中国自信""扎根中国大地""讲好中国故事"四个实践专项。每年寒暑假都会有百余位教师、数千名学生奔赴各地，开展中华历史文化寻访、中华优秀传统文化传承保护、社会主义核心价值观教育专题调研，以及老少边穷地区支医、支教等丰富多彩的社会实践活动，以"同学同研"促师生互动和教学相长，以"同行同讲"促学以致用和服务中国。

三是把"公能"校训作为社会主义核心价值观的"南开表达"。在百年办学实践中，南开大学形成了心系国家、服务社会的爱国传统，凝结成"允公允能，日新月异"的南开校训。学校将"公能"校训中"公"的内涵阐释为致力富强、民主、文明、和谐的家国情怀，追求自由、平等、公正、法治的社会理想，涵养爱国、敬业、诚信、友善的人生操守；将"公能"校训中"能"的内涵阐释为修身报国、服务社会、践行"公"之价值观的能力。将"日新月异"的校训内涵解读为追求和践行"公能"过程中坚持与时俱进、开拓创新。这一社会主义核心价值观的"南开表达"已广泛而深刻地融入南开大学的各项育人实践中，成为指导学校办学、规范师生品行的准则。2019年1月，南开大学八里台校区被天津市委、市政府命名为爱国主义教育基地。学校制订建设方案，选定若干特色点位线路,培养一批优秀宣传宣讲员,推出若干新媒体呈现平台,打造了点、线、面结合,人、事、物融汇,国、城、校贯通,精、气、神凝聚的爱国主义教育基地格局。八里台校区已经成为对南开师生和社会各界干部群众进行理想信念教育和爱国主义体验教育的重要阵地。南开"公能"校训、百年南开校史与培育和践行社会主义核心价值观实现了更深层次的衔接与融合,社会主义核心价值观的"南开表达"在更大范围发挥了铸魂育人作用。

"经典品读、名师传授、实践养成"育人模式,从"知情意行"各个环节共同推动培育和践行社会主义核心价值观。该模式经过多年探索,已经产生了良好效果。调查显示,党的十八大以来南开学生思想主流持续积极、健康、向上,高度认同和拥护党的领导、马克思主义的指导地位、社会主义核心价值观,97.8%的学生对党和政府所做的有关工作给予充分肯定,对我国未来发展前景充满信心;95.42%的学生认为"大学生应当成为社会主义核心价值观的坚定信仰者、积极传播者、模范践行者"。

3.经验启示

南开大学"经典品读、名师传授、实践养成"育人模式的实践经验说明:继承和弘扬社会主义核心价值观要坚定正确办学方向,要牢牢扎根于学校历史文化基因,要坚持"课堂教学、校园文化、社会实践"的融会贯通,要发挥学生主体作用,要深入挖掘校史校训在与优秀传统文化相融合、与时代发展要求相结合过程中的育人价值。

(1)培育社会主义核心价值观,是高校坚持正确办学方向的重要内容。高校从来不是远离社会的"象牙塔",而是各种思想文化激烈碰撞的场所,是意识形态导向鲜明的阵地堡垒。只有用社会主义核心价值观引领师生,才能让有文化、有知识的高校群体坚定理想信念、保持良好情操,让高校成为先进思想文化的创造者引领者,进而在全社会发挥影响、示范和带动作用。高校要牢牢把握社会主义大学的办学宗旨,始终坚持正确的办学方向,用习近平新时代中国特色社会主义思想铸魂育人,把党的领导融入办学治校、教书育人的各环节。要弘扬社会主义核心价值观,依托国家的主流价值目标、价值取向和价值准则统领办学发展、支撑人才培养;依托中华优秀传统文增强师生"四个自信",充分彰显中国特色社会主义高校的鲜明特色,探索凝练富有时代气息和深刻内涵的中国特色大学精神。

(2)培育社会主义核心价值观,要善于从学校文化基因中汲取力量。每所高校都有其独特的建校办学历史,都是因国家和社会发展需要而生。高校要积极挖掘自身办学传统与文化特质,以学校历史文化为载体,把社会主义核心价值观的培育和践行融入学校的教育改革发展、融入大学精神培育、融入校园文化建设。要始终将特色鲜明的学校历史文化传承贯穿其中,向学生传递学校与国家民族同频共振的价值取向和文化自觉,使学生全面获取校园文化的滋养和爱国主义精神的熏陶。

(3)培育社会主义核心价值观,要自觉坚持"课堂教学、校园文化、社会实践"融会贯通。立足中华优秀传统文化,培育社会主义核心价值观,首先就要让学生熟知中华优秀传统文化的形式、特色以及影响力。培育社会主义核心价值观必须从细处着眼、从细节入手,不断提高优秀传统文化的浸润程度,提升社会主义核心价值观教育的亲和力和实效性。高校要注重统筹发挥课堂教学、校园文化、社会实践、日常管理等多渠道育人功能;要注重教育活动的学生参与性与互动性,通过教育引导、舆论宣传、文化熏陶、实践养成、制度保障等,不断夯实社会主义核心价值观教育基础。

(4)培育社会主义核心价值观,要自觉尊重学生实际需求和学生主体作用。高校在培育社会主义核心价值观过程中必须注重创新方式,善于运用学生喜闻乐见的方式,搭建学生便于参与的平台,开辟学生乐于参与的渠道,紧扣学生的实际需求,突出学生的主体作用。高校要坚持一切以学生为本的工作理念,多方了解学生的实际需求,激发学生的潜在发展动力,基于学生的发展现状和成才规律,科学设计课程体系、有针对性地选取活动主题和活动类型。同时,注重发挥学生的主观能动性,尤其是激发学生党员和学生骨干的模范带头作用,引导学生主动发现问题、分析问题、思考问题,大力支持学生自己设计、自主开展教育活动,积极构建学生成长互助共同体,充分发挥学生自我教育、自我管理、自我服务和自我监督的积极性主动性创造性。

4.选择此案例材料的原因

《在传承中华优秀传统文化中培育时代新人——南开大学"经典品读、名师传授、实践养成"育人模式的创新实践》来源于中共中央组织部组织编写的《贯彻落实习近平新时代中国特色社会主义思想、在改革发展稳定中攻坚克难案例·文化建设》（党建读物出版社），其真实性、权威性、针对性、影响力都非常强。2019年新年伊始，习近平在天津南开大学参观了百年校史主题展览，察看了化学学院和元素有机化学国家重点实验室，并同部分师生代表亲切交流。习近平对大家说，爱国主义是中华民族的民族心、民族魂。南开大学具有光荣的爱国主义传统，这是南开的魂。当年开办南开大学，就是为了中华民族站起来去培养人才的。我们现在迎来了从站起来、富起来到强起来的阶段，我们要把学习的具体目标同民族复兴的宏大目标结合起来，为之而奋斗。只有把小我融入大我，才会有海一样的胸怀，山一样的崇高。希望你们脚踏实地，在新的起点做出你们这一代人的历史贡献，成为南开大学新的骄傲。

作为一所百年名校，南开大学诞生于"五四"运动的时代大潮中，是一所具有光荣爱国传统的名校。从南开洼奠基"文以治国，理以强国，商以富国"，到八里台"知中国，服务中国"；从日寇毁校到被迫南渡，在西南边陲刚毅坚卓、弦歌不辍；从北归复校艰难重建，到迎来新中国诞生建设新南开；从社会主义革命，到社会主义建设大潮中探索培育英才；从改革开放新时期科教兴国，到中国特色社会主义新时代创建"双一流"高校，南开大学的发展始终与国家民族命运紧相连，与时代社会的发展相偕行。

南开大学传承和弘扬中华优秀传统文化与践行社会主义核心价值观深度融合的创新实践值得高校校长们认真学习借鉴，对于提高高校校长深刻领会习近平总书记关于"培育和弘扬社会主义核心价值观必须立足中华优秀传统文化"的重要论述有非常积极的意义，对于高校发挥好文化建设的主阵地功能更有积极意义。

5.选择此案例材料的过程

在确定案例材料之前，课题开发小组选取了5个备选案例，分别是《构建"大思政"格局 推进全员全程全方位育人——东北师范大学打造思想政治教育新高地的探索与实践》《将习近平新时代中国特色社会主义思想讲进学生心田——上海高校一校一课开设"中国系列"思政选修课的创新与实践》《推动一体化融合发展 构建全媒体传播格局——天津统筹推进媒体资源整合与融合创新的探索实践》《打造"最美"品牌 弘扬"最美"精神——浙江杭州市"最美现象"从"盆景"到"风景"再到"风尚"的创新实践》《在传承中华优秀传统文化中培育时代新人——南开大学"经典品读、名师传授、实践养成"育人模式的创新实践》。

课程开发小组对这5个案例的优势、劣势、适用对象等作了详细分析,一致认为《将习近平新时代中国特色社会主义思想讲进学生心田——上海高校一校一课开设"中国系列"思政选修课的创新与实践》和《在传承中华优秀传统文化中培育时代新人——南开大学"经典品读、名师传授、实践养成"育人模式的创新实践》两份案例材料都非常具有代表性、创新性、实践性。

案例教学课的学习主体是学员。因此,学员意见对选取案例材料有着至关重要的作用。于是,课程开发小组进行了科学严谨的学员需求分析。基于培训班的学员人数不多,在培训开始前一一征求了他们的意见。全班学员发出问卷60份,有效问卷60份。调查结果显示:《在传承中华优秀传统文化中培育时代新人——南开大学"经典品读、名师传授、实践养成"育人模式的创新实践》案例材料得票率最高,达到91.7%。

(二)对教学对象进行分析

进行案例教学的这个培训班的学员都是天津本地高校校长,在文化建设方面具有扎实的理论知识和丰富实践经验。他们对于南开大学的经验做法非常感兴趣,迫切需要深入学习、借鉴南开大学的经验做法。甚至有些学员还在调查问卷中表示,要和南开大学合作建立起天津高校的"传承中华优秀文化培训时代新人"的文化育人联盟。

作为高校校长的学员们对于习近平总书记关于文化建设的重要论述有着比较深厚的理论基础,对于中国优秀传统文化的修养也颇高。因此,这堂案例教学课的理论讲解部分可以点到为止。

校长们在各自学校的文化育人事业上都有所建树,也都探索了很多积极的做法。他们有机会深入了解南开大学的经验做法,并将其与自己学校的做法相对比,希望能碰撞出创新的火花。特别期待能到南开大学进行一次现场教学,并与南开大学校长在培训期间展开深入交流。

(三)对教学环境进行分析

本次案例教学课是依托现场教学完成的。必备的交通工具是一辆载客60人以上的大巴车。车上配有麦克风,授课教师在车上对案例材料的重点内容进行强调。案例教学设置了学员分组讨论环节。把全班分为6个小组。每个小组由10名左右学员组成。要求研讨教室能容纳6个讨论小组。讨论以圆桌会议的形式开展,要求现场设置6个10人座的环形讨论桌。由于此次案例教学课要在南开大学进行,所以要请求南开大学准备讨论教室。教室配备移动白板、话筒、多媒体等设备。每桌配备讨论用海报纸、海报笔等记录用文具。

此次案例教学还设置了一个随机访谈环节。学员可以在南开大学校园内随机访谈教师或学生,以便于进一步了解南开大学创新模式的细节和效果。

(四)制定案例教学时间计划

课程总时长约为9个小时以上,其中课前预习2个小时以上,现场教学5个小时以上,课后作业2小时以上。

1. 课前准备时间计划(2小时以上)

案例教学开始前,在学习群内将案例材料发放给学员,要求他们认真预习,达到对案例材料比较熟悉的程度。

授课教室要对教学基地进行深入调研,搜集整理相关教学材料。特别是与基地教学人员(解说员、兼职授课教师)进行沟通交流,确保教师途中讲授内容与现场讲解内容无重复、无交叉。

2. 现场教学时间计划(5小时左右)

(1)途中教学:60分钟

(2)现场观摩:60分钟

（3）随机访谈：30分钟

（4）分组讨论：35分钟

（5）班级交流：35分钟

（6）案例总结：20分钟

（7）世界咖啡：60分钟

3. 课后时间计划（2小时以上）

要求学员将案例教学重点讨论的2道思考题结合自身工作给出答案，并以书面形式提交。预计需要2个小时以上的时间才能完成此项任务。

（五）划分讨论小组

按工作相关度将学员分组，大约10人一组。

组长产生方式为两种，一种是学号在前的为组长；另一种是推选产生组长，各组自主选择组长产生方式。由组长指定记录员和发言人。

此项工作在案例教学开始前，由班主任或班长负责完成。

二、案例教学的实施过程

（一）途中教学（60分钟）

1. 第一环节

授课教师阐明习近平总书记关于"培育和弘扬社会主义核心价值观必须立足中华优秀传统文化"重要论述的理论内涵和实践要求。梳理社会主义核心价值观与中华优秀传统文化之间的内在联系。强调立足中华优秀传统文化培育和弘扬社会主义核心价值观的必然性和必要性。（15分钟）

2. 第二环节

提取《在传承中华优秀传统文化中培育时代新人——南开大学"经典品读、名师传授、实践养成"育人模式的创新实践》案例材料中的重点信息。以现场提问的形式检验学员的预习课情况，并对案例材料呈现的"主要做法"做进一步的知识强化。（20分钟）

3. 第三环节

提出案例情节思考题，给出答题的参考意见。（5分钟）

参考意见一:采用列名法和头脑风暴法答题

参考意见二:分析案例中蕴含的习近平新时代中国特色社会主义思想中关于培育社会主义核心价值观的理论观点

参考意见三:结合实际,分析案例中可借鉴的经验启示

教学效果:使学员加深对重要知识点的理解和记忆,更加聚焦案例材料的重点信息,了解下一步开展研讨的基本方法,初步形成思考题的解题思路。

(二)现场观摩(60分钟)

进入校园后,由专业讲解员引领学员到以下点位观摩:

1. 南开大学学生合唱团排练室

2. 中华优秀传统文化教室博物馆

3. 学生相声社团、京剧社团

4. 中华优秀传统文化类选修课课堂

5. 南开大学中华古典文化研究所

在每个观摩点位,学员都有机会聆听专业讲解。

教学效果:使学员身临其境体验南开大学的"创新模式",深入了解其具体做法,深切感受其效果。

(三)随机访谈(30分钟)

学员分散开来,在校园内自由参观,向偶遇的南开大学师生询问与"立足中华优秀传统文化,培育与弘扬社会主义核心价值观"相关的问题或了解相关情况。随机访谈的访谈对象是随机的,但访谈提纲是每一位学员事先拟定好的,并已经向授课教师备案过的。

教学效果:培养学员调查研究的能力,以任务激发学员的参与积极性。

(四)分组讨论(35分钟)

1. 讨论内容

(1)用团队列名法组织每位学员用汇报观摩和访谈收获。(每人2分钟,总20分钟)

(2)讨论两道思考题(15分钟)

问题一:南开大学"公能"校训的哪些内涵体现了对中华优秀传统文化的继承和发扬?

问题二:南开大学将传承和弘扬中华优秀传统文化与践行社会主义核心价值观深度融合的创新实践有何借鉴意义?

每个小组任选一个讨论问题。组长主持讨论,以头脑风暴法展开讨论,尽量让每位学员都参与其中。记录员要将发言的主要观点记录下来,并会同组长和发言人将本组的主要观点提炼出来。

统计结果显示:选择思考题一的小组有 1 个。选择思考题二的小组为5 个。

2. 注意事项

在讨论过程中教师要深入各个小组倾听学员讨论。

教师尽可能不发表意见,主要以巡视和引导的方式为主,维持秩序,引导学生能充分思考和表达个人观点,认真倾听其他人发言,保证讨论不能偏离主题。

教师在讨论过程中要记录下各个小组讨论的基本情况,适当点评。

教学效果:学员有时间对前两个小时的学习进行沉淀,分享收获,在研讨过程中精准把握案例分析方向,启迪思考。这一过程中,学员将形象的感知凝练成抽象的理论归纳。

(五)班级交流(35 分钟)

1. 各小组汇报讨论结果。

每个小组委派一名发言人将本小组讨论的主要观点汇报给大家,汇报时间控制在 4 分钟左右。

2. 每个小组汇报结束后,教师引导学员对各组汇报内容进行问询,发言人或其所在小组成员要给予答复。(时间控制在 1 分钟左右)

3. 注意事项

教师以主持人的身份出现。其功能与主持人的功能非常相似,主要是把控好汇报和问询的秩序,调节好气氛,控制好时间和节奏,贯穿好流程,保证讨论有序进行。同时,教师要认真记录各小组观点和问答内容。每组都委派一名代表将讨论的主题和结论向全班同学展示。

教学效果：提升学员的表达能力，以及分析问题、提出问题和解决问题的能力。

（六）案例总结

1.以学员陈述、教师点评的方式归纳案例要点

教师要求每组学员代表用一句话概括本组的核心观点。比如，一组的观点是"立足各个学校实际，从本校的文化基因中汲取培育社会主义核心价值观的力量"；二组的观点是"各个学校间加强交流，推进文化资源共享"；三组的观点是"开展学生文化需求调研，优化中华优秀传统文化课的供给"……教师充分肯定了各种观点的实践价值，同时也对一些明显错误的观点及时纠正。比如，有一个组提出"将传统文化课作为必选科目，将参加文化社团作为评先评优的必备条件"的观点，教师就予以纠正，"文化实力是软实力，文化熏陶是一种潜移默化的过程，切不可以强制手段推行，更不能以全员参与的搞运动方式推行"。

2.带领学员回顾本次课程涉及的重要知识点

教师带领学员回顾本次课程的重要知识点，即习近平总书记强调的"培育和弘扬社会主义核心价值观必须立足中华优秀传统文化"的理论内涵与实践要求，以及南开大学创新实践的主要做法与启示。

3.点评学员的表现

由教师对学员的表现做出点评。一组的优点是学习观摩态度最为认真，缺点是分析问题和解决问题时创新意识不足；二组的优点是以问题为导向提出解决方案，缺点是只站在学校角度思考问题，而缺乏以学生为主体的意识；三组的优点是非常重视调查研究，缺点是对案例材料的预习效果不好；四组的优点是研讨过程最为热烈和汇报发言最为精彩，缺点是提出的解决问题方案有些激进了；五组的优点是思考问题的角度很新颖，缺点是研讨时气氛最沉闷；六组的优点是知识点掌握得最牢固，能积极准确地回答甚至抢答问题，缺点是观摩过程中纪律不好，出现了两名组员掉队的现象。对全班学员的总体评价是参与学习的积极性很高，善于思考，优点明显大于

缺点。

教学效果:学员能够有效回忆观摩学习的收获和讨论过程中形成的观点,能结合实际,有效借鉴南开大学的做法,形成将习近平总书记"培育和弘扬社会主义核心价值观必须立足中华优秀传统文化"的指示精神落实到本校文化建设的思路。

(七)世界咖啡

1.明确主题

授课教师告知学员,在随后的晚餐环节还有一个任务就是围绕本次案例教学的既定主题展开会谈。

2.进入场景

准备好一个非常放松的晚餐环境。一边吃饭,喝咖啡等饮料,一边围绕案例教学的主题聊天。为了给大家创造跨界交流的条件,此次晚餐请来了南开大学多个岗位的教职工和多个院系的学生。参加晚餐会谈的人员,自由选择圆桌落座,事先已经指定了一位桌长作为每桌会谈的主持人。

3.注意事项

在世界咖啡环节,教师不要打扰学员。让他们在充分放松的状态下聊天。教师悄悄观察他们,记录下他们聊到的与课程相关的内容。

教学效果:参与者之间互相意见碰撞,激发出意想不到的创新点子。学员用全新的视角来看世界,进行深度的会谈,并产生更富于远见的洞察力。

第二节　学习体验问卷调查

习近平新时代中国特色社会主义思想在文化建设中的实践成效非常显著。本次案例教学课选取的案例材料展示了习近平总书记关于"培育和弘扬社会主义核心价值观必须立足中华优秀传统文化"这一论述的实践成效。基于此,课程开发小组在天津高校校长研究班开展了问卷调查,共发放问卷60份,收回有效问卷60份,有效回收率为100%,实现对培训对象全覆盖的调查,大大提升了调查问卷的精确性。

学习是指从阅读、听讲、思考、研究和实践中获得知识或技能的过程。这一过程学习者的兴趣、关注度、负担程度以及吸引力等共同构成了学习体验。本问卷共设计 5 个问题，分别从学习兴趣、传统文化与社会主义核心价值观相关信息关注度、负担程度、案例课程吸引度和教学环节吸引力等五个方面对学员的学习体验进行调查。

一、学习兴趣

(一)调查结果

调查结果显示，52.0% 的学员表示"非常有兴趣"，38.0% 的学员表示"比较有兴趣"，证明了从总体上讲案例教学法能够有效地激发学员的学习兴趣。但不可忽视的是，5.0% 的学员选择了"兴趣较少"，5.0% 的学员选择了"没有兴趣"。于是，调查组在匿名问卷调查的基础上，征求学员意见后，获取了选择"兴趣较少"和"没有兴趣"的学员信息，锁定了六名调查对象，进行了个别访谈调查。经过个别访谈，调查组获知这六位学员并非对案例教学法兴趣较少或没有兴趣，而是个性化的原因导致学员对此阶段的培训任务都没有兴趣。

表 13 - 1　本课程学习兴趣调查

选项	非常有兴趣	比较有兴趣	一般	兴趣较少	没有兴趣	合计
选项人数	31	23	0	3	3	60
百分比	52.0%	38.0%	0%	5.0%	5.0%	100%

(二)教学建议

充分运用现场观摩、随机访谈、分组研讨等方式激发学习兴趣，让学员身临其境地体验南开大学"创新实践"的文化载体，与南开大学师生展开深入交流，彼此交流创新教学形式所带来的全新体验。要求学员在观摩、访谈和研讨过程中紧密联系本校的文化建设实际进行思考。课程实施的关键所在是督促学员认真观摩，防止走马观花。促进学员在实景体验中深入理解

"中华优秀传统文化"与"社会主义核心价值观"的内在联系。另外,尽可能关注个别有特殊情况的学员,如此次观摩中有 3 名学员在现场频繁接打电话甚至掉队。上述 3 名学员的个人行为屡次打断了观摩点位专业讲解员的讲解,并影响了其他学员的情绪,从而对教学实施过程和效果都产生了不良影响,对于这三名学员的行为,教师应予以批评教育。

二、中华传统优秀文化与社会主义核心价值观相关信息关注度

由于案例教学法的实践性非常强,所以对学员关注现实问题的要求很高。学员只有密切关注现实问题,才能积极思考理论问题,再回归现实,完成理论与实践相结合的全过程。就习近平总书记关于"培育和弘扬社会主义核心价值观必须立足中华优秀传统文化"这个核心主题而言,本课程要求学员要时常关注中华优秀传统文化与社会主义核心价值观的相关信息,如领导人的重要讲话,各地特别是各个高校的创新实践等等。

(一)调查结果

在对信息关注度的调查中,41.67% 的学员选择"非常关注",20% 的学员选择"比较关注",25% 的学员选择了一般关注,13.33% 的学员选择关注较少,0% 的学员选择不关注。由此可见,被调查者对于中华优秀传统文化和社会主义核心价值观相关信息的关注度较高,这从一个侧面证明学员对实际问题的关注都较高,为案例教学的开展打下了良好的基础。课程结束10 天以后,课程评估小组进行了一次相关信息关注度调查。新一轮调查发现选择关注较少的学员比例降为 0% ,比较关注的学员比例上升为 70% 以上。这证明案例教学课一方面提升了学员对于相关信息的关注程度,另一方面提升了学员将所学知识与现实问题相联系的主动性。来自本科院校的校长学员们的关注程度提高得相对明显,他们中选择非常关注的学员比例达到了 50% 以上,选择比较关注的学员达到了 80% 以上。课程评估小组分析后得出结论:本科高校较好的软硬件条件为推广南开大学的经验提供了良好的基础条件。但不可否认,案例教学法在提升学员对相关信息的关注度方面有非常积极的意义。

表13-2 对中华传统优秀文化与社会主义核心价值观信息关注度调查

选项	非常关注	比较关注	一般	关注较少	不关注	合计
选项人数	25	12	15	8	0	60
百分比	41.67%	20%	25%	13.33%	0%	100%

(二)教学建议

增加一个课前分享环节,学员间分享近期发生的相关信息,特别是落实习近平新时代中国特色社会主义思想的改革攻坚实践新闻。锁定几位在中国特色社会主义文化建设中成绩较为突出或正在开展重点项目建设的学员,对其进行持续性跟踪调研。力求开发出具有地方特色的案例材料,实现以点带面拓展习近平新时代中国特色社会主义思想中关于文化建设内容的实践研究。引导学员加深对天津高校文化建设问题的关注和研究,养成良好的学习习惯,提升卓越的文化建设能力,把天津高校建设成为中国特色社会主义文化建设的示范和标杆。

三、负担程度

高校校长的工作负荷非常重,工学矛盾十分突出。授课教师在与学员交流的过程中了解到:现场观摩中频繁接打电话的学员是在处理学校的紧急事务。中途掉队的学员情况更为特殊,他们学校的工作人员给他送来一批必须在那天下午要签署完毕的文件。他必须出去在车上完成文件签署后,再匆匆赶回教学现场。不得不承认校长们都在竭尽全力地克服工学矛盾,学习态度都是非常端正的。虽然,他们在学习时间上非常紧张,但是他们接受教育培训的主观意愿还是很积极的,特别是对于此次案例教学课的参与热情非常高。有很多校长是有充分的请假理由的,但是他们都没有请假。

(一)调查结果

调查显示:选择"很轻松"的学员人数占比为8.33%,选择比较轻松的学员人数占比为15%,选择"适中"的学员人数占比为60%,选择"比较繁重"

的学员人数占比为 10% ,选择"很繁重"的学员人数占比为 6.67% 。总体而言,选择认为轻松的学员人数占比(共 23.33%)超过认为"繁重"的学员人数占比(共 16.67%),这说明此次学员的工学矛盾并不是非常突出。所以,本课程可以给学员提高一下学习强度,以更加灵活的教学形式和更有挑战性的课后任务激发学员对课程的兴趣度和关注度。

表 13 - 3　课业负担程度调查

选项	很轻松	比较轻松	松紧适中	比较繁重	很繁重	合计
选项人数	5	9	36	6	4	60
百分比	8.33%	15%	60%	10%	6.67%	100%

（二）教学建议

课堂实施过程要充分尊重学员的主体地位,给予学员更多的时间和空间来亲身体验、独立思考、发表见解。本课程要求课后学员独立完成思考题,并形成一份书面材料。但对于材料的字数、格式、文体等不作硬性要求,要让学员自由思考和表达。

四、案例教学课程吸引度

优秀的、得到学员认可的案例材料是开展案例教学的必备前提条件。本课程的案例材料是经过课程开发小组研究和充分征求本班学员意见后最终确定的。开始授课前,课程开发小组在学员中间开展了案例选择的民意调查。结果显示:《在传承中华优秀传统文化中培育时代新人——南开大学"经典品读、名师传授、实践养成"育人模式的创新实践》的案例材料得票率达到 90% 以上,在 5 个备选案例中排名第一。课程开发小组也一致赞同选取此案例材料。本课程选取的案例材料的真实性、权威性、典型性、代表性和时代性都非常明显,既能有效激发学员的学习兴趣又能启发学员的深入思考,还能提高学员的实践能力。

学员认可度较高的案例材料并不能完全保证案例教学课程一定会有很

强的学员吸引度。在很大程度上,吸引度要受到案例教学实施过程的影响。为了进一步验证案例教学课程的吸引度如何,必须在课后再进行吸引度调查。

（一）调查结果

结果显示:选择"吸引人"的学员人数占比达到八成以上(共83.33%),与课前对案例材料认可度的调查结果相比下降了7%左右,选择"不吸引人"和"让人厌烦"的学员人数为0。这样的结果表明此案例材料本身的吸引度较之案例教学课程的吸引度更强,由此可以推断出:教学实施过程并没有完全体现出案例材料的吸引度,还有很多需要改进之处。在调查问卷的建议栏内,有5名学员填写了"希望与南开大学建立资源共享机制,下一步能带领他们各自学校的师生来开展案例教学"。提出此项建议的学员均选择了"非常吸引人"。

表 13－4　案例课程吸引度调查

选项	非常吸引人	比较吸引人	一般	不吸引人	让人厌烦	合计
选项人数	39	11	10	0	0	60
百分比	65%	18.33%	16.67%	0%	0%	100%

（二）教学建议

延展案例教学的课堂,更注重对经验做法的详细介绍,推动各高校间建立起资源共享机制。

五、教学环节吸引力

（一）调查结果

结果显示:选择"现场观摩"的人次占比100%,选择"随机访谈"的人次占比26.67%,选择"分组研讨"的人次占比为25%,选择"世界咖啡"的人次占比18.33%选择,选择"案例总结"的人次占比为15%,选择"途中教学"的人次占比8.33%,选择"班级交流"的人次占比6.67%。

其中,人次占比最高的选项为"现场观摩",反映出亲身体验类的教学环节对学员的吸引力最强。选择"随机访谈"和"分组研讨"的人次占比都在25%左右,反映出深度交流类的学习环节对学员的吸引力也很强。选择"世界咖啡"的学员人次占比都达到了18.33%,反映出学员对开放式的研究和分析问题的方式非常认可。选择"案例总结"的人次占比为15%,反映出学员对这一环节的认可程度也还较高。选择"途中教学"和"班级交流"的学员人次占比都未达到10%,反映出学员对这两个教学的环节的认可度并不是非常高。

需要说明的是,此次案例教学的"世界咖啡"环节,并不是以咖啡为载体的,而是以晚餐为载体的。这样安排的目的是为了高效利用时间和营造更为轻松的会谈氛围。这样的"世界咖啡"模式是本课程开发小组的创新尝试。原计划晚餐时间让大家好好安心吃饭的,但是,我们发现这段时间是难得的放松会谈的机会。授课教师在这个环节认真观察后发现,很多领导干部习惯于这种餐桌会谈的形式,在这种轻松的氛围下,大家更能强化发散思维,碰撞思想火花。这个环节超出了预期效果。

表 13-5 教学环节吸引力(多选题,限选 1-2 项)

选项	途中教学	现场观摩	随机访谈	分组研讨	班级交流	案例总结	世界咖啡
选项人数	5	60	16	15	4	9	11
百分比	8.33%	100%	26.67%	25%	6.67%	15%	18.33%

注:多选题百分比:1.多选题选项百分比 = 该选项被选择次数÷有效答卷份数;2.含义为选择该选项的人次在所有填写人数中所占的比例。

(二)教学建议

提升"途中教学"和"班级交流"环节的吸引力。精炼这两个环节的内容,减少这两个环节的时间。增加现场观摩和随机访谈环节的时间,并要求授课教师在每一个点位的观摩结束后,都对学员做个随机采访,既检验他们的学习效果也帮助他们做好回顾。

第三节　教学效果评估

教育培训效果评估对教育培训至关重要。为此,课程开发小组聘请了专业评估人员组成了课程评估小组,开展对本次课程教学效果的评估工作。采用案例教学法这种创新教学形式是为了提升教学效果,如果教学效果评估结果不理想,在一定程度上就说明了案例教学法运用是失败的,就必须要吸取教训。如果教学效果评估结果很理想,也在某种程度上证明此次案例教学法的运用是成功的,需要总结经验,继续发扬。由于本课程的培训对象结构单一、人数较少,评估成本相对较低,非常适合运用"全覆盖评估法"对教学效果进行评估。

一、课前评估

课前评估的主要目的和调查问卷在前文已经介绍过了,在此不做一一展示。仅就课前评估的结果做一下分析。发放问卷60份,收回有效问卷60份,调查问卷的有效回收率为100%。被调查对象均认真填写了问卷信息。调查结果显示:《在传承中华优秀传统文化中培育时代新人——南开大学"经典品读、名师传授、实践养成"育人模式的创新实践》案例材料得票率最高,达到91.7%。这一结果对于最终确定案例材料发挥了决定性作用。

二、课中评估

课中评估的内涵、方法和评估学员用表等内容,在前面章节已经详细介绍过了,此处不再进行重复介绍。只对评估结果进行分析。按照惯例,不宜将课中评估的详细数据公开,因此,本书暂不公开评估分值的详情,只将课程评估的部分分值公开如下:最高分9.6分,最低分6分,平均分9.1分。在案例选择、资料提供和课件制作三项中,学员打分都在9分和10分。在课前准备、课堂互动、总结提升三项中,学员打分在6到10分之间。可见,这三个环节学员的满意度并不是很高。

三、课后评估

课后评估的目的和方法已在前面章节做出了详细阐述。此处只汇报评估结果和结果分析。

（一）对学员的学习收获评估结果及分析

本次案例教学课的授课对象是天津各所高校的校长，有着丰富的实践经验和过硬的专业素质。按照习近平总书记提出的干部要提高"七种能力"的要求，此次调查问卷涉及到了这七种能力，即政治能力、调查研究能力、科学决策能力、改革攻坚能力、应急处突能力、群众工作能力、抓落实能力。

政治能力的培养是此次案例教学的首要任务。此次案例教学以南开大学落实习近平文化建设重要论述的实践成效印证科学理论的真理性，从而提升学员对创新理论的政治领悟力和政治执行力。

为了培养学员调查研究的能力，在现场观摩、随机访谈、交流研讨和世界咖啡等环节，给学员创造大量的调查研究机会。通过彼此交流，学员之间可以获取到天津各个高校文化建设的信息，发现很多现实而具体的问题，碰撞出解决现实问题的的思想火花。

为了培养学员的改革攻坚能力，本课程特别在研讨环节和世界咖啡环节安排了南开大学的创新实践亲历者和学员们交流创新过程中克服种种困难的经验和精神。激发学员面对困难的勇气，启迪学员克服困难的智慧。

为了培养学员的抓落实能力，本课程的课后作业要求学员结合自己的工作实际，提出在本校推广复制南开大学创新实践经验的思路，甚至制订出切实可行的方案。这样的课后作业非常关注学习的实践成效。以作业的强制性推动学员将所学所思变成实践成效。

综上所述，课程评估小组设计了覆盖多项能力的调查问卷表格，收集学员对于能力提升情况的反馈。

1.评估结果

评估表数据显示：大多数学员都感到自己在能力提升上很有收获。排在前三位的学习收获分别是改革攻坚能力（98.33%）、政治能力（93.33%）

和抓落实能力(51.67%),这样的结果非常乐观,基本达到了此次案例教学课的学习目标。意外的收获是,有30%的学员选择沟通协调能力和学习能力。

表13-6 学习收获(多选题)

选项	政治能力:对习近平总书记文化建设重要论述的政治领悟力和政治执行力	调查研究能力:对南开大学创新模式的软硬件保障和内在逻辑的了解能力	科学决策能力:对本校落实习近平总书记关于文化建设重要论述精神做出决策	改革攻坚能力:解决问题的定力和创新力	群众工作能力:宣传、动员、组织、凝聚、教职工和学生参与文化建设创新实践	抓落实能力:将中央、市委关于文化建设的战略部署落实到位	其他能力:附加说明
选项人数	56	58	51	59	23	31	12
百分比	93.33%	96.67%	85%	98.33%	38.33%	51.67%	20%

注:学员反应提高了沟通能力、学习能力和时间管理能力

2.改进建议

不能苛求在一次案例教学课程中能全面提升学员的七种能力。要将能力提升的重点锁定在政治能力、改革攻坚能力和抓落实能力这三大能力上,强化学员用习近平总书记文化建设重要论述指导本校文化建设,以南开大学的创新实践激发学员文化建设的创新意识和改革攻坚能力,以跟踪调研的形式推动学员将上级工作部署和自己的创新想法付诸实践的抓落实能力。

(二)学员对教学模式和教学内容匹配度的评估结果及分析

习近平关于文化建设的重要论述是指导高校文化建设的科学理论。以这一科学理论为核心内容开展的教育培训以理论讲授课和理论研讨会的形式为主。据本班学员反应,这是他们第一次以案例教学课的形式学习这一科学理论。调查问卷显示:学员高度认可以案例教学方式开展习近平关于

文化建设重要论述的学习。

1. 评估结果

调查结果显示,95%的学员认为案例教学形式与习近平总书记提出的关于文化建设的重要论述的内容相匹配是"非常合适",没有学员认为二者匹配"不合适"。由此可见,从教学对象的角度讲,这堂案例教学课程非常受欢迎。

表 13 - 7　教学模式和教学内容评价

选项	非常适合	比较适合	基本适合	不适合	合计
选项人数	57	3	0	0	60
百分比	95%	5%	0%	0%	100%

2. 改进建议

在"习近平新时代中国特色社会主义思想文化建设"教学单元中继续加大案例教学的比重。

(三)学员的学习遗憾评估结果及分析

案例教学的主体是学员,学员在学习中的遗憾反映了案例教学的不足。为了更加广泛地收集学员的反馈,课程评估小组将学员的"学习遗憾"这个问题设计成了开放性和主观性都非常强的问题,给学员充分表达的空间。

1. 评估结果

调查显示:学员遗憾比较集中的反应是,现场观摩的时间有些仓促,未能更加深入地了解创新做法和载体的细节。时间限制是现场观摩最突出也最普遍的问题。另一个比较集中的遗憾是,没有与南开大学专业人员成为统一小组成员,而且在"世界咖啡"环节也没有能与他们展开深入会谈。这是一个在课堂上很难弥补的遗憾。除上述两种学员遗憾呈现比较集中的反应外,其他一些反应就比较分散了。如有的学员反映课前预习的资料要点不太突出,有的学员反映途中讲解理论深度不够,有的学员反映南开大学的经验很难在本校复制等等。

2.改进建议

课程评估小组对学员遗憾进行了认真分析,整理出以下改进建议。一是与教务部门沟通,将案例教学课的课时比例加大。二是更早出发或缩短途中时间,减少班级研讨的时间。三是与南开大学沟通,建立一个面向本班学员的资源共享平台和长效沟通机制,以便于学员更加深入地了解南开大学的经验做法,有机会与南开大学专业人士沟通交流。四是对课前预习资料做进一步的凝练,更好地服务学员预习。五是课前对授课教师的讲稿进行打磨,不断加大理论深度。六是启发学员将南开大学创新做法本校化的创新思考。

(四)学员对课程考核方式满意度评估结果及分析

课程考核必须紧扣教学目标。课程考核方式的选择必须以符合课程目标和课程定位为前提。本课程的课程目标是提升学员对习近平总书记关于文化建设重要论述精神和文化建设战略部署的落实能力。因此,不应选择以笔试的方式作为终结性考核的方式,应采用过程化、多元化考核评价方式。本课程将学员的出勤、每个环节的参与度、课后作业的质量三个成绩进行综合评定,形成最终本课程的考核成绩。权重分配如下:出勤占比为30%,参与度占比40%,课后作业成绩占比30%。将出勤和参与度占比设置总和为70%的高比例,是由案例教学以学员为主体的特性所决定的。只有学员积极主动参与,才能在教学过程中提升能力,才能达到效果。之所以没有选择笔试终结性测试的考核方式,是因为此案例教学的目标是提升能力,并非知识识记。亲身体验和实际操练是能力提升的必经过程,所以学员的出勤是实现教学目标的最基础保障,学员的积极参与是实现教学目标的最关键条件。以出勤和参与度为主的过程化、多元化的考核方式,又有效地激励和约束学员持续、积极地投入到学习过程中。

1.调查结果

调查结果显示:学员对过程化、多元化考核评价方式认可度非常高。选择"非常认可"的学员人数占比达到98.33%。选择"不认可"的学员为0人。

表 13-8　课程考核方式满意度调查

选项	非常认可	比较认可	不认可	合计
选项人数	59	1	0	60
百分比	98.33%	1.67%	0%	100%

2.改进建议

本课程采取的考核方式得到了学员的高度认可,98.33%的"非常认可"率证明了课程开发小组选择这种考核方式是正确的。但是,也有学员反映,学员的教学环节参与度的分值是授课教师凭主观印象打分,似乎不太客观。课程评估小组认真对待学员的意见,下一步要将课程参与度的考核指标进一步细化、公开化,提高考核的公正性。

(五)课堂互动影响因素分析

课堂互动是案例教学实施过程中的必要方式。其形式包括教员与学员之间的互动、学员与随访对象之间的互动、学员与学员之间的互动。在教学过程中,教师观察到并非每个环节的互动效果都能令人满意。如途中讲解环节,学员对主讲教师提出的问题并不积极回应,直到教师点将,学员才会回答。从学员的回答内容分析,学员对教师的问题有过认真的思考,也形成了答案。由此可以得出结论,学员不积极回答问题不是因为没有答案,而是因为没有参与的积极性。在其他环节中,这种现象也有不同程度的存在。针对此种情况,评估小组针对影响课堂互动的因素展开了调查。

1.评估结果

评估结果显示:其中选择"对问题思考不够深入,没有形成成熟的想法"的学员人数占比25%,选择"比起自己发言,更愿意听别人发言"学员人数占比58.33%,选择"不习惯在众人面前公开发言"学员人数占比为0%,选择现场氛围不适合积极互动的占比为16.67%。

表 13 – 9   参与课堂互动影响因素调查

选项	对问题思考不够深入,没有形成成熟的想法	不习惯在众人面前公开发言	比起自己发言,更愿意听别人发言	现场氛围不适合积极互动	合计
选项人数	15	0	35	10	60
百分比	25%	0%	58.33%	16.67%	100%

2.改进建议

针对上述调查结果,课程评估小组对影响学员互动行为的主观因素进行了认真分析。影响课堂互动的主要原因是学员的主观原因,主观原因的占比合计为83.33%。部分学员就任高校校长时间并不长,对于文化建设的理论和实践积累明显少于长期在高校校长岗位上工作的学员。所以,他们针对这一问题独立思考有些困难,他们需要更多的时间和更有效的引导。作为高校校长,学员的发言能力基本没有问题。但是,他们在同行面前会更加谨慎,甚至是过度谨小慎微。要帮助学员克服这种过于谨慎的心理障碍,授课教师要积极营造一种畅所欲言的互动气氛,激发学员参与互动的热情。

为提升课堂互动效果,课程评估小组提出如下建议:一是在案例材料的基础上,增加习近平关于文化建设的重要论述;二是增加课堂互动的趣味性,如参与活动积分制、团队 PK 等等;三是细化学员参与度的指标,确保评估的公正性;五是培养教师的催化能力,以适时引导、鼓励和肯定的方式引导学员发言,提升学员参与成就感和信心。

第十四章
绿水青山就是金山银山
——以"千万工程"为例

2018 年 9 月 26 日,中国浙江省"千村示范、万村整治"工程(以下简称"千万工程")荣获联合国最高环保荣誉——"地球卫士奖"。"千万工程"是中国浙江省用 15 年的时间和实践造就美丽乡村的浩大工程,也是中国万千农民在科学理论指导下建设美丽家园所创造出的人间奇迹。这里所说的科学理论就是"习近平生态文明思想"。

从实践中萌发并不断发展丰富的习近平生态文明思想,不仅为绘就新时代乡村振兴画卷、建设美丽中国提供坚强指引,还跨越山和海,推动中国成为全球生态文明建设的重要参与者、贡献者、引领者。党的十八大以来,以习近平同志为核心的党中央高度重视生态文明建设,顺应国情、民情、世情,以对中国人民和世界人民负责的人类情怀探索形成了内涵丰富、科学系统的习近平生态文明思想。在习近平生态文明思想的丰富学习资源中,"千万工程"最有代表性,最有影响力,也是学习和研究习近平生态文明思想的最生动教科书。

本次案例教学课程之所以选取"千万工程"为案例材料,就是要帮助学员打好学习贯彻习近平生态文明思想的基础。具体教学目标如下:

1. 知识与技能

建立习近平生态文明思想的理论框架,理解和把握浙江"千万工程"的经验做法;提高参与生态文明建设和农村人居环境整治相关决策的政治能力;提高解决实际工作中遭遇的生态文明建设突出难题的改革攻坚能力;提高将美丽天津或山水黄南战略部署落实到位的抓落实能力。

2. 过程与方法

通过研讨亲历"绿水青山就是金山银山理论"见实效的过程；结合自身工作实际发现、思考和解决农村人居环境整治及生态治理方面的问题。

3. 理念和价值观

提升对生态文明建设的重视程度，在工作和生活中发生积极的行为改变。

第一节　案例材料选取与案例教学实施

以《以绿色发展理念引领农村人居环境整治——浙江实施"千万工程"造就万千美丽乡村的生动实践》案例材料的教学实践为例，分析案例教学实施的全过程。本次案例教学课程的教学对象为两个处级干部进修班的学员和一个生态文明专题研修班的学员。所使用的案例来源于中共中央组织部组织编写的《贯彻落实习近平新时代中国特色社会主义思想、在改革发展稳定中攻坚克难案例·生态文明建设》（党建读物出版社）。案例教学的内容涉及习近平生态文明思想的科学内涵、重大意义、实践成效等基本知识点，重中之重是浙江实施"千万工程"的主要做法和经验启示。

一、案例材料的选取

（一）选择合适的案例材料

这堂案例教学课程所选取的案例材料是《以绿色发展理念引领农村人居环境整治——浙江实施"千万工程"造就万千美丽乡村的生动实践》，具体内容如下：

以绿色发展理念引领农村人居环境整治

——浙江实施"千万工程"造就万千美丽乡村的生动实践

【引言】2018 年 10 月 5 日，习近平总书记对浙江"千村示范、万村整治"工程获联合国"地球卫士奖"作出重要指示："浙江'千村示范、万村整治'工程起步早、方向准、成效好,不仅对全国有示范作用,在国际上也得到认可。要深入总结经验,指导督促各地朝着既定目标,持续发力,久久为功,不断谱写美丽中国建设的新篇章。"

【摘要】21世纪初,浙江经济社会虽然取得了长足发展,但农村建设和社会发展明显滞后,经济与社会、城市与农村发展不平衡不协调的问题突出。村庄布局缺乏规划指导和约束,环境"脏乱差"现象普遍存在,乡村基础设施落后,公共服务缺失。

2003年,时任浙江省委书记习近平同志亲自调研、亲自部署、亲自推动,启动实施"千村示范、万村整治"工程,对浙江省1万个行政村进行环境整治,把其中1000个左右中心村建成全面小康示范村。16年来,浙江始终坚持以人民为中心的发展思想,始终坚持"绿水青山就是金山银山"理念,一张蓝图绘到底,一以贯之推动实施"千万工程",并真正转化为引领推动农村人居环境治理的具体实践,农村面貌发生深刻变化,造就了万千美丽乡村。截至2018年底,浙江全省建制村实现生活垃圾集中处理全覆盖,卫生厕所覆盖率98.6%,规划保留村生活污水治理覆盖率100%,畜禽粪污综合利用、无害化处理率97%。

2018年9月,"千万工程"获联合国最高环保荣誉"地球卫士奖",这是习近平生态文明思想在浙江结出的硕果。"千万工程"被当地农民群众誉为"继实行家庭联产承包责任制后,党和政府为农民办的最受欢迎、最为受益的一件实事。"

【关键词】生态文明建设 浙江"千万工程" 农村人居环境整治

1. 背景情况

自改革开放至21世纪初,浙江经济经历20多年的高速发展,从一个陆域资源并不充裕的省份一跃成为经济大省,经济社会发展和农民收入均在全国前列,人民生活水平总体上已达到小康水平。但与日新月异的城市面貌相比,浙江率先遇到了"成长的烦恼",经济与社会、城市与农村发展不平衡不协调,尤其在生态环境保护、农村人居环境改善等方面矛盾凸显。电镀、造纸、印染、制革、化工、铅蓄电池等重污染高耗能的乡镇龙头产业多年突进，集体和群众收入增加了，但代价巨大。乡村的水脏了，山秃了，垃圾成堆，农村环境问题严峻，群众健康受到威胁。城乡差距也越来越大，乡村基础设施落后，公共服务缺失，与农民群众对美好生活的需求形成强烈反差。

2002年，习近平同志到浙江工作。刚到任的118天里，他调研了11个市、25个县。据时任浙江省农办副主任顾某回忆，走访完安排好的村子后，习近平同志锁着眉头上了车："刚才看的村子不错，但哪个县市没有几个好乡村？这是不是浙江绝大多数乡村的面貌？"顾某如实告知，全省大约4000个村庄环境较好，剩余的两三万个村庄环境普遍较差。接下来，习近平同志看完汇报点后，或是到周边村子看一看，或是随机下车查看，实地了解真实情况，掌握翔实的第一手资料。习近平同志语重心长地说："浙江农民富，创业的人多，房子造得好，但浙江农村的污水、蝇虫、垃圾也多。浙江农村经济社会发展不协调的问题依然存在。"不蓝的天、不清的水、不绿的山，折射的是不平衡、不协调、不可持续的发展模式，本质问题是没有处理好发展和环境保护的关系。

如何协调经济发展和生态环境保护？如何统筹城乡发展？浙江亟待回答这道考题。省农办牵头拿出一套方案，计划整治1万个村庄。习近平同志说："怎么整治要有样板，以县级为平台、乡镇为主战场、村一级为主阵地，每个县搞10个示范村，100个县就是千村示范，这个工程就叫千村示范、万村整治。"2003年6月5日，世界环境日当天，习近平同志亲自部署推动"千村示范、万村整治"工程（以下简称"千万工程"）。如今，16年久久为功，浙江以"千万工程"为主要内容的农村人居环境整治取得丰硕成果，为农村地区转型发展蹚出一条新路。全省农村生产生活条件、生态环境、基础设施、公共服务得到极大改善，广大农村地区处处是生态美、风貌美、环境美、风尚美、生活美，农村整体面貌发生深刻变化，"千万工程"和美丽乡村成为浙江乡村振兴的金名片。

2. 主要做法

浙江实施"千万工程"大致可分为四个阶段。第一阶段：示范引领阶段

（2003—2007 年）。选择 1 万多个建制村,全面推进村内道路硬化、垃圾收集、卫生改厕、河沟清淤、村庄绿化,建成 1181 个全面小康示范村、10303 个环境整治村。第二阶段:整体推进阶段(2008—2010 年)。将整治内容拓展到面源污染治理、农房改造、农村公共设施建设,基本完成全省村庄整治任务。第三阶段:深化提升阶段(2011—2015 年)。实施美丽乡村建设行动计划,开展历史文化村落保护利用工作。第四阶段:转型升级阶段(2016 年至今)。美丽乡村建设从一处美向全域美、一时美向持久美、外在美向内在美、环境美向生活美转型,全力打造美丽乡村升级版。2017 年 6 月,浙江省第十四次党代会提出,在提升生态环境质量上更进一步更快一步,努力建设美丽浙江,并首次提出谋划实施"大花园"建设行动纲要。

（1）建立党政主导、多方协同的责任机制

"千万工程"千头万绪,点多面广,涉及城乡全方位各领域。2003 年,省委拿出方案:成立由 12 个部门组成的"千村示范、万村整治"工作协调小组,一方面合力推进;另一方面从城市管到农村,一竿子插到底。各级建立"千万工程"领导小组,由农业农村工作职能部门抓总协调、组织推动,相关部门各负其责、分工协同,人大、政协和社会各方积极参与,实现了"千万工程"的点定到哪里,相关部门的扶持政策、项目资金、指导服务就配套到哪里。事,由这些部门干;钱,由公共财政出。这样,管城市的部门第一次管到了农村,建城市的资金第一次用到了农村。

仅有部门来协调还不行,一把手还得挂帅出征。习近平同志在浙江工作期间,一直亲自抓"千万工程"的部署落实和示范引领,每年都召开一次全省现场会进行专项部署。此后,这也成为浙江历届省委每年都雷打不动的惯例,历任省委书记都把"千万工程"抓在手上。在省委的引领下,浙江各地建立了一把手责任制,党委书记直接抓,党政主要领导还联系一个村,抓点、做样板。那时,习近平同志将淳安县下姜村作为基层工作联系点,多次进行蹲点调研、了解民情,引导下姜村实现了脱胎换骨的变化。曾经"土墙房,烧木炭,一年只有半年粮,有女不嫁下姜郎"的穷山村,成为如今"绿富美"的村庄,"农家乐、民宿忙,游人如织来下姜"。

2006年1月,习近平同志到海盐县于城镇调研,他问大家,推进"千万工程"还有哪些困难?基层同志回答:"'千万工程'搞了三年,容易改的都改了,剩下的是难啃的硬骨头。""我们村底子薄,缺资金,有些环保项目上不了。""上面考核压力大,有些干部思想包袱重,有畏难情绪。"习近平同志勉励大家,实施"千万工程",越往后越难,靠一家一户解决不了,只靠干部的力量也不够,必须由党委和政府牵头,各部门广泛参与,也要充分调动广大农民群众的积极性。为此,浙江明确"千万工程"的关键在县,重点在乡,基础在村,实行分级负责制,把"千万工程"纳入党政领导绩效考核。省级主要是顶层设计、指导服务、督促落实;市县主要是统筹协调、整合资源、组织实施;镇村主要是落实政策、具体实施、建设管护。同时,发挥农民主体作用,把村庄整治建设的主动权、话语权交给农民,尊重民意、维护民利、强化民管,引导千百万农民为建设自己的美好家园和幸福生活而共同努力。

(2)建立规划先行、分类施策的引导机制

七山二水一分田的浙江,生态禀赋良好,许多地方"绿水逶迤去,青山相向开",自然风光与人文景观交相辉映。"千万工程"刚推行时,一些地方走过弯路,有乡愁的老房子被拆掉了,建起了兵营式的新农房,破坏了乡村的自然美,丢失了乡土的味道。2006年9月11日,习近平同志在《从规划开始强化特色》一文中提出,注意围绕特色做文章,杜绝盲目攀比,反对贪大求洋,防止照搬照抄,避免千村一面。

浙江要求各地在人居环境整治上"七分力量抓规划、三分力量搞建设",按照"缩减自然村、拆除空心村、改造城中村、搬迁高山村、保护文化村、培育中心村"的原则,城乡一体编制村庄布局规划,确定200个省级中心镇、4000个中心村和1.6万个保留村,形成了以"中心城市—县城—中心镇—中心村"为骨架的城乡空间布局体系,推动全省建制村由2003年的近4万个缩减到2017年的2.7万多个。同时,因村制宜编制村庄建设规划,形成了以县域美丽乡村建设规划为龙头,村庄布局规划、中心村建设规划等衔接配套的规划体系。

图 14 −1　以综合水利设施进行规划布局的永嘉县岩头古村

　　浙江根据山区、平原、海岛等不同的地形地貌,按照村庄功能定位、区位条件、产业特色、人文底蕴、资源禀赋,分类确定村庄的发展方向、建设模式,巧于因借,不搞大拆大建,保持传统风貌、乡愁文化,建设了一大批具有鲜明特色的美丽乡村。如宁波市象山县鹤浦镇大沙村,是典型的海岛地貌,充分利用海洋资源和海岛风光的优势,陆续上马沿海植物造景、观景平台、边坡生态设计等整治工程,随后有典型海洋特色的渔家乐开了起来。"面朝大海,我们一起安营扎寨"的营销语一经推出,吸引了各方游客纷至沓来。

　　绿水青山之中分布着众多古村落、古建筑。实施"千万工程",古村古建何去何从? 2003 年 6 月 11 日,习近平同志来到东阳市吴宁街道卢宅,视察这座拥有数百年历史的古建筑群落。当时,卢宅多处已破损严重,附近民房也较杂乱,被列为整治对象。是否要将卢宅连同破民房一起整治? 有人建议,干脆都拆了,省事;建新的,更漂亮。习近平同志指出:"要正确处理保护历史文化与村庄建设的关系,对有价值的古村落、古民居和山水风光进行保护、整治和科学合理地开发利用,使传统文明与现代文明达到完美的结合"。① 这番话,给浙江古建、古村的保护与整治指明了方向。今再来卢宅,走在老街的石子路上,看着斑驳的墙壁、屋檐下摇曳的灯笼、老街旁的传统店铺,仿佛置身于那段早已飘逝的悠悠岁月。近年来,浙江为进一步保护历史文化,在全省建设了1万多家农村文化礼堂,组织实施《千村故事》"五个一"行动计划(寻访传统故事——编撰一套丛书,触摸历史脉搏——形成一个成果,定格乡土印象——摄制一碟影像,回味乡愁记忆——推出一馆展示,构建精神家园——培育一批基地)和《千村档案》整理,传承乡土文化,留住乡愁记忆。

(3)建立循序渐进、迭代升级的发展机制

"千万工程"从哪些方面破题,农村人居环境整治应该从哪里切入? 经过广泛调研和充分研究,浙江省委决定从群众反映最强烈、花钱少见效快的整治环境"脏乱差"问题入手,整治垃圾、处理污水、硬化道路。根据轻重缓急逐县推进,以星火燎原之势全域推进农村人居环境治理。全省累计硬化村内主干道4.3万公里,添置垃圾箱130万个,种植绿化苗木3500万株。到2013年底绝大多数建制村完成了整治,一大批"脏乱差"的村庄变成了"水清、路平、灯明、村美"的洁净村庄。在村庄整治基础上,进一步推动农村区域整体面貌的提升,改变单点式的整治方法,深入开展"五水共治"(治污水、防洪水、排涝水、保供水、抓节水)、"三改一拆"(旧住宅区、旧厂区、城中村改造和拆除违法建筑)、"四边三化"(在公路边、铁路边、河边、山边等区域开展洁化、绿化、美化行动)、"双清"行动(清理河道、清洁乡村)和全域性整乡整镇环境整治,把一个个"盆景"连成一道道"风景",全域推进美丽乡村建设。实施美丽庭院、精品村特色村和美丽乡村风景线、示范乡镇、先进县示范县"联创联建",实现"绿不断线、景不断链、移村换景、村村见景",从"一处美"迈向"一片美""全域美"。

---

① 《贯彻落实习近平新时代中国特色社会主义思想在改革发展稳定中攻坚克难案例》,党建读物出版社,2019年,第41页。

以垃圾分类为例。这在浙江已非常普遍。有什么秘诀？整整 16 年,全省上下发扬钉钉子精神,一年接着一年抓、一锤接着一锤敲,用心讲、反复讲,用心教、反复教,推动群众由"垃圾扫出门"转变为"垃圾扔进桶"。从2014 年开始,浙江启动实施生活垃圾分类处理,到 2018 年,覆盖全省 61% 的行政村,分类后的有机垃圾制成有机肥就地还山还田。在农村生活污水治理方面,浙江采用"伤十指不如断一指"战术集中发力。投入 300 亿元建设地下工程、隐蔽工程,重塑江南水乡韵味。3 年时间,全省新增农村生活污水有效治理村 2.3 万个,510 万农户的厕所污水、厨房污水和洗涤污水得到了截污纳管,全省劣 V 类水质断面全部消除,劣 V 类小微水体基本消除。在曾经的"水晶之都"浦江县,掀起了一场水晶产业整治雷霆行动,摘掉了"全省最脏县"的帽子,河水越来越清,鱼也越来越多。海盐县发动了"生猪养殖业减量提质转型升级"行动,引导养殖户走上转产转业、绿色发展之路,江南水乡重现生机。

(4)建立以人为本、互促互进的转化机制

"千万工程"一路走来,浙江农村发展思路发生了转变,村居面貌发生了质变,村民的习惯发生了巨变,"美丽转身"的故事俯拾皆是。曾经凭借"靠山吃山"富起来的余村,环境破坏严重、村民的身体健康和生命安全受到威胁。痛定思痛,余村决定封山护林、保护环境。2003—2005 年,村里相继关停了矿山、水泥厂和一大批竹筷企业。开山炸石的炮声和竹筷加工机器的轰鸣声停了,村里的发展也陷入困境,村集体年收入从最高 300 多万元缩水到不足 30 万元,几乎半数村民"失业"。旧的生财渠道关闭了,新的产业怎么扶持？老百姓怎么增收？余村人徘徊在十字路口。2005 年 8 月 15 日,习近平同志来到余村,听了村干部的介绍后说,你们下决心停掉一些矿山,这是高明之举。还告诫村民,当鱼和熊掌不可兼得的时候,要学会放弃,要知道选择,发展有多种多样,要走可持续发展的道路,绿水青山就是金山银山![1]

---

[1] 《贯彻落实习近平新时代中国特色社会主义思想在改革发展稳定中攻坚克难案例》,党建读物出版社,2019 年,第 44 页。

习近平同志的话，为余村人指明了一条绿色发展之路，干部群众坚定了走"养山用山"道路的决心。村里有序推进厂区改造、道路和河道整治、污水处理、垃圾分类、农田复垦，重新编制发展规划，把全村划分为生态旅游区、美丽宜居区和田园观光区3个区块。历经10年变迁，余村彻底变了样，优美的环境回来了，变成了"摇钱树"，形成了河道漂流、户外拓展、休闲会务、登山垂钓、果蔬采摘、农事体验的休闲旅游产业链。2018年，农民人均纯收入超过4万元，全村280户人家有小轿车近200辆，不少村民在乡下建起了别墅，城里还有一幢洋房。村民富了，村里也富了，集体经济收入达到400多万元，集体资产近5000万元。

按照"两山"理念的指引，浙江坚持以人民为中心，以人居环境的改善促进农村的全面发展。充分运用"千万工程"成果，大力发展乡村旅游、养生养老、运动健康、电子商务、文化创意等美丽业态，变"种种砍砍"为"走走看看"，变"卖山林"为"卖生态"，田园变公园，农房变客房，从而打开了"两山"转化通道。2018年，全省农村居民人均可支配收入27302元，城乡居民收入差距缩小到2.036∶1。转变村庄经营方式，把美丽经济发展与村集体经济壮大有机结合起来，以土地、资产入股等形式发展美丽经济或配套产业，年收入10万元以下集体经济薄弱村从2016年的6920个下降到749个，走出了一条"美丽生财"的好路子。农民群众的获得感明显增强，也更加积极支持和参与"千万工程"。

（5）建立党建引领、长效运行的保障机制

农村人居环境治理的主战场在乡村，最怕上热下冷，推进力度层层递减。如何解决这个问题？浙江在实施"千万工程"的过程中，把基层党建工作贯穿始终、牵引带动，强化基层组织建设，深化基层党建"整乡推进、整县提升"，高标准落实农村基层党建"二十条"。利用"千万工程"建设带来的客流和商机，通过景区经营、物业经营、配套服务和"飞地抱团"等途径，发展村级集体经济，消除年收入10万元以下集体经济薄弱村，夯实党在农村的执政基础。

（6）实施"农村头雁工程"

采取上级下派、乡贤回请、跨村任职等方式，吸引有知识、有头脑、有热情的人到村任职兴业，安吉县鲁家村就是其中的典型个例。2011年的鲁家村，没有风景名胜，没有像样产业，垃圾遍地、污水横流，年轻人纷纷外出。村集体资产不足30万元、家庭人均年收入1.47万元，是全县倒数第一的落后小村庄。在上级党委的动员下，朱仁斌放下自己的产业返乡担任村支书，到任时，村里账上只有6000元，外债却有150万元。朱仁斌首先从改变村庄环境开始，自掏腰包整治环境，赢得群众信任。接着，这个外号"PPT书记"的村支书请专业机构编制村庄建设规划，为村里找项目承接商，带着"PPT"四处奔走争取资金支持，争取在外成功人士投资捐款……到2018年，村集体资产已过2亿元，人均年收入超3万元。鲁家村完成了从外债百万元到村资产过亿元的逆转，成为全国首批15个田园综合体试点项目之一。

"钱从哪里筹？地从哪里来？"是农村人居环境治理首当其冲的问题。浙江通过政府主导、整合盘活资源、集聚各类要素的途径来保障投入，通过财政预算安排一部分、土地出让金中提取一部分、部门项目配套一部分和规费收取减免一部分的办法，不断增加投入。16年来，整合各级各类财政资金1800多亿元，其中"千万工程"专项资金不足1/3，其他资金主要通过整合美丽乡村建设专项及奖补资金、农村公路建设和维护、农房危旧房改造、美丽宜居示范村试点、农村环境综合整治、农村饮水工程、农村文化礼堂、农村厕所改造、村级一事一议、农村综合改革等相关项目而来。浙江每年安排10%的新增建设用地指标用于农村人居环境整治，城乡建设用地增减挂钩节余指标在保障搬迁农民安置后优先用于整治需要。同时，引导村级集体、农户以多种形式投入"千万工程"；以乡情为纽带，鼓励浙商、乡贤等成功人士回乡参与农村建设，越来越多的主体到农村投资兴业，农村吸引要素回流的趋势不断显现，反过来又促进了"千万工程"建设。

"三分建、七分管"。浙江合理划定政府、村级组织和农户的管护责任，建立乡镇综合管护、村级自行管护、专业第三方管护互为补充的长效管理机制，在乡镇设立公共设施管护机构，在有条件的地方推行第三方物业管护。

全面推行河(湖)长制等,落实管护责任。发挥村级组织和农民的主体作用,将设施管护纳入村规民约,合理承担卫生费、水费等义务。加强宣传引导,增强群众节约意识、环保意识、生态意识,形成人人爱护设施、保护生态、崇尚文明的社会新风。

3.经验启示

16年来,浙江省委、省政府坚持不懈推进"千万工程",与时俱进建设美丽乡村,探索出了许多创新性的改革方法,形成了一套系统的"浙江经验"。"浙江经验"堪称全国新农村建设典范,为实施乡村振兴战略和农村人居环境整治工作提供了有益借鉴。

(1)始终坚持以绿色发展理念引领农村人居环境综合治理

以习近平总书记关于做好"三农"工作的重要论述以及"绿水青山就是金山银山"、城乡统筹发展等理念为引领,把可持续发展、绿色发展理念贯穿于改善农村人居环境各阶段、各环节全过程,认真及时贯彻中央决策部署,准确把握乡村发展规律,切实把"千万工程"作为推动农村全面小康建设的基础工程、统筹城乡发展的龙头工程、优化农村环境的生态工程、造福农民群众的民心工程,为增加农民收入、提升农民群众生活品质奠定基础,为建设幸福家园和美丽乡村注入动力。

(2)始终坚持高位推动,党政一把手亲自抓

习近平同志在浙江工作期间,每年都出席全省"千万工程"工作现场会,明确要求凡是"千万工程"中的重大问题,地方党政一把手都要亲自过问。浙江省历届党委和政府坚持农村人居环境整治一把手责任制,成立由各级主要负责同志挂帅的领导小组,每年召开一次全省高规格现场推进会。全省上下形成了党政一把手亲自抓、分管领导直接抓、一级抓一级、层层抓落实的工作推进机制。省委省政府把农村人居环境整治纳入为群众办实事内容,纳入党政干部绩效考核和末位约谈制度,强化监督考核和奖惩激励。坚持落实"四个走遍"(省委书记带头走遍所有县市区,市委书记走遍所有乡镇,县委书记走遍所有行政村,乡镇党委书记走遍所有自然村和贫困户)制度,注重发挥农业农村部门的统筹协调作用,明确部门责任分工,集中力量

办大事。

（3）始终坚持因地制宜，分类指导

注重规划先行，从实际出发，实用性与艺术性相统一，历史性与前瞻性相协调，一次性规划与量力而行建设相统筹，专业人员参与和充分听取农民意见相一致，城乡一体编制村庄布局规划，因村制宜编制村庄建设规划，注意把握好整治力度、建设程度、推进速度与财力承受度、农民接受度的关系，不搞千村一面，不吊高群众胃口，不提超越发展阶段的目标。坚持问题导向、目标导向和效果导向，针对不同发展阶段的主要矛盾问题，制定针对性解决方案和阶段性工作任务。不照搬城市建设模式，区分不同经济社会发展水平，分区域、分类型、分重点推进，实现改善农村人居环境与地方经济发展水平相适应、协调发展。

（4）始终坚持有序改善民生福祉，先易后难

坚持把良好的生态环境作为最公平的公共产品、最普惠的民生福祉，从解决群众反映最强烈的环境"脏乱差"做起，到改水改厕、村道硬化、污水治理等提升农村生产生活的便利性，到实施绿化亮化、村庄综合治理提升农村形象，到实施产业培育、完善公共服务设施、美丽乡村创建提升农村生活品质，先易后难，逐步延伸。从创建示范村、建设整治村，以点串线，连线成片，再以星火燎原之势全域改善农村人居环境，探索农村人居环境整治新路子，实现了从"千万工程"到美丽乡村，再到美丽乡村升级版的跃迁。

（5）始终坚持系统治理，久久为功

坚持一张蓝图绘到底，一件事情接着一件事情办，一年接着一年干，充分发挥规划在引领发展、指导建设、配置资源等方面的基础作用，充分体现地方特点、文化特色，融田园风光、人文景观和现代文明于一体。坚决克服短期行为，避免造成"前任政绩、后任包袱"。推进"千万工程"，注重建管并重，将加强公共基础设施建设和建立长效管护机制同步抓实抓好。坚持硬件与软件建设同步进行，建设与管护同步考虑，通过村规民约、家规家训"挂厅堂、进礼堂、驻心堂"，实现乡村文明提升与环境整治互促互进。

(6)始终坚持真金白银投入,强化要素保障

建立政府投入引导、农村集体和农民投入相结合、社会力量积极支持的多元化投入机制,省级财政设立专项资金、市级财政配套补助、县级财政纳入年度预算,真金白银投入。据统计,16年来浙江省省级财政、市县财政累计投入村庄整治和美丽乡村建设的资金分别超过600亿元、1200亿元。积极整合各类资金,下放项目审批、立项权,调动基层政府积极性主动性。通过政府购买服务等方式,吸引市场主体参与。同时,通过宣传、表彰等方式,调动引导社会各界和农村先富起来的群体关心支持农村人居环境。

(7)始终坚持党建引领,充分发挥基层党组织战斗堡垒作用

开展"千名好支书"评选活动,在全省集中选树1000多名百姓喜爱的优秀村(社区)党组织书记,宣传"好支书"、学习"好支书"、争当"好支书"蔚然成风,"好支书"现象成为一道独特风景。在农村人居环境整治工作推进中,始终注重强化乡村党员干部的执行力、战斗力和号召力,激励党员干部亮明身份、冲锋在前,敢于直面复杂局面、处置突出问题、纠正敷衍行为。广泛推行干部就近就亲就熟驻村联户、结对帮扶,发动群众、依靠群众,了解群众疾苦和心声,及时帮助解决群众所需所求。

4.选择此案例材料的原因

《以绿色发展理念引领农村人居环境整治——浙江实施"千万工程"造就万千美丽乡村的生动实践》来源于中共中央组织部组织编写的《贯彻落实习近平新时代中国特色社会主义思想、在改革发展稳定中攻坚克难案例·生态文明建设》(党建读物出版社),其真实性、权威性、针对性、影响力都非常强。浙江"千万工程"荣获了联合国"地球卫士奖",其代表性、典型性、先进性也非常强。

浙江"千万工程"是习近平生态文明思想的理论源头和实践证明,更是对"绿水青山就是金山银山"理念的坚定笃行。自2003年以来,浙江"千万工程"以治理好涉及广大农村千家万户的"小事"为切入点,针对农村生态环境的突出问题和长期难以解决的普遍问题,掀起了三大革命,即以垃圾分类为重点的"垃圾革命"、以污水治理为重点的"污水革命"和以旱厕改造为重点

的"厕所革命"。持续推进的"千万工程"使浙江的乡村发生了翻天覆地的变化。村民们久未谋面的绿水青山、蓝天净土重新回到了老百姓的生活之中。

浙江"千万工程"的实践经验值得各级领导干部认真学习借鉴,对于领导干部提高对习近平生态文明思想的领悟力有非常积极的意义,对于领导干部提升生态文明建设的执行力更有积极意义。

5. 选择此案例材料的过程

在确定案例材料之前,课题开发小组选取了7个备选案例,分别是《以绿色发展理念引领农村人居环境整治——浙江实施"千万工程"造就万千美丽乡村的生动实践》《让生活垃圾分类成为践行绿色生活方式新时尚——上海推进生活垃圾分类的探索与实践》《利用市场化手段推进环境治理——广西南宁以 PPP 模式推进水环境治理的探索》《在保护中发展 在发展中保护——云南贡山县独龙江乡生态扶贫的生动实践》《天津绿色港口建设实践探索》《生态文明时代的体验性路网规划方法——以天津绿色生态屏障区为例》和《青海打造绿色生态农牧业样板》。

课程开发小组对这7个案例的优势、劣势、适用对象等作了详细分析,一致认为《以绿色发展理念引领农村人居环境整治——浙江实施"千万工程"造就万千美丽乡村的生动实践》案例材料最具有代表性、权威性、实践性。

案例教学课的学习主体是学员。因此,学员意见对选取案例材料有着至关重要的作用。于是,课程开发小组以发放征求意见表的形式在学员中开展民意调查。征求对象包括处级班学员、中青班学员、公务员进修班学员和专题研讨班学员,发出问卷 379 份,有效问卷 352 份。调查结果显示,《以绿色发展理念引领农村人居环境整治——浙江实施"千万工程"造就万千美丽乡村的生动实践》案例材料的得票率最高,达到 72.47%。

(二)对教学对象进行分析

进行案例教学的两个处级班前期已经接受过"习近平生态文明思想"的理论讲授课,掌握了一定的理论知识。这两个班的学员分别是党政干部和街镇干部,都有一定的生态文明建设的实践经验,但并非生态环境领域的专业工作人员,极少从事过农村人居环境整治。因此,"千万工程"的案例教学可以补齐他们的这方面短板。

进行案例教学的生态文明建设专题班并未接受过"习近平生态文明思想"的理论讲授课,但是他们都是生态环境和农村人居环境整治领域的专业工作人员,在实际工作中夯实了理论基础,也积累了丰富的实践经验。因此,浙江"千万工程"案例教学可以帮助他们将现有理论和实践系统化,打开他们解决实际问题的思路,启发他们对现实问题的思考。

(三)对教学环境进行分析

三个班的学员人数都在 50 人左右,但是课程实施场所要选择能容纳100 人左右的大教室。因为在案例教学过程中,学员要分组讨论,甚至离座相互交流,教师也要分别深入每个小组进行交流,这就要求教室必须有足够的活动空间。教室内部布置 5 个 10 人一组的 U 型围坐桌,座椅可活动。五张桌子呈五角星的五点分布。这样的布局方便学员讨论案例,也方便教师深入各组参与讨论。

教室配备移动白板、话筒、多媒体等设备。每桌配备讨论用海报纸、海报笔等记录用文具。

(四)制定案例教学时间计划

课程总时长约为 6 个小时以上,其中课前预习 2 个小时以上,课堂 3 小时左右,课后复习 1 个小时以上

1. 课前时间计划

案例开始前,提前将案例材料发放给学员,要求他们至少预习 2 个小时以上,达到对案例材料比较熟悉的程度。

2. 课堂时间计划

案例教学课堂授课主要分为案例导入、小组讨论、班级讨论(各组代表交流发言,其他组提问)、案例总结四部分。

案例导入:30 分钟

分组研讨:50 分钟

世界咖啡:30 分钟

班级研讨:60 分钟

案例总结:20 分钟

两节 80 分钟的课时加世界咖啡 30 分钟的时间,基本满足案例教学时间需要。在实施过程中,发现分组研讨和班级研讨环节时间略显仓促。很多学员讨论并未尽兴,甚至课程结束后继续讨论。

3.课后时间计划

要求学员将案例教学重点讨论的三个思考题结合自身工作做出回答,并以书面形式在规定时间内提交。预计三道思考题需要 1 个小时以上的时间才能完成。

(五)划分讨论小组

按工作相关度将学员分组,大约 10 人一组。

组长产生方式为两种,一种是学号在前的为组长,另一种是推选产生组长,各组自主选择组长产生方式。由组长指定记录员和发言人。

此项工作在案例教学开始前,由班主任或班长负责完成。

二、案例教学的实施过程

(一)案例导入

1.第一环节

引入习近平生态文明思想的丰富内涵和重大意义。中央组织部干部教育培训教材中明确了习近平生态文明思想的丰富内涵、理论贡献和实践意义。导入内容是习近平生态文明思想的丰富内涵。重中之重是强调"绿水青山就是金山银山"理念的由来,及其哲学内涵和经济学内涵。(10 分钟)

2.第二环节

提取《浙江实施"千万工程"造就万千美丽乡村的生动实践》案例材料中的重点信息。案例文本课前已经发放,课上只强调案例的"做法"和"启示",不对案例材料进行全面分析。(15 分钟)

3.第三环节

提出案例情节思考题,给出讨论问题的参考意见和思考题的解题思路。(5 分钟)

参考意见一:采用列名法和头脑风暴法进行讨论

参考意见二:分析案例中蕴含的习近平生态文明思想的理论观点

参考意见三:结合实际,分析案例中可借鉴的经验启示

教学效果:使学员明确重要的知识点,更加聚焦案例材料的重点信息;了解下一步讨论的方法和思考题的解题思路。

(二)小组讨论

1.讨论问题

问题一:如何在农村人居环境整治中做到因地制宜、分类指导?

问题二:如何调动农民群众在农村人居环境整治中的积极性主动性?

问题三:如何在农村人居环境整治中建立多元化投入机制?

每个小组任选一个讨论问题。组长主持讨论,确保每位学员都有发言的机会。记录员要将发言的主要观点记录下来,并会同组长和发言人将本组的主要观点提炼出来。

2.注意事项

在讨论过程中教师要深入各个小组倾听学员讨论。

教师尽可能不发表意见,主要以控制会场和引导讨论的方式来维持秩序。教师的主要任务就是引导学员充分思考,表达个人观点,认真倾听其他人发言,保证讨论不偏离主题。

教师在讨论过程中要记录下各个小组讨论的基本情况,适当点评。

3.教学效果

使学员在理解习近平生态文明思想相关知识点、明确"千万工程"所呈现的治理策略基础上,精准把握案例分析方向,感受"千万工程"生动实践的灵活性和创新性,提升解决自身所面临的实际问题的能力。

(三)世界咖啡

1.进入场景

学员进入一种非常放松的环境——摆放好咖啡桌的休息区。由事先指定的会谈主持人引导大家围绕案例材料中的三个思考题展开交流。这种会谈形式不同于小组研讨和班级交流,而是打破了小组和班级的界限,而且会

邀请其他班级课间休息的学员加入会谈。

2.注意事项

在世界咖啡环节,教师不要打扰学员。让他们在充分放松的状态下会谈。教师悄悄观察他们,记录下他们的主要观点,特别是特色观点。

(四)班级讨论

1.各小组汇报讨论结果

每个小组委派一名发言人将本小组讨论的主要观点汇报给大家,汇报时间控制在 5 分钟左右。

2.每个小组汇报结束后,教师引导学员对各组汇报内容进行问询,发言人或其所在小组成员要给予答复。(时间控制在 5 分钟左右)

3.注意事项

教师以主持人的身份出现。其功能与主持人的功能非常相似,主要是把控好汇报和问询的秩序,调节好气氛,控制好时间和节奏,贯穿好流程,保证讨论有序进行。同时,教师要认真记录各小组观点和问答内容。每组都委派一名代表将讨论的主题和结论向全班同学展示。统计结果显示:选择思考题一的小组数量最多。选择思考题二的小组数量为零。

4.教学效果

为学员创造公众表达的锻炼机会,提高学员发现问题、分析问题和解决问题的能力。

(五)案例总结

1.以学员回答、教师记录的方式归纳本次讨论的主要观点

教师要求每组学员用一句话概括本组的核心观点。比如,党政综合组的观点是"区层面,开展专项整治行动,全面动员,补足短板";街镇组的观点是"开展富有特色的专项行动,如打一场××百日攻坚战";生态环境管理专业组的观点是"建立项目对接机制"……教师充分肯定了各种观点的实践价值,同时也对一些明显错误的观点及时纠正。比如,有一个班的街镇组提出"条件不具备的村可以推迟行动"的观点,教师就予以纠正"行动不可以推迟,必须与其他村同步行动起来,但是,可以将目标任务稍作调整,以保证在

落实上稳步推进、缓而不停"。

2. 带领学员回顾本次课程涉及的重要知识点

由教师带领学员回顾本次课程的重要知识点，即"绿水青山就是金山银山"的哲学内涵与经济学内涵和"千万工程"的做法与启示。

3. 点评学员的表现

由教师对学员的表现做出点评。党政综合组的优点是思考问题全面，在运用创新思维解决问题方面还要提升；街镇组的优点是以问题为导向提出解决方案，要克服只站在本街镇角度思考问题的局限性；生态环境管理专业组的优点是对专业性问题的思考非常有建设意义，要加快提升深入农村调研的积极意愿。对全班学员的总体评价是参与讨论的热情非常高，但普遍存在课前预习不够充分的问题。

4. 教学效果

学员能够积极回答教师提出的问题，及时回忆讨论过程中提出的各种观点，反思自己此次案例教学各个环节中的表现；学员基本上建立了习近平生态文明思想的知识框架，熟悉"千万工程"的做法和启示，能主动寻求类似问题的处理策略。

第二节　学习体验问卷调查

案例教学法在干部教育培训方式上的积极意义已经成为共识。习近平生态文明思想是具有鲜明的综合性、应用性和实践性的科学理论，特别注重理论与实践的有机结合。随着干部教育培训案例教学改革的不断推进，以中组部案例教材为代表的一大批案例教材供给量增加，干部教育培训课程形式中案例教学课的占比大幅提升。选取的课程案例材料能否激发学习兴趣？实际的教学效果能否达到预期？还有哪些需要改进之处？这些都是必须回答的实际问题。基于此，课程开发小组在天津和青海的某些干部教育培训班进行了问卷调查，共发放问卷 192 份，收回有效问卷 186 份，有效回收率为 97%。接受问卷调查的学员包括天津某党校处级班、天津某生态文明专题研修班、青海某党校中青班、青海某组织部干部专题培训班。问卷对象大多是基层干部,迫切需要提升实践能力,具有较强的代表性。

学习是指从阅读、听讲、思考、研究和实践中获得知识或技能的过程。在学习过程中,学习者的兴趣、关注度、负担程度及吸引力等共同构成了学习体验。本问卷共设计 5 个问题,分别从学习兴趣、生态文明信息关注度、负担程度、案例课程吸引度和教学环节吸引力等五个方面对学员的学习体验进行调查。

一、学习兴趣

学习体验的首要组成部分就是学习者的学习兴趣。古今中外的伟大人物们都曾阐述过兴趣对学习的重要性。《论语》有云:"知之者不如好之者,好之者不如乐之者"。物理学家爱因斯坦的那句名言"兴趣是最好的老师"更是脍炙人口。兴趣是教学过程的一个必要因素,对学习者的全面发展至关重要。就学习兴趣而言,对于有些人来说是与生俱来的,但对于大多数人来说,是需要后天激发和培养的。教育必须要激发和培养学习者的学习兴趣,才能实现学习效果。

多年来,教育学、心理学的大量研究提供了重要支撑——"一般来说,关于兴趣在学习中的价值,在理论上已形成共识。研究表明,当学习者自己对学习感兴趣时,学习比较有效。"[①]基于兴趣对学习的重要意义,将学习兴趣作为学习体验的首要构成要素,并作为调查问卷的首要问题。

(一)调查结果

调查结果显示,52.15%的学员表示"非常有兴趣",38.71%的学员表示"比较有兴趣"。这个数据证明了从总体上讲案例教学法能够有效地激发学员的学习兴趣。但是不可忽视的是,2.69%的学员选择了"兴趣较少",0.53%的学员选择了"没有兴趣"。于是,调查组在匿名问卷调查的基础上,征求学员意见后,获取了选择"兴趣较少"和"没有兴趣"的学员信息,锁定了六

---

① ［美］丹尼尔·坦纳、劳雷尔·坦纳:《学校课程史》,崔允漷等译,教育科学出版社,2006 年。

名调查对象,进行了个别访谈。经过个别访谈,调查组获知这六位学员并非对案例教学法兴趣较少或没有兴趣,而是个性化的原因导致学员对此阶段的培训任务都没有兴趣。

表 14-1　本课程学习兴趣调查

选项	非常有兴趣	比较有兴趣	一般	兴趣较少	没有兴趣	合计
选项人数	97	72	11	5	1	186
百分比	52.15%	38.71%	5.91%	2.69%	0.53%	100%

(二)教学建议

充分运用小组研讨、情景模拟等方式激发学习兴趣,让学员站在村党政负责人、乡镇党政负责人、区县党政负责人、相关部门负责人、省级党政负责人的角度进行执行和决策。要求学员结合实际直面现实问题。课程实施过程中的关键是增强代入感和情景体验,促进学员思考问题、分析问题、探讨问题,形成解决问题的思路。另外,尽可能关注个别有特殊情况的学员,如接受个别访谈的六位学员,防止某些学员的个人情绪影响教学实施和效果。

二、生态文明信息关注度

案例教学法更期待学员能够关注现实问题,通过对现实问题的独立思考再回归现实,从而解决现实问题。就习近平生态文明思想这个核心主题而言,本课程要求学员关注生态文明相关信息,如时政新闻、领导讲话、典型案例等。

(一)调查结果

在对生态文明信息关注度的调查中,24.73%的学员选择"非常关注",44.09%的学员选择"比较关注",29.57%的学员选择了一般关注,1.61%的学员选择关注较少,0%的学员选择不关注。由此可见,被调查者对于生态文明信息的关注度较高。以上数据可以从一个侧面证明学员非常关注实际问题,有案例教学的强烈需求。课程结束后的 2 周,我们又进行了一次生态文明信息关注度调查。新一轮调查发现选择关注较少的学员比例降为0%，比较关注的学员比例上升为50%以上。这证明学员对于生态文明信息的关注度有所提升，把所学知识与现实事件相联系的主动性也有所提升。青海学员对与生态文明信息的关注程度更高一些，选择非常关注的学员达到了30%以上，选择比较关注的学员达到了60%以上。这是因为青海独特的省情决定了青海干部对生态文明的关注度一直很高。但不可否认，案例教学法对学员关注度的整体提升有非常积极的影响。

表14-2　生态文明信息关注度调查

选项	非常关注	比较关注	一般	关注较少	不关注	合计
选项人数	46	82	55	3	0	186
百分比	24.73%	44.09%	29.57%	1.61%	0%	100%

（二）教学建议

在案例教学课的课前分享环节，分享近期发生的生态文明信息，特别是习近平总书记的相关考察调研和本地区本部门的相关工作或发生的相关事件，并简要分析其现实意义。锁定本职工作与生态文明建设密切相关的学员，能对本地区重点生态工程进行持续性跟踪调研，如天津绿色生态屏障建设和绿色港口建设的进展情况，青海三江源保护进展情况等。课程开发小组要开发出具有地方特色的案例教材，实现以点带面拓展习近平生态文明思想的实践研究，加深对本地区本部门现实问题的了解和关注。培养学员以良好的学习习惯提升生态文明建设能力。

三、负担程度

从负担程度来看，相较于从前的工学矛盾，现在党校干部的工学矛盾在时间上更为突出，在态度上有所缓解。现在，我们的事业处于爬坡过坎的关键期，干部的工作量非常大。很多干部学习期间还要兼顾单位的工作，所以时间非常紧张。但是在态度上较之从前大为好转，干部们已经充分认识到教育培训的重要性,也能收获很多。因此,他们接受教育培训的主观意愿还是很积极的。

（一）调查结果

调查显示,选择"很轻松"的学员人数占比为6.45%,选择比较轻松的学员人数占比为11.29%,选择"适中"的学员人数占比为56.99%,选择"比较繁重"的学员人数占比为23.66%,选择"很繁重"的学员人数占比为1.61%。总体而言,选择"繁重"的学员人数占比（共25.27%）超过认为轻松的学员人数占比（共17.74%）,这说明工学矛盾还是比较突出的。因此,本课程不能给学员增加太大的学业负担,要保持好鼓励好学员对课程的兴趣度和关注度,防止产生厌学情绪。

表14-3　课业负担程度调查

选项	很轻松	比较轻松	松紧适中	比较繁重	很繁重	合计
选项人数	12	21	106	44	3	186
百分比	6.45%	11.29%	56.99%	23.66%	1.61%	100%

（二）教学建议

课堂实施过程要严格要求,课后作业灵活掌握。本课程要求课后学员独立完成思考题,并形成一份书面材料。但对于材料的字数、格式、查重等不作硬性要求。

四、案例教学课程吸引度

好的案例材料是案例教学法应用的必要前提。本课程的案例材料是经过课程开发小组研究和征求学员意见后最终确定的。案例材料本身具有真实性、权威性、典型性、代表性和时代性,既能有效激发学员的学习兴趣,又能启发学员的深入思考,还能提高学员的实践能力。开始授课前,课程开发小组在学员中间开展了案例选择的民意调查。结果显示,《以绿色发展理念引领农村人居环境整治——浙江实施"千万工程"造就万千美丽乡村的生动实践》的案例材料得票率达到70%以上,在7大案例中排名第一。课程开发小组也赞同选取此案例材料。

为了进一步验证案例教学课程的吸引力如何,必须在课后再进行吸引度调查。

(一)调查结果

结果显示,选择"吸引人"的学员人数占比达到七成以上(共73.66%),与课前调查的结果基本吻合,选择"不吸引人"和"让人厌烦"的学员人数为0。这样的结果表明此案例材料本身的吸引力和课堂呈现的吸引力相一致。值得关注的是,一部分学员在调查问卷的意见建议栏,填写了"希望开展具有地区特色的案例教学"的建议。

表14-4 案例课程吸引度调查

选项	非常吸引人	比较吸引人	一般	不吸引人	让人厌烦	合计
选项人数	48	89	49	0	0	186
百分比	25.81%	47.85%	26.34%	0%	0%	100%

(二)教学建议

要注重案例库建设,合理设置案例库结构,既要有具有本学科普遍影响力的、典型性、代表性强的案例,也要有具有本地特色的、感受性强的案例。今后,案例教学课的占比要提高,课时要延长。最好能实现一个专题既能包括全国范围内的典型案例材料,也能包括本土特色案例。对于本土特色案例,建议与现场教学对接。各小组通过现场学习、调研,进行案例的再分析、再思考、再讨论,以实现课堂的内外联动和案例教学提升能力的目标。

五、教学环节吸引力

教学环节对于教学效果是至关重要的。为了捕捉到教学环节的亮点,教师认真观察每一个教学环节的课堂气氛和学员参与度,并结合调查问卷结果对教学环节进行反思。

(一)调查结果

结果显示,选择"案例导入"的人次占比为26.35%,选择"分组研讨"的人次占比为36.56%,选择"班级研讨"的人次占比为29.03%,选择"世界咖啡"的人次占比为60.75%,选择"案例总结"的人次占比为36.02%。人次最多的两个选项分别为"分组研讨"和"世界咖啡"。这些数据反映了学员对开放式的分析问题和讨论问题的参与热情。

首先值得关注的是,有60.75%的学生选择"世界咖啡"。本环节是本课程开发小组的一次创新。原计划这30分钟是学员休息时间,但是我们发觉如果只是休息,这30分钟就失去意义了,而且很多学员在休息过程中也会对课堂内容或者其他问题展开讨论。于是,课程开发小组就巧妙引入了世界咖啡环节,为学员提供咖啡、茶水、走廊聊天座椅等道具,营造开展"世界咖啡"的轻松氛围。观察发现,学员在这种轻松的氛围下,打开视野、拓宽思路、碰撞思想火花,出现了超过预期的效果。这更加印证了,案例教学法的主体是学员。

其次值得关注的是,有85.48%的学员建议增加现场教学,体现了学员的务实精神和深入实践的迫切愿望。案例教学法是理论与实践的连接教学方法。出发点是理论,落脚点是实践。这里的实践不是简单观摩,更不是休闲游览,而是对攻坚克难战场的实景体验和对开拓创新的直观感知。比如,到浙江农村进行现场教学,实地感受他们是如何在农村实现垃圾分类的,如何发展乡村生态旅游的,如何推进智能化智慧化的数字乡村建设的。这些实景体验都是在课堂上无法获得的。

表14-5 教学环节吸引力(多选题,限选1~2项)

选项	案例导入	分组研讨	班级研讨	世界咖啡	案例总结	建议增加现场教学
选项人数	49	68	54	113	67	159
百分比	26.35%	36.56%	29.03%	60.75%	36.02%	85.48%

多选题百分比:1.多选题选项百分比=该选项被选择次数÷有效答卷份数;2.含义为选择该选项的人次在所有填写人数中所占的比例

（二）教学建议

提升案例导入和班级研讨环节的吸引力，减少这两个环节的时间，凝练其内容。增加世界咖啡环节的时间，并要求教师对这一环节巧妙设计，激发更多有价值的思考。与现场教学有机结合，增强学员的现场体验。

第三节　教学效果评估

教育培训效果评估对教育培训的重大意义前文已经详细阐述过了。课程评估小组从学员的学习收获、学员对教学模式和教学内容匹配度的评价、学员的学习遗憾、学员对课程考核方式满意度、课堂互动影响因素等方面进行调查问卷和分析，并结合前述调查结果，运用"柯氏评估法"对教学效果进行全面评估。

一、学员的学习收获分析

运用案例教学法要达到的最重要学习目标是提升学员的能力。本次问卷调查最关注的问题就是学员能力提升与否。本次案例教学的教学对象都是有着丰富实践经验和专业素质的党政领导干部、街镇干部和生态环境保护战线上的专业人才。他们具有较强的对自己学习能力是否得到提升的判断能力。按照习近平总书记提出的干部要提高"七种能力"的要求，此次调查问卷涉及了这七种能力，即政治能力、调查研究能力、科学决策能力、改革攻坚能力、应急处突能力、群众工作能力、抓落实能力。

对于学员政治能力的培养贯穿此次案例教学的全过程。从课前预习阶段开始，学员就被带入了浙江"千万工程"的生动实践之中。他们虽未曾亲身经历这一实践过程，但案例材料本身的真实性、生动性及其所提炼的经验的科学性与启示的启发性，都会带给学员身临其境之感。特别是浙江在实施"千万工程"后发生的显著变化，让学员对于生态文明建设的认同感不断加强。浙江"千万工程"的惠民成效，让绝大多数学员提高了参与生态文明建设的积极态度、专业能力和生态素养。

为了培养学员调查研究的能力,在小组研讨和世界咖啡环节,都给学员提供了调查研究的机会。通过彼此交流,学员之间可以了解到本地区、全国乃至全球范围内关于生态文明的相关信息。例如,有些学员曾到浙江参加过"千万工程"的相关现场教学,介绍的情况就更加生动真实。特别强调的是,本次案例教学的课后延展阶段的任务是"写作"。我们要求学员在学习结束后2个月内将课堂所学与实际工作相结合撰写一篇心得体会。为了减轻他们的负担,心得体会不作格式、文体要求,甚至不过高要求重复率。其目的就是让学员更加重视作业的内容而非形式,扎实深入地调查到一些真实情况,发现一些具体问题,形成解决问题的清晰思路,最好是研究出行之有效的对策办法,最终实现学以致用。

为了培养学员的科学决策能力,提醒学员一定要在课前预习阶段认真学习习近平同志当年是在什么样的背景下果断提出浙江实施"千万工程"的。各地市、县、村级主要负责人又是如何因地制宜提出本地实施方案的。并且要求学员在"课后作业"中对本地区生态文明建设提出建议。

为了培养学员的改革攻坚能力,本课程将案例中浙江"千万工程"推进过程中具有代表性解决难题的经验做法重点强调,并要求学员在讨论思考题时一定要结合本地区本部门关于农村人居环境改善的难点问题集思广益。

为了培养学员的应急处突能力,本课程没有在课前向学员声明在班级讨论环节会设置提炼观点任务和现场问答任务。发言人认为此环节只需要汇报小组研讨结果就可以。没有发言任务的学员也认为此环节只要听汇报就可以。突然的要求非常考验他们的应变能力,间接培养了他们的应急处突能力。

为了培养学员的群众工作能力,在班级研讨环节,教师会向每组都提出一个关于如何发动群众落实农村人居环境整治方案的问题。如街镇组在汇报时谈到"在农村推进垃圾分类要对群众实施激励与约束并重的措施。"教师就提问"如果群众对把处罚列入村规民约的建议很反感怎么办呢?"学员回答:"如果大多数群众都反对就需要反复做工作。如果只是少数群众反对,可以通过民主投票的方式列入村规民约。"

为了培养学员的抓落实能力,本课程的课后延展阶段还有一个调查问卷,主要针对从事生态文明建设具体工作的学员的领导和管理服务对象问询该学员的工作成效。

本课程的小组研讨、世界咖啡和班级研讨环节都有针对性地培养学员分析问题、讨论问题和解决问题的实践能力。与此同时,也锻炼了学员的沟通协调能力。另外,每个环节都设定相对严格的时间限制,有利于培养学员的时间控制能力。在规定时间内完成案例分析、观点归纳和要点提炼,也是对学员组织能力和表达能力的考验。班级讨论环节,每个小组的发言人就本小组选定的思考题进行汇报时,都紧紧扣住农村人居环境整治这个主题,将本组讨论的观点清晰梳理,并做了提炼总结。

综上所述,课程评估小组设计了覆盖多项能力的调查问卷表,收集学员对于能力提升情况的反馈。

(一)调查结果

调查结果显示,大多数学员都感到自己在能力提升上很有收获。排在前三位的学习收获分别是政治能力(97.85%)、改革攻坚能力(94.62%)和抓落实能力(52.15%),这样的结果非常乐观,基本达到了此次案例教学课的学习目标。意外的收获是,有16.13%的学员选择沟通协调能力和学习能力。

表 14 - 6　学习收获调查(多选题)

选项	政治能力:参与生态文明建设和农村人居环境整治相关决策的可能性	调查研究能力:结合实际问题撰写心得体会过程中认真调研	科学决策能力:对本地区生态文明建设工作提供决策咨询或做出决策	改革攻坚能力:解决实际工作中遭遇的生态文明建设的突出难题	应急处突能力:对突发生态环境事件进行处置	群众工作能力:在推进生态文明建设中做好群众工作	抓落实能力:将美丽天津或山水黄南战略部署落实到位	其他能力:附加说明
选项人数	182	25	69	176	28	23	97	30
百分比	97.85%	13.44%	37.09%	94.62%	15.05%	12.64%	52.15%	16.13%

其他能力说明是提高了沟通协调能力和学习能力等。

(二)改进建议

不求面面俱到全面提升七种能力。以提升学员在生态文明建设中的政治能力、改革攻坚能力和抓落实能力为重要目标,强化学员生态文明理念,充实学员生态文明建设的实践经验,启迪学员结合自身工作实际提升生态治理水平的思考。

二、学员对教学模式和教学内容匹配度的评价分析

习近平生态文明思想是指导新时代生态文明建设的科学理论,一般都是以理论讲授的形式开展教学活动的。以案例教学这种开放式、互动式的教学模式开展教学活动是否会得到学员的认可呢? 学员对教学形式与教学内容的适配性评价如何呢? 为了得到学员的有效反馈,调查问卷中专门设计了关于教学模式和教学内容评价的问题。

(一)调查结果

调查发现,92.47%的学员认为案例教学形式与习近平生态文明思想的内容相匹配是"非常合适",没有学员认为二者匹配"不合适"。由此可见,从

教学对象的角度讲,这堂案例教学课程非常受欢迎。

表 14-7　教学模式和教学内容评价

选项	非常适合	比较适合	基本适合	不适合	合计
选项人数	172	11	3	0	186
百分比	92.47%	5.91%	1.61%	0%	100%

（二）改进建议

在"习近平生态文明思想"教学单元中继续加大案例教学的比重。

三、学员的学习遗憾分析

既然教学是以学员为主体的,那么教学中的不足就需要学员提出。开始设计调查问卷时,设计了一个开放性问题"教学的改进建议",结果只有 2 名学员在这一栏填写了"希望能和现场教学结合起来"的建议。于是,课程评估小组就这个问题重新设计了调查问卷,将这一项改成了"教学建议"。这就把相对专业化、客观性的问题改成了主观性很强的问题,并且以多项选择题的形式出现,这样更有利于引导学员表达其真实想法。

（一）调查结果

调查结果显示,54.84% 的学员遗憾是"关于生态文明建设的知识储备和实践经验太少",这的确是一个很普遍的问题。案例教学法的运用应该是建立在学习者对理论知识有所掌握的基础上的。52.15% 的学员遗憾"小组研讨和世界咖啡的时间太短了",这也是教师在教学过程中感受到的,在这两个环节,学员的态度最为积极。44.62% 的学员遗憾"没有与现场教学相结合",这也是一个比较普遍的问题,如果能实现案例教学与现场教学相结合,学习效果一定更加明显。

表 14 - 8　学习遗憾调查（多选题）

选项	没有与现场教学相结合	没有与老师充分交流	小组研讨和世界咖啡的时间太短了	课前没有认真研读案例材料	关于生态文明建设的知识储备和实践经验太少
选项人数	83	29	97	16	102
百分比	44.62%	15.59%	52.15%	8.60%	54.84%

（二）改进建议

课程评估小组分析数据后，进一步研究如何改进案例教学。有些遗憾是比较容易弥补的，比如增加小组研讨和世界咖啡的时间，将习近平生态文明思想理论讲授课排在案例教学课之前，但是关于案例教学与现场教学相结合的学员如果有遗憾，弥补起来就有些困难。因为赴浙江现场教学的时间和金钱成本都很高，这需要重新进行培训预算。值得注意的是，现场教学的确是案例教学法运用的题中应有之义。特别是面对干部学员，党校老师本来就实践经验不足，如果没有现场教学做弥补，教师能给予学员的帮助就非常有限了。下一步，如果开展现场教学，就要在师资方面聘请当地有实战经验的干部来做现场讲解。另外，如果培训经费和时间都不允许的话，在案例的选取或开发过程中，就要优先选择现场教学基地在本地区的案例材料。比如，在天津可以选择《天津绿色港口建设实践探索》《生态文明时代的体验性路网规划方法——以天津绿色生态屏障区为例》，在青海可以选择《青海打造绿色生态农牧业样板》。

四、学员对课程考核方式满意度分析

课程考核方式的选择必须以符合课程目标和课程定位为前提。本课程的课程目标是提升学员对习近平生态文明思想的落实能力，课程定位是能力提升课。因此，没有选择用试卷作为终结性考核的方式，而是选择了过程化、多元化的考核评价方式。本课程将学员的课上表现和课后作业的成绩加权形成最终课程成绩。课上表现成绩占比 60%，课后作业成绩占比 40%。之所以将课上表现的占比确定得如此高，就是因为，本课程必须通过学员积极主动参与才能达到效果,能力提升类的课程必须要通过亲身体验和操练才能达到教学效果。之所以没有选择一张试卷定乾坤的考核方式,是因为案例教学课的教学内容中没有多少死记硬背的知识点,开放性的讨论题也在课后作业中体现了,所以试卷考核方式对于评价学员的学习效果没有太大意义,对学员的学习行为也没有太大的约束和激励意义。这种过程化、多元化的考核方式有效避免了学员陷入前松后紧的应试教育学习误区,可以很好地激励和约束学员持续、积极地投入学习过程中。

(一)调查结果

调查结果显示,学员对过程化、多元化考核评价方式认可度非常高。选择"非常认可"的学员人数占比达到94.09%。选择"不认可"的学员为0人。

表 14-9　课程考核方式满意度调查

选项	非常认可	比较认可	不认可	合计
选项人数	175	11	0	186
百分比	94.09%	5.91%	0%	100%

(二)改进建议

课程考核方式的满意程度非常高,坚定了课程评估小组选取此种考核方式的信心。下一步要对课堂表现的构成项目及权重进一步细分,对学员课后作业认真批阅,及时反馈。

五、课堂互动影响因素分析

课堂互动是案例教学法运用的最主要途径。课堂互动的形式包括教员与学员间的互动、学员和学员间的互动。在多个班次的案例教学运用过程中,课题开发小组发现,并非每次案例教学课的课堂互动效果能令人满意,甚至出现了一次冷场的情况。针对此种情况,本小组针对影响课堂互动的因素展开了调查。

（一）调查结果

调查结果显示,其中选择"对问题思考不够深入,没有形成成熟的想法"的学员人数占比55.38%,选择"比起自己发言,更愿意听别人发言"的学员人数占比44.62%,选择"不习惯在众人面前公开发言"的学员人数占比为0%。

表14-10 参与课堂互动影响因素调查

选项	对问题思考不够深入,没有形成成熟的想法	不习惯在众人面前公开发言	比起自己发言,更愿意听别人发言	合计
选项人数	103	0	83	186
百分比	55.38%	0%	44.62%	100%

（二）改进建议

针对上述调查结果,课程评估小组作了认真分析。大多数学员都没有生态文明建设相关的丰富知识储备和实践经验,所以他们针对这一问题进行独立思考有些困难,他们需要更多的时间去预习,需要更有效的教师引导。学员都是领导干部,发言的能力和习惯都是没有问题的,但是在同为领导干部的同学们面前会有些过度谨慎。为克服这种过度谨慎的情绪,教师需要做的工作是进一步营造轻松、热烈的互动氛围。

根据以上分析,课程评估小组建议如下:一是将课前预习资料进一步丰富,除案例材料外还要增加习近平生态文明思想理论知识的材料,帮助学员更加充分地做好课堂互动的准备;二是增加课堂互动的趣味性,如建立发言积分制、发言实施奖励机制等,帮助学员迅速进入思维活跃状态;三是细化课堂发言在课堂表现成绩中的权重,给学员参加互动加压;四是教师对学员发言给予适时的肯定和鼓励,提升他们的成就感,增加他们发言的信心。

六、运用柯氏评估法对教学效果进行评估

在诸多教育培训评估工具中,"柯氏评估法"是在成人教育培训领域运用最为广泛的方法。柯氏四级评估模式是将培训效果按4个层次评估:第一级评估为学员反应、第二级评估为学习、第三级评估为行为改变、第四级评估为业务结果。通常情况下，"柯氏评估法"是针对一个培训项目的评估，而非针对某次课程的培训效果的评估。这主要是因为进行培训评估的成本很高，一课一评估的单位成本就更高了。本课程评估小组不计成本地选择用柯氏评估法来评估一堂案例教学课，目的是要弄清楚用案例教学法开展对习近平生态文明思想的教育培训是否能达到预期效果，是否能提高理论培训的实效性。

"柯氏评估法"最主要的运用原则是逐级进行原则。习近平生态文明思想的教育培训是干部教育培训中的必修内容，隶属于习近平新时代中国特色社会主义思想单元，一般分为理论课和能力提升课两类课程。此案例教学课更加侧重于能力提升。基于此，课程评估小组运用"柯氏评估法"对《以绿色发展理念引领农村人居环境整治——浙江实施"千万工程"造就万千美丽乡村的生动实践》案例教学课进行教学评估。

（一）学员反应

学员反应是一级评估，即以调查问卷的形式了解参训学员的学习体验和学习收获等。第一级评估结果的价值在于，为统一培训目标与学习需求提供依据。这一评估过程在此章第二节已经介绍过了。上文的调查问卷结果显示，《以绿色发展理念引领农村人居环境整治——浙江实施"千万工程"造就万千美丽乡村的生动实践》案例教学课，达到了培训目标与学习需求的统一。

（二）学习

学习是二级评估。课程评估小组通过调查问卷或考试等方法来评估学员对所学内容的掌握程度。这一阶段的评估过程在本节前五部分已经介绍过了。调查结果表明：90%以上的学员获得了参与生态文明建设和农村人居环境整治相关决策的政治能力和解决实际工作中遭遇的生态文明建设的突出难题的改革攻坚能力的提升；此课程的教学目标完全得以实现。

（三）行为改变

行为改变是三级评估。三级评估才能算是评估的全面展开。三级评估的时间跨度较长,可以分为两个时间段,分别是:课前阶段(此项工作在开课前已经悄然启动)、课后阶段(于课后三个月进行)。三级评估组的人员结构比一级和二级评估都要复杂。一级、二级评估组成员通常是学员自身和教学部门、学员管理部门的专业人员。三级评估的评估组成员既包括一、二级评估组成员,又包括受训学员所在单位的上级、同级和下级。三级评估的评价指标既包括一、二级指标,又包括工作中的业绩、态度、能力的变化等,主要是通过其所在单位的上级、同级和下级的评价以及业绩考核结果等反映出来的。

一级、二级评估结果显示,学员体验良好,对所学内容的掌握程度较高,掌握了"千万工程"中积累的农村人居环境整治的经验,开拓了在实际工作中进行生态治理的思路。但是学员是否能将所学到的"经验做法"和所生成的"思路想法"转化成实际行动和工作成效呢? 这个答案需要经过第三级评估来获得。为此,本课题评估小组用抽样调查的方式选取了30%的学员展开跟踪调查。观察他们在后续的工作中,当碰到需要进行农村人居环境整治或者相关生态保护、环境治理工作时,是否能将所学内容加以应用。

具体评估方法如下:

课程开始之前,课程开发小组制定好"421"行动计划表(见表 14 - 11)。

课程结束后当天,课程评估小组随机选取 30% 的被测学员,并通过微信告知被测学员:从即日起三个月后,会以微信群聊的形式邀请学员分享自己的"421"行动计划,每名学员至少分享一项行动计划。在微信通知中会向学员解释和提供"421"行动计划案例表。为便于学员理解,特意制作了计划表范例(见表 14 - 12)

表 14 - 11 "421"行动计划表

"421"行动计划的任务设定	
4	找出课程中的 4 项收获
2	从上面的 4 项收获中找出 2 项对自己工作的帮助
1	从上面 2 项帮助中找出 1 项可马上开始的行动,并制定详细的执行计划

表 14 - 12 "农村人居环境整治 421"计划表范例(一位镇长的计划表)

一、421 行动计划的任务设定			
4 项收获	2 项帮助	1 项行动	备注
建立党政主导、多方协同的责任机制	建立规划先行、分类施策的引导机制	建立党建引领、长效运行的保障机制	
建立规划先行、分类施策的引导机制	建立以人为本、互促互进的转化机制		
建立以人为本、互促互进的转化机制			
建立党建引领、长效运行的保障机制			
二、"1 项行动"细化后的行动计划					
行动项目	计划具体内容	起止时间	检查人	追踪情况	备注
建立规划先行、分类施策的引导机制	完善细化全镇农村人居环境整治规划,将规划任务分解到各个行政村,并要求每个村都要制定规划。与专业部门合作制定有特色的乡村建设规划。以垃圾分类为突破口。提供好垃圾分类的基础设施,建立起奖惩并举的保障制度。态度自评征求别人的评价	2020 年 11 月 - 2021 年 2 月	自己	请当事人自己汇报任务完成情况	
			领导、同事	听取他们对当事人的行为改变和工作成效的反应	
			老百姓	倾听老百姓对人居环境变化的感受	

(四)结果分析

被测学员中有 52.45%完成了自己行动计划的制订。在没有完成任务的被测学员中,大部分学员能够积极制订行动计划。但是最终仍有占被测学员总数 9.47%的学员对督促置之不理。三级评估结果显示:有明显行为改变的学员只略微超过了半数。鉴于这是第一次在评估过程中开展三级评估,可能学员对此重视程度不够,认识程度不足,态度不够端正,完成行动计划表制订的能力有所欠缺。

（五）影响效果

通过第一、二、三级的评估,评估组掌握了学员的学习体验、学习收获和行为改变等数据信息,得到了较为正向的反馈。但这也并不意味着课程效果就非常理想。因为,有一个关系课程效果的最重要问题还没有答案,那就是培训后的结果是否发生积极变化呢？这就需要通过第四级评估得到答案。在四级评估中,第四级评估的难度最大,主要体现在缺乏量化指标进行测量。一方面培训到底应该产生哪些影响效果并没有一个标准的指标体系可以参考;另一方面即使某些指标变好了,也很难证明是培训直接生成的效果。以此次案例教学为例,假如某个地区的垃圾分类各项指标都提升了,导致这个结果的原因有很多,如治理力度加大了,公民的生态素养提升了,资金支持到位了,基础设施建设完善了,制度建设健全了……的确很难证明是培训带来了指标提升的成效。

基于此,评估小组只能选择非定量指标来进行评估。我们通过随机访谈的形式调查培训对象与课程内容相关绩效考核、工作业绩等,从而获取培训带来的有形收益和无形收益。随机访谈的对象包括培训对象的领导、同事、服务对象及其本人。由于效果的发生需要时间,评估组选择在三级评估后的一个月来进行第四级评估。

具体评估方法如下:

在三级评估结束后一个月,在全体受训学员范围内随机选择20%的学员进行访谈。

关于有形收益的访谈要求:由于有形收益的影响因素很多,为提高数据的准确性,在访谈中要求访谈对象做出数据说明。比如在访谈学员绩效考核时,让考核人员说明学员在农村人居建设的相关指标上与培训前有哪些变化。在访谈学员工作业绩时,让学员的领导、同事、服务对象以及本人说明,培训之后的该学员在农村人居环境整治方面有哪些突出贡献。

关于无形收益的访谈要求:无形收益的主观性比较强,难以通过数据进行说明,比如满意度、积极性、影响力等。一般要求被访谈者列举实例来说明置信度。

表 13 呈现的是对某位学员的第四级评估结果。

表 14－13　四级评估结果

学员背景
甲是某生态环境部门的一名副处级干部,四十出头,在这一岗位上工作 2 年多,具备较好的生态文明理论和专业知识基础,并积累了较为丰富的农村人居环境整治经验。

行为改变
在案例教学过程中,甲积极参与课堂活动,并认真完成课后作业,为自己制定了详细的"421 行动计划表"。甲表示在"千万工程"案例教学课后,对农村人居环境整治有了新的认识。案例材料中介绍的经验"建立规划先行、分类施策的引导机制"给了他很大启发。他结合自身工作实际,深入落实生态环境部的要求"实行农村生活污水治理统一规划、统一建设、统一运行、统一管理",再一次认真学习了《县域农村生活污水治理专项规划编制指南》和《农村生活污水处理设施水污染物排放控制规范编制工作指南(试行)》《农村生活污水治理技术手册》,并立刻深入各街镇开展农村生活污水治理规划指导工作,得到了街镇干部的衷心欢迎和高度肯定。他在"再学习"的过程中,破解了很多培训前的工作难题,还能为那些没有参加培训的同志解决问题,提升了工作成就感。

收益结果
有形收益:甲深入街镇做规划指导 6 次,解决了街镇农村生活污水处理规划突出问题 10 余个,完成远程指导若干次,9 个街镇提前完成了农村生活污水处理规划的指定任务。甲在指导工作方面的绩效考核分值也提高了 10%。 　　无形收益:甲的领导、同事、服务对象都给予甲高度评价,不约而同地表示,他培训归来后,在工作态度、效率、业绩上都有明显提升。

　　甲的四级评估效果是评估小组从被测学员评估表中随机抽取的一个样本。在有形收益方面,案例教学课提高了甲的工作效率,特别是帮助甲确定了工作的重要抓手。在无形收益方面,甲的工作积极性显著提升,群众满意度也显著提高了。

第十五章
过不了互联网这一关，就过不了长期执政这一关
——新闻发布与网络舆情引导情景演练

2021 年 2 月 3 日，中国互联网络信息中心（CNNIC）在京发布第 47 次《中国互联网络发展状况统计报告》，显示截至 2020 年底，我国网民规模达9.89 亿，互联网普及率达 70.4%。[①] 这庞大的网民数字形成规模空前的舆论场，加之舆论平台多元叠加，使得舆论场价值立体交织，因此提高全媒体时代各级领导干部的新闻应急与网络舆情引导能力已经是绕不开的课题。习近平总书记多次指出，"过不了互联网这一关，就过不了长期执政这一关"[②]，并在党的新闻舆论工作座谈会上指出，领导干部要增强同媒体打交道的能力，善于运用媒体宣讲政策主张、了解社情民意、发现矛盾问题、引导社会情绪、动员人民群众、推动实际工作。如何加强互联网建设管理运用、打好网络意识形态攻坚战、推动互联网这个"最大变量"释放"最大正能量"成了新时代舆论工作的重要内容。特别是 2020 年新冠肺炎疫情的突然暴发，网络环境异常繁杂，给新闻应急和舆情引导带来更多严峻的挑战。在此重要时期，培养每一位领导干部的媒介素养，提升面对新闻媒体和网络舆情引导能力方面的案例教学就有了重要而特殊的意义。

本章以多起有代表性的公共突发事件为素材，分别编写出新闻发布和网络舆情引导案例，并运用情景演练的教学形式，引导学员探寻新闻发言和

[①] 第 47 次《中国互联网络发展状况统计报告》，中国互联网络信息中心，2021 年 2 月 3 日。

[②] 中共中央文献研究室：《习近平总书记重要讲话文章选编》，中央文献出版社，2016 年，第42 页。

舆情引导的内在规律,旨在观照现实、解答疑问、指导实践,帮助各级领导干部准确理解和运用习近平新时代新闻观,引导新时代媒体工作的正确、健康开展,从而推进增强国际传播能力,提升新时代新闻宣传工作的能力和效用。

第一节　新闻发布情景演练中的教学案例与教学实施

新闻发布是现代社会新闻传播的重要方式,是受众接受社会信息的重要途径,是党的新闻舆论工作的重要组成部分。党的十八届三中全会明确提出推动新闻发布制度化,这大大推动了我国新闻发布制度建设。目前,从中央到地方,许多部门都已逐步建立新闻发布制度和工作机制,配备新闻发言人,特别是在应对突发事件中,及时组织新闻发布活动,满足媒体和社会公众的信息需求,有效引导社会舆论。新闻发布的主要形式有:举行新闻发布会,召开新闻通气会或新闻吹风会,通过官方网站发布信息、运用微博微信等新媒体发布信息。新闻发布会是发布信息的一种重要方式,也是目前常用的公众易于接受的新闻发布形式。特别是当突发事件发生后,通过举行新闻发布会,及时准确发布事件处置信息,介绍党和政府、涉事主管部门的政策措施,回应社会关切,满足媒体信息需求,权威性高、公开性强,能够产生良好的舆论引导效果。新冠肺炎疫情是百年来全球发生的最严重的传染病大流行,是新中国成立以来我国遭遇的传播速度最快、感染范围最广、防控难度最大的重大突发公共卫生事件,国内外舆论高度关注。在抗击疫情的斗争中,国务院联防联控机制每天召开新闻发布会,通过现场直播方式,及时发布党和国家的重大决策部署和抗击疫情新情况新进展的权威信息。在发布会上,新闻发言人邀请有关部门和地方负责人、专家学者,围绕疫情防控、医疗救治、生活物资保障、复工复产复学、疫苗科研攻关等热点话题,既发布最新消息,又现场回答问题,主动回应社会和人民群众的信息需求,为有效引导国内舆论、积极影响国际舆论发挥了重要作用。

本节根据相关实践素材编写的教学案例,运用情景演练的教学模式进行教学设计,针对领导干部在扮演新闻发言人角色中常遇到的问题予以纠正,并提出具有针对性、指导性的建议和思路。

一、新闻发布教学案例的编写与记者提问预设

(一)"天津市行政区划调整"新闻发布会

【案例素材】

近日,为加强对"飞地"的管理,天津市发布多个地块行政区划将变更的公告,涉及东丽、河北、西青、南开等行政区域。

其中,东丽区、河北区人民政府发布关于变更泉江里社区行政区划事项——社会公众参与公告。公告指出,为切实解决我市"飞地"基层社会治理职责交叉、责任不清和治理真空问题,东丽区、河北区人民政府经过友好协商,拟定了泉江里社区行政区划变更意向。将东丽区行政区划范围内由河北区月牙河街道实施管理的泉江里社区管辖的3个自然小区(泉江里、文江家园、泉江里美庭苑),区域面积约0.06平方千米划入河北区行政区划范围。

此前数日,南开区与西青区举行"不接壤插花地"移交签约仪式,两区就津涞花园、景园里、燕宇花园、春畅里、官易里、跃升里等6个社区和津华宿舍1个片区共计13个小区的基层社会治理属地化问题达成一致,完成了上述区域行政管辖权由南开区向西青区的平稳、有序移交。两区表示,将联合打造社会治理和服务群众共同体,为广大居民提供更加优质的服务。

此次行政区划调整引起了社会的广泛关注。"飞地"移交给居民带来什么影响? 行政区划变更后,教育资源的划分以及房价会发生了什么变化? 居民身份证、户口簿、不动产登记证是否需要更换? 企业营业执照是否需要申请更换? 针对社会公众关心的问题,天津市政府决定召开新闻发布会,向社会通报行政区划调整的基本情况及下一步重点工作安排,回答了记者提问。

【记者提问预设】

(1)我们关注到,近期天津迎来了近10年来最大范围的行政区划调整,涉及河西、南开、河北、红桥、河东、西青、津南、东丽等行政区域,请您谈一谈这次行政区划变更的必要性何在? 行政区划变更涉及的区域是以什么标准来确定的?

(2)在这次通报中有南开和西青做了"不接壤插花地"的移交签约仪式内容,这无疑会给原在南开购房的群众会带来房价下降的风险,政府会不会就这类问题进行补偿?

(3)市内六区和环城四区在城市管理社会治理客观上存在着差距,我们在采访中很多居民反映自己和邻居都没有接收到任何信息,是不是存在调研不充分的问题?

(4)我们注意到,这次调整主要在市内六区及环城四区,没有涉及滨海新区,那么是不是说下一步要在滨海新区开展行政区划调整工作呢? 能否透露一下基本的工作思路?

(5)行政区划调整涉及各区人民政府及市、区民政部门,请问在具体工作中它们是如何分工协作的?

(6)按照《天津市行政区划管理条例实施办法》,行政区划调整需要征求社会公众的意见,那么这次调整主要通过哪些方式征求了社会意见? 这些意见是否体现在最后的决策中了? 为什么?

(7)请介绍一下行政区划变更时,征求了哪些有关部门的意见? 他们提出了哪些意见和建议? 是否采纳?

(8)有企业反映,他们是看中了西青区的优惠政策才选择在西青区注册了企业,这次调整后企业所在地被划到了红桥区,那么他们还能享受西青区的优惠政策吗? 企业的营业执照是否需要变更?

(9)有市民反映,因孩子要上学,他们刚刚购买了南开区的学区房,但是房屋所在地被划到了西青区,他们关心还能否按原学区片入学? 请您介绍一下相关政策好吗?

(10)有部分市民反映,他们是看中了市内六区房屋的升值潜力,才贷款购买了商品房,但是这次区划调整后,所在社区被划到了环城四区,他们认为这肯定会导致房价下降,既然区划调整是政府行为,那么政府就应该对房价给予补偿,请问政府对此有所考虑吗?

(11)这次区划调整范围广、力度大,请问政府后续在社会建设、社会保障方面有哪些配套政策安排?例如,在各行政区教育资源的配置、划分方面有哪些新的变化?

(12)请问这次行政区划调整对老百姓的日常生活会产生哪些影响?例如,居民身份证、户口簿、不动产登记证是否需要更换?

(13)我们注意到,有网友在人民网领导留言板留言,提出了一系列天津市行政区划调整的建议,包括"将外环调线与旧外环之间设置为新开区(取名自新开河)""将所有靠近外环线的区(和平区除外)的区划全部推至外环线,线内统称中心城区""形成具有和平、河北、河东、河西、南开、红桥与新开区的七个区划的市中心城区"等。您怎么评价这位网友的建议?

(14)我们知道,2009年11月,国务院批复同意撤销天津市塘沽区、汉沽区、大港区,设立天津市滨海新区。目前,天津市共有16个市辖区。那么,下一步是否会考虑市辖区的区划变更问题?

(15)日前,市委十一届九次全会审议通过了《中共天津市委关于制定天津市国民经济和社会发展第十四个五年规划和二〇三五年远景目标的建议》,其中引起广泛关注的一点就是,到2035年"津城""滨城"双城格局全面形成。请您谈一谈,这种双城发展格局对行政区划调整工作会产生什么影响?

(二)"B市安全隐患大排查大清理大整治专项行动"新闻发布会

【案例素材】

2019年11月18日18时09分左右,B市D区X镇某村一幢建筑发生火灾,事故造成19人死亡、8人受伤及重大经济损失。经调查,事故发生的直接原因是建筑内冷库制冷设备调试过程中,因使用无标识铝芯电缆、连接和敷设不规范、电缆与断路器不匹配引发电气故障,造成短路,高温引燃周围可燃物;形成的燃烧不断扩大并向上蔓延,导致上方并行敷设的铜芯电缆相继发生电气故障短路;可燃物燃烧产生的一氧化碳等有毒有害烟气蔓延导致人员伤亡。而事故发生的间接原因包括:①违法建设、违规施工、违规出租,安全隐患长期存在;②镇政府落实属地安全监管责任不力,对违法建设、消防安全、流动人口、出租房屋管理等问题监管不力;③属地派出所、区公安消防支队和区公安分局针对事发建筑的消防安全监督检查不到位,致使大量消防安全隐患长期存在;④工商部门对辖区内非法经营行为查处不力。

痛定思痛。为了对人民生命安全负责,B市当天就召开了全市大会,举一反三,部署在全市进行为期40天的安全隐患大排查、大清理、大整治专项行动。专项行动主要是排查、清理、整治各项安全隐患,特别是火灾隐患,重点是"三合一""多合一"等重大消防隐患。这类建筑和工业大院把仓储、生产、人员居住等功能混为一体,人员密集,安全隐患突出,一旦发生火情极易导致重大人员伤亡。B市相关部门负责人表示:"目前正值冬季,是火灾高发季节。我们要尽最大努力,最大限度消除隐患,确保人的生命安全,确保城市安全。"

但是随着整治行动的推进,网上有人传言,这次专项行动是在驱赶"低端人口",引起了社会的广泛关切。

2019年11月26日上午,B市政府决定召开新闻发布会,向社会通报整治专项行动的基本情况与相关措施,并回答记者提问。

【记者提问预设】

(1)这次专项行动的起因是X镇某村的火灾事故,这场火灾造成了重大的人员伤亡。据了解消防队是在10余分钟后到达,到达时间超过相关规定中的要求,消防部门是否也应该承担相应的责任?

(2)据我们了解,这起火灾事故的起因是一幢违章建筑违规施工造成的,那么一幢违章建筑为什么能够长期存在? 这和当地政府部门一直坐视不管有关吗?

(3)据了解,贵市在之前三年每一年都要搞安全整治大排查工作,既然每一年都搞,为什么还会出现这样的严重事故? 今年为期40天的专项治理,就能够保证后面不出现问题吗?

(4)在来发布会的路上我刷抖音,看到一个女孩,说房东让她三天内搬出,早春夜间温度很低,流落街头,很是凄惨,基于这种情况,我想问一问,我们是否存在一刀切的懒政情况?我们的大清理工作和民生发生冲突时,是如何做到兼顾和平衡的?

(5)在这次专项行动中,是不是保证每一个人都能够得到政府的妥善安置?

(6)网上有传言,这次专项行动是在驱赶"低端人口",您怎么看?

(7)在专项行动中,是否存在个别工作方法简单生硬的问题?如果存在,这些问题是如何纠正的?

(8)这次事故造成19人死亡、8人受伤,政府的赔偿标准是怎样的?

(9)这次安排为期40天的大排查、大清理、大整治专项行动,是不是要解决所有的安全隐患?

(10)这次专项整治拆除了一大批违章建筑,可以想象,随之而来的是大批群众面临失业、租房贵、租房难等问题,一批无力支付房费的外来务工人员返乡。那么大批劳动力返乡,我市是否会面临用工荒?经济是否会受影响?群众生活是否会受影响?

(11)党的十九届四中全会提出,要坚持和完善共建共治共享的社会治理制度,那么在安全隐患排查工作中如何发动群众,唤起全社会的安全意识?

(三)"S市地铁电梯事故"新闻发布会

【案例素材】

2021年某日上午9时36分,S市地铁3号线城南公园站A口上行扶梯发生设备溜梯故障,造成一名12岁少年身亡、3人重伤、27人轻伤。S市场监管委表示,经初步调查,导致事故的直接原因是"固定零件损坏,扶梯驱动主机发生位移,造成驱动链条脱落,扶梯下滑"。目前,3号线运营正常,但涉事品牌奥的斯电梯已全部停运。

当事乘客回忆,当日9时30分许,30多人乘扶梯出站。"大家都是乱着站的,有的两两并排,有的大人还抱着孩子。"乘客说,在最上端乘客距离地面只剩下七八米时,上行扶梯突然发出异响并轻微抖动,随后开始快速向后倒。由于事发突然,众人纷纷失去平衡摔倒,压中后面的乘客一起向下滚落。事发后,地铁方立即对城南公园站封锁,只留 C 口供人进出。伤者被送往医院救治。

当日 16 时许,地铁公司召开新闻发布会。其新闻发言人通报,事故致一名 12 岁少年死亡,另有 30 人受伤,其中 3 人伤势较重,但生命体征平稳。经医生诊断,9 名轻伤乘客下午已陆续出院。

事发后,S 市政府与 S 市地铁公司均启动应急预案,主管副市长第一时间赶赴医院看望伤员。同时,决定由政府有关部门和 S 市地铁成立联合事故调查小组,调查结果将尽快向社会公布。电梯公司方面表示,已派调查组赶赴现场,但目前具体事故原因还未查清,不方便透露更多的内容。

次日上午,S 市政府决定召开新闻发布会,向社会通报该事件的基本情况与调查结论,并回答记者提问。

【记者提问预设】

(1)昨天地铁公司新闻发布会上讲到事故导致一名 12 岁少年死亡,另有 30 人受伤,其中 3 人伤势较重,请问目前伤亡情况是否有变化? 救治情况怎样?

(2)地铁股权变动了,49% 政府出资,所以管理上变更就成为事故的原因? 政府在事故中应该承担什么责任?

(3)据通报涉事电梯公司电梯,目前已全部停运,请问停运后有哪些具体举措? 是否在电梯采购及维保运营等方面存在问题? 奥的斯电梯最终事故原因调查的结论是什么?

(4)S 市前不久在全市开展"隐患就是事故、事故就要处理"的教育活动,大面积开展事故隐患排查与整改活动,那么对于此次地铁电梯事故隐患为什么没有排查出来? 是不是存在排查不充分、不到位、不彻底、不坚决的问题?

(5)据当事乘客回忆,事发之时 30 多人乘扶梯出站,人们都是乱着站的,有的两两并排,有的大人还抱着孩子。可见不文明乘坐电梯也是事故隐患,请问针对此种现象我们将推出何种举措来改善?

(6)对于本次事故,网络上有人发布现场视频,显示电梯有人为破坏的可能性,不知是否真实? 是否存在?

(7)事故发生后,广大市民十分关心 S 市的电梯安全,尤其是高层住宅电梯安全更是市民关心的热点问题,请问这方面的实际情况如何? 市委市政府对此有何应对举措?

(8)S 市十四五规划及 2035 远景规划中提出建设平安城市,强调全域开展平安城市创建,基于本次事故,将如何高效推进平安城市建设?

(9)如何在后续建设和运行中避免类似事故发生,保障安全出行,S 市地铁有什么样的安全举措?

(10)S 市地铁 3 号线属于新的地铁线路,运行时间并不长,这次事故据S 市市场监管委初步调查,导致事故的直接原因是"固定零件损坏,扶梯驱动主机发生位移,造成驱动链条脱落,扶梯下滑"。请问损坏的原因是什么? 是产品质量问题还是维护保养问题? 那么在 S 市已经开通运行的地铁线路上,是否还存在这样的隐患和事故可能性?

(11)事故发生后网上有很多地铁 3 号线城南公园站内设施的照片,其中涉事电梯的长度达到 35 米,角度也超过 65 度,本身就存在安全隐患,其他诸如漫长狭小的换乘通道很容易形成人群拥挤、造成安全隐患,请问造成这种局面的原因是什么? 是设计问题吗?

(12)有传言说危重病人全靠插管维持生命体征,一旦去除设备就会死亡,官方是为了将死亡人数维持在现有数字。请问消息是否属实? 实际情况如何?

(13)这次电梯事故带给我们诸多思考,请问作为专业管理部门,您认为,这次事件有哪些教训必须吸取? 大型、特大型城市中,地铁、商圈、景点、住宅等都存在大量安全生产事故发生的可能性,政府作为城市安全管理者,应如何提高应急处置能力?

(14)事故发生后,目前大部分矛头都指向地铁公司管控不力、设备维修维护不力,我想问一下,通过事故调查组的调查,发生了如此伤亡惨重的事件,市政府、市领导和市级部门是否也应承担相应责任? 国资委、交委、市场监管委等部门有没有责任? 如果有,是什么责任?

二、新闻发布教学设计与教学实施

（一）适应班次：厅局级干部进修班级、厅局级后备干部班、年轻干部培训班、县处级干部任职班

（二）教学设计

1. 教学总时长

课程所需要的总时长约 5 小时：其中教师讲授基本理论、布置每小组任务 1 小时，小组依据案例提供的信息进行分析、思考、研讨 1 小时，新闻发布会演练 2 小时，教师对教学全过程做出点评，对案例涉及的问题进行理论分析最终提炼 1 小时。

2. 教学流程及要求

第一阶段：教师就新闻发布会相关概念、流程和总体要求进行讲述；第二阶段：分组进行案例情景研判，研讨新闻发布重点、梳理新闻点、确定发布总基调、拟设新闻问题并进行作答准备（基于案例，适当假设）、根据案例情景、确定发布主体、明确主持人及发言人职务角色、研读下一组案例，准备模拟记者提问；第三阶段：分组进行新闻发布（实时录像），逐组形成闭环进行新闻发布和模拟记者提问（以六组为例，如下图所示）；第四阶段：由教师针对演练进行指导点评，点评采取回放实训录像，教师现场评议，学员共同观看的方式进行。

（三）教学实施说明

（1）一次答问的时间控制在 2 分钟内。发布人应根据案例进行恰当应对处理，模拟提问至少问三个问题，每小问之间需有逻辑关系，可视回答情况继续追问。

（2）学员须在阅读演练背景资料的基础上进行充分的案头准备，熟悉事件背景，预判提问范围，自设演练角色，明确发言主体，基于案例情景统一应答口径，积极应对现场媒体记者的即席发问。

（3）本次模拟演练为即时性教学，不设开场缓冲。参训学员须在心理上做好面对镜头准备，避免出现镜头前的动作唐突和语言不适。

三、新闻发言的基本理念、传播目的和多元策略

（一）基本理念

领导干部要做一个合格的政府新闻发言人,除了必须具备的基本媒体素养外,还有许多的基本功需要苦练。而这些功夫的修炼成功与否,又取决于是否牢固树立政府新闻发言人的基本理念。一旦拥有了"政府新闻发言人"的桂冠,你的言行举止,无时无刻不在代表政府的立场,反映政府的意志,表达政府的观点,维护政府的信誉,这就是政府新闻发言人的基本理念,即"我是职务人"。

新闻发言人需要从内心深处建立起"职务人"的自我认知,以避免在发言过程中出现"情绪化"等"自然人"状态。从职业视角来观察,新闻发言人首先是"职务人",其次才是"自然人"。社会学家欧文·戈夫曼(Erving Goffman)用了一个戏剧层面的比喻来描述印象管理。他认为我们每个人不仅是一个编剧——创造不同的角色,反映别人看待我们的不同方式,而且是一个表演者将我们创造的角色表演出来。[①] 新闻发言人也是如此,在社会生活中扮演的是"发言人"的角色,而要演好这个角色,必须牢牢树立"我是职务人"的理念。只有牢牢树立"我是职务人"的理念,才能在新闻发言的过程中履行好自己的职务行为。"我是职务人",指的是新闻发言是职务行为,新闻发言人在回应媒体提问时做出的表态是职务表态,代表的不是个人的观点,而是政府和组织的声音,什么话可以说,什么话暂时不可以说,能说的话又该说到什么程度,这些环节的考虑都不是以新闻发言人个人的意志为本位的。新闻发言人必须与决策者进行深入沟通,吃透政策,正确把握组织立场,确保对组织态度、政府政策的准确解释。

我们不妨以问责问题的回应为例来分析一下。

突发事件发生后,关于问责的问题一定会被媒体与公众所关注。一方

---

① 〔美〕罗纳德·B.阿德勒、拉塞尔·F.普罗科特:《沟通的艺术——看入人里,看出人外》,黄素菲、李恩译,世界图书出版公司2010年。

面,"有敬畏、知所止",失责必问、问责必严,防止"制度空转",是全面从严治党的重要抓手;另一方面,在"仇官仇富"的社会心理主导之下,在突发事件发生后,一些公众通常会带着一种快意恩仇的围观心态,期待看到有管理责任的官员被问责。

那么当问责问题被记者问出来时,政府官员应该怎么回应呢?

在"大整治专项活动"新闻发布会的模拟演练的记者提问中的问题是:"这次专项行动的起因是 X 镇某村的火灾事故,这场火灾造成了重大的人员伤亡。据了解消防队是在 10 余分钟后到达,到达时间超过相关规定中的要求,作为消防部门的领导,您是否也应该承担相应的责任?"

面对这样的问题,很多学员愿意表忠心:作为消防部门的领导,我责无旁贷! 但,如果会有继续的追问:您既然有责任,您会去主动辞职吗? 到这里,一般就不好收场,索性就说"辞就辞吧!"但这种看似有担当的表达,接下来就会成为现实中无尽的烦恼……

问责问题,无疑是领导干部内心很在乎的一个问题,在对这个问题的追问中,问题本身已经悄悄地发生了变化,问责的对象从整体变为了个体,从全称变为了特称,从"可能被问责的所有官员"转变到了"被提问对象自己",这个时候,被提问对象的自我命运被凸显出来,形成了对官员的考验。因此,面对问责问题,这里给出的通用的回应原则就是"我是职务人"。也就是说,我是一个有着新闻发言职责的新闻发言人,面对问责这样的问题,一定要回到职务本身,思考问责的口径是什么,始终围绕口径对问责问题进行职务表态:这次事故导致如此众多的人员伤亡,我们定会对事故进行进一步调查,不管涉及谁,不管涉及哪一层级的领导,都会严肃查处,绝不姑息。总之,当新闻发言人面对关于问责如此刚性的问题的时候,一定要守住"我是职务人"的底线,紧紧围绕口径来作答。

(二)核心原则

1. 主动及时回应社会关切

主动及时回应社会关切应是新闻发布的传播目的,尤其是突发事件发生后,公众必然有很多疑问,只有解疑到位,舆论引导才能在赢得信任中壮大话语权。例如,2020年,在抗击新冠肺炎疫情斗争中,从中央到地方各省市都加大新闻发布的力度和密度,针对社会关切,及时组织专家学者在新闻发布会上回答问题、解疑释惑,增强了信息的权威性和公信力,掌握了舆论引导的主动权。

本节以三个案例为背景资料的三场新闻发布会,主题是不同的,每一位新闻发言人所要实现的传播目的一定要和社会关切紧密地结合在一起。"行政区划调整"案例中社会关切有两点:利益和利益可能受损的焦虑、是否便利和对便利的追求;"B市安全隐患大排查大清理大整治专项行动"案例中的社会关切点是对事故的善后和未来长效机制的建立;"地铁电梯安全事故"案例中的社会关切会是目前部分电梯停运后交通问题的解决和未来的出行安全问题。

2. 公开准确解惑群众质疑

国务院颁布的《政府信息公开条例》,明确了"公开是原则,不公开是例外"的新闻发布原则。中国人民大学的喻国明教授谈到这个问题时说:"长期以来,在信息披露方面,我们国家存在着一种明显的责任不对称情况,表现为作为某一级主管的官员,不披露某类信息,不会承担任何责任。但如果一旦披露了,却可能要承担由此而来的全部后果。人的天性是趋利避害,责任不对称使官员倾向于不披露。目前,我国政府信息公开的内容有限:形式上公开多,实质上公开少;结果公开多,过程公开少;原则方面公开多,具体内容公开少;公众被动接受的多,主动参与的少;公开政府"正面"的信息多,公开政府"负面"的信息少。政府新闻发言人讲真话,不虚美、不隐恶,实事求是,是对社会负有高度责任感的表现,政府对人民履行讯息真实、公开的责任,才能建立高度负责的公共政府。公开准确,就是要敢于、勇于和善于讲真话,为群众解疑释惑,这就是新闻发言人必须严格遵从的重要原则。

我们这里以追问死伤人数的问题来作一分析

在"S市地铁电梯事故"新闻发布会的模拟演练的记者提问中的问题是:

昨天地铁公司新闻发布会上讲到事故导致一名12岁少年死亡,另有30人受伤,其中3人伤势较重,请问目前伤亡情况是否有变化? 救治情况怎样?

学员回答说,这次事故出现的非常突然,按照应急预案,相关工作人员正在现场抢险救灾,各方面正在以最快的速度将信息报上来,我们汇总之后,经过研究,会及时向社会发布消息。记者追问,发布的消息是经过研究后的消息吗? 学员回答:是。在这个对话过程中,记者提出的是一个纯客观的问题——伤亡情况是否有变化? 但发言人在回应的时候说:"我们汇总之后,经过研究,会及时向社会发布消息。""研究"二字,将一个客观的信息统计核实发布过程变成了一个值得玩味的"人为加工"的主观行为,很容易就会被舆论解读出谎报、瞒报、漏报等潜在信息,导致出现本不应该有的猜疑和批判。在科层制的管理架构中,信息上报必定要在科层的每一级有所停留,这就意味着突发事件信息上报需要一个绝对的时间量。这时,新闻发言人面临着公众对信息的迫切需求与自己手头并不占有信息之间的矛盾,应该如何回应呢? 这个时候,新闻发言人不必一定要给出一个具体的伤亡数字。在这里,新闻发言人应该给出的,是政府关于信息发布的基本态度:关于这次事故伤亡情况,我们正在紧张的统计核实之中,结果出来之后,会通过两微一端及时向社会发布,请关注我们的微博微信客户端。

(三)多元策略

有人说:新闻发言是"一个西瓜引发的讨论"。

事情的起因是,一个西瓜在运输过程中受到损害。

什么是新闻?

就是告诉你这个西瓜有好的,也有坏的。

什么是舆论?

就是只看到西瓜好的部分。

什么是谣言?

就是只看到西瓜坏的部分。

什么是新闻发言?

就是告诉大家西瓜虽然有坏的,但我们已经把坏的部分处理掉了,现在呈现在大家面前的都是好的。①

"一个西瓜引发的讨论"固然只是个玩笑话,但怎样把"西瓜受损"这个情况如实转告,将善后工作交代清楚兼顾安抚情绪,实际操作起来,确实是个不小的难题,因此,新闻发布需要策略。

1. Q = A + 1

美国总统里根根据自己多年接受记者采访的经验总结出一个著名的公式:"Q = A + 1"。

"Q"(Question),指的是"记者的提问";

"A"(Answer),指的是"回应,解答";

" + "指的是"桥梁";

"1",指的是"口径",或者说是"你需要表达的主张"。

"Q = A + 1"告诉我们,一方面,接受记者采访,不是为了回答记者的问题,而是为了说出"1",即自己需要表达的,如发布某个事实,阐释某项政策、表明某个观点等。"1"表达好了,往往能收到较好的议程设置效果。另一方面,面对记者采访,"A"很重要,确实需要认真回应记者提出的问题,但"1"更重要,因为新闻发布会就是这一种政治运作,是我们宣传政治主张的一个载体,是一种权力施展的延伸,是我们在公开场所施政的体现,也是一种特殊情况下对施政效果的评判。

在"Q = A + 1"里,"1"是核心,是新闻发言人以不变应万变,万变而不离其宗的基础。赵启正先生曾经讲过自己的一个经历,2000 年,他有一次需要代表常任理事国出现在美国的记者俱乐部。去之前,美国哈佛大学的一个教授给他发邮件,说他们会盯着你不放,一定是万炮齐轰,不要过于聪明,也不要太幽默,希望你能成功。去了之后,果然,没多久话题就绕到了"六四"上,一位旅游公司的女总裁说:中国人到华盛顿来得很多,我们很高兴,生意不错,希望多来。我想了一个问题,你们在天安门什么时候为那些学生立一

---

① 郭韦伶:《一个受损的西瓜引发的新闻发言——什么是最优秀的新闻发言人》,《职业》2011年第8期。

个纪念碑？这个问题是个大陷阱,太难回答了,怎么办呢？赵启正说,那时候我们的标准打法是,我们"六四"处理不会改变,如果没有"六四"处理,今天的中国不会这么繁荣。赵启正所说的"标准打法"就是口径。口径是一个专有名词,指的是枪、炮管的内直径,后引申为对问题的看法或处理问题的原则。口径,是一个组织对某个问题或事件的基本观点和态度,是该组织的信息边界,也是该组织就某个具体新闻事件对外的统一说法。对于新闻发言人来说,口径太重要了,准备口径,一定不是为了"应对"媒体,更不意味着新闻发言人没有自由,与之相反,口径在手,可谓"得之则百度惟贞,失之则千里斯谬",不仅能够游刃有余地把问题说得更清楚、更充分,而且还可以最大程度地保护自己。因此,在接受新闻发布会开始之前,新闻发言人一定要认真熟悉材料,精心预测记者可能提出的问题,并准备回答的口径与尺度,明白要对记者说些什么,并知道以什么样的方式说出来,从而胸有成竹地回答记者提出的各种问题。

2. 预设前提的提问

所谓预设前提,就是记者在提问中设定某种前提,或者在提问中已经蕴含某个不利于你的条件,并将这一前提或者条件视作一个得到普遍认可的"共识"或"事实",从而在不知不觉中被记者拉入某一个语言陷阱。

在"B市安全隐患大排查大清理大整治专项行动"新闻发布会的模拟演练中,记者提问道:"据我们了解,这起火灾事故的起因是一幢违章建筑违规施工造成的,那么一幢违章建筑为什么能够长期存在？这和当地政府部门一直坐视不管有关吗？"

无论回答是"有关"还是"无关",都表明你同意了"当地政府部门一直坐视不管"这个被预设的前提,而这个前提说明,政府管理是存在问题的。对于记者预设前提的提问,可以有这样几个方法来回应。

(1)"绕"过去,即用闪避的方式来进行处理。1999年,以美国为首的北约对南斯拉夫实施了军事行动,当时,西方媒体和政府都指责南斯拉夫联邦部队卷入了对科索沃平民的屠杀,经常有记者问及中方对此问题的看法,中方的回答一直是:科索沃问题是南斯拉夫的内政,应由南斯拉夫人民自己解决。但是有一次，一位美国记者在外交部新闻发布会上突然问发言人孙玉玺："那么中方是否认为，南斯拉夫政府对平民的屠杀是其主权范围内的事？"

记者在问题中预先设定了"南政府屠杀平民"这一前提，让问题变得刁钻起来，没法再按照原来设定的口径来回答了，对此，孙玉玺回答道："你说的这一情况现在还有待核实。但我们现在看到的情况是，南斯拉夫大批平民在北约的空袭中伤亡，大批难民流离失所，无家可归。"[①]孙玉玺通过对前提的质疑避开了刁钻问题，同时，确定地指出以美为首的北约的空袭造成"大批难民流离失所，无家可归"，这才是真正的"屠杀"。这样的回答，不仅化解了问题对自己的威胁，而且成功地将屠杀的嫌疑转移了出去，化被动为主动，可谓高明。

(2)"消灭"它，即通过直接纠正前提错误的方式来应对。破解预设前提式的提问陷阱，最好的办法就是直接指出问题中的陷阱所在，纠正被预设，即那个被省略的、看不见的前提中存在的错误。比如，针对网友提出的问题："怎么看待当前高学历人才就业率比不上低学历人才就业率？应对措施是什么？"南开大学龚克校长的回应是："是不是学历越高就业越难，我觉得这可能是一个伪问题，因此到现在为止没有看到统计说这个事。"而对前面案例中提到的问题，可以这样回答：首先我想指出，在这件事情上，当地政府部门并不是坐视不管，包括此次的大排查大清理大整治专项行动，都是为了排除事故隐患的主动作为之举。否定问题，指出问题是"伪命题"，直接命中"预设前提"的死穴就摆脱了预设前提的困扰。

3.负面设问

负面设问，指的是记者带着先入为主的态度，故意使用一些编译的词汇，从负面角度提出问题的方法。负面设问和正面提问不一样，如果正面提问通常是在询问事件基本信息和态度的话，而负面设问是指向找问题、挑毛病的。

---

① 邹建华：《外交部发言人答问招数破解》，新浪财经，2005 年 7 月 8 日。

那么记者是怎么来从负面进行设问的呢？比如，在"S市地铁电梯事故"新闻发布会的模拟演练时记者提问中的问题是："贵市前不久在全市开展'隐患就是事故、事故就要处理'的教育活动，大面积开展事故隐患排查与整改活动，那么对于此次地铁电梯事故隐患为什么没有排查出来？是不是存在排查不充分、不到位、不彻底、不坚决的问题？"再比如"行政区划调整"新闻发布会的模拟演练时记者提问中的问题为：市内六区和环城四区在城市管理社会治理客观上存在着差距，我们在采访很多居民反映自己和邻居都没有接收到任何信息，是不是存在调研不充分的问题？这类问题，如果你回答说："在其中确实存在一些问题。那听到'问题'，记者马上就来了精神，必然要进一步追问：遇到什么问题？有怎样的影响？可否举例说明？这时，如果新闻发布人把存在的问题实实在在地梳理一遍，那么在记者的报道中，核心观点一定是排查不充分、不到位、不彻底、不坚决；行政区划调整决策前存在调研不彻底不充分。那么怎么来回应记者的负面设问呢？通常来说，任何事物都有正反两面性，当你只强调问题的时候，成绩的一面往往就被忽略了。因此，面对记者的负面设问，新闻发言人一定要牢记：负面设问一定要正面作答，那么如何正面作答呢？负面设问、正面作答要做到两"不"。首先，不说否定词，把否定词换成正面表述。换句话说，重复以负面方式提出的问题，你的回答就不可能是正面的，但以正面的观点回答提问你的回答就不可能是负面的。因此，你可以直接否定"不充分"的观点说："我不认为这次行政区划调整存在调研不充分的问题。"然后把话题切入事件的具体处置中作正面表述，可以把回答的重点放到展示政府的行动力上，阐释政府作了哪些具体的工作，采取了哪些切实有效的调研措施。

4. 去标签化

"标签化"是一种思维方式，即用抽象、概括性的语言去描述某类人群或某种事物。在社会生活中，喜欢给人和事贴"标签"，本来是一种常见的心理习惯和思维方式。我们从出生之日起，身上就背负着各种身份标签，如性别、籍贯、民族等。对事物进行标签化的归类，原本也是我们对事物进行初级认知的一种简便形式。① 但是互联网时代出现了"泛标签化"思维的特点，比如我们经常用的"官二代""富二代""宝马女""中国式城管""广场舞大妈"等，在"B 市安全隐患大排查大清理大整治专项行动"新闻发布会上记者提问中涉及的"低端人口""少数民族""标签化"等越来越成为人们评价事物、分析问题的固定思维模式。"泛标签化"是不理性的，其非白即黑、非此即彼的简单逻辑，很容易让人陷入一叶障目、以偏概全的思维误区，从而形成偏见，对被"标签化"对象造成污名化，既不客观，也不公平，从本质上讲，这是一种道德伤害，要讲好中国故事，一个重要的能力就是去"标签化"，因为在国际传播、跨文化传播的语境中，"标签化"的刻板印象也是普遍存在的。比如中国企业走出去就被国际舆论贴上了"输出落后产能"的标签。如何才能消除误解，正本清源呢？在"讲好中国故事提升国际传播能力"研讨班上，我们把这一问题提了出来。有人认为，中国的"一带一路"，有一个重要的目标是要将落后产能转移出去，请问您对此如何评价？此时，作为新闻发言人，要能够看清问题本身携带的"标签化"，有理有据地反驳这一观点，把"输出落后产能"的标签从"一带一路"身上撕下来，"一带一路"是将落后产能转移出去，这是毫无根据的，如今即使在经济最落后的一些非洲地区，也有欧美、日本这样的发达国家在投资，不拿出优质的资金和先进的技术，是没有资格参与竞争的。事实上，中国企业在走出去过程中，对外输出的设备标准采用的都是国际标准，选择的也都是最优秀的厂家和产品。因此，中国的"一带一路"不是要转移落后产能，而是把创新成果向世界分享。②

　　事实上，就像硬币一样，任何事物都有两面性，面对片面的、刻板的"贴标签"现象，要能够辩证地看待事物，从事物的整体出发去把握事物发展的规律，讲清事物发展的本质，在此基础上，阐释事物的另一面，展示事物的多样化，自然能够让公众更加完整地看清事物的整体面貌，从而起到"去标签化"的效果。

---

① 长余：《标签化伤害了谁》，人民网，2016 年 4 月 5 日。
② 王彩平：《答问——领导干部如何与媒体打交道》，中央党校出版社，2020 年 10 月。

第二节 网络舆情引导情景演练中的教学案例与教学实施

网络舆情是网络空间中广大网民情感、意愿、态度、观点的集中表达。随着信息技术的飞速发展，互联网上的资源也愈发的广泛和丰富，现在的民众可以通过手机、电脑、电视等媒介收集和了解来自各方的信息，极大地丰富了民众的精神文化，但是网络资源的广泛性和丰富性，也导致网络舆情的管理和引导成本更高，难度更大。技术的进步同样带动了传播速度的提升，一些新闻和信息往往会先于传统媒体的传播速度，能够有利于民众对新闻和知识的了解，但这同样意味着一些负面消息也会通过网络技术快速传播，这对舆情引导工作带来了重大挑战，必须高度重视。习近平总书记指出，"互联网是一个社会信息大平台，亿万网民在上面获得信息、交流信息，这会对他们的求知途径、思维方式、价值观念产生重要影响，特别是会对他们对国家、对社会、对工作、对人生的看法产生重要影响。"各级领导干部要走好网上群众路线，践行以人民为中心的发展理念，深入了解人民群众的情绪和想法，搜集人民群众的观点和建议，回应人民群众的问题和关切，切实做好网络舆情管理和引导。

本节围绕网络内容治理主题，紧扣互联网舆情传播特点，以突发公共事件案例为素材进行教学案例的梳理，运用情景模拟的教学模式进行教学设计，帮助各级领导干部寻找一种社会化媒体与政府公共治理的和谐范式和理性范式，以推动网络内容治理的科学化发展。

一、舆情引导教学案例事件概述与舆情分析

（一）"12.1"城市大厦火灾事故

1. 事件概述

2017 年 12 月 1 日凌晨 4 时 07 分，河西区一大厦 38 层起火，导致 10 人死亡 5 人受轻伤送医救治，相关责任人员已被控制。天津消防河西支队消息

称,经核实,火灾发生位置为河西区盛捷友谊服务公寓38层,火灾于6时40分扑灭,过火面积约为300平方米,起火物为内装修材料。12月1日下午3时(事发后10小时),天津市就火灾事故举行发布会,在发布会现场,时任副市长孙文魁、河西区区长李学义就天津大火鞠躬道歉。由于此次火灾发生时间距离大兴火灾很近,且冬季防火问题突出,该事件网民反馈关联大兴火灾、京津冀一体化管理等热点议题,质疑声音持续增加。李鸿忠书记直面舆论质疑,迅速做出批示,此举得到了舆论的肯定。12月3日,初步调查结果公布后,事件热度逐步回落。

2. 舆情分析

12月1日,舆情发生后各大网络主流媒体及商业门户网站进行了转载报道,舆论关注度迅速升温。第一波高潮出现于1日12时许,@《天津日报》发布了市委书记李鸿忠赶赴现场组织处置的报道,从而引发舆论关注热潮。第二波高潮出现于1日15时许,天津火灾事故举行新闻发布会,加之前期通报称责任人被控制,市委书记李鸿忠做出指示等多个信息叠加影响,舆情热度达到峰值。第三次高潮出现于2日,火灾事故遇难者名单公布、火灾涉事公司项目负责人被带走调查、媒体披露大楼消防问题曾被举报等信息再次形成新一轮舆论聚焦。而市委书记李鸿忠就《新京报》评论文章表示肯定并做出重要批示后,事件负面舆情降温明显,有效引导舆论走向。

12月3日起,舆情热度逐步回落,@《天津日报》公布了火灾事故初步调查结果,警方依法刑拘了11名犯罪嫌疑人,事件重回舆论视线,虽个别媒体跟踪报道致舆情发展趋势呈现一定的波动,但在天津市官方媒体的有力回应和全网宣传引导下,舆情整体声量逐渐减弱,走势趋向平稳。

(二)高速收费站禁止未安装 ETC 车辆通行事件

1. 事件概述

2019 年 12 月 12 日,天津日报发布文章《天津6座高速入口实行客车全 ETC 车道》称自 12 月 15 日零时起,天津市部分收费站采用全 ETC 车道通行,禁止未安装 ETC 设备车辆进入高速公路。该文章在网络上迅速发酵,引发广泛讨论。不少网民对此表示不满,认为交通运输部门的做法与国家对相关工作部署安排不符,有强制安装 ETC 之嫌。经过整改,20 日,天津市所有高速入口至少保留 1 条混合车道,并加强秩序疏导,缓解了通行高峰期拥堵的问题。30 日,随着天津市交通运输委对相关责任人不作为乱作为问题展开问责,舆情逐渐回落。对于此类涉及公共交通出行的内容,关系群众切身利益,应当着眼风险防范,加强舆情应对机制建设,做好政策发布前的风险评估,发布后注重搜集网情民意,主动回应社会关切,消弥各类风险。

2. 舆情分析

2019 年 12 月 12 日至 12 月 31 日,全网共发现涉及"天津市部分高速收费站禁止未安装 ETC 车辆通行"事件信息共计 16000 余条,其中微博博客 4894 条,PC 端新闻 3943 篇,客户端新闻 3964 篇,微信公众号文章 1779 篇,平面媒体 96 篇,论坛贴吧 494 条,视频 20 条。总体来看,此次舆情事件先后经历了舆情爆发期、发展期、高潮期、回落期四个阶段。

(1)舆情爆发期。12 月 12 日,《天津日报》发布文章《天津 6 座高速入口实行客车全 ETC 车道》称,自 2019 年 12 月 15 日 0 时起,津滨高速公路天津站、滨海站,津蓟高速公路天津站、蓟州站,津港高速公路天津站、大港站等 6 座收费站入口将实行客车全 ETC 车道设置,不再保留客车人工收费车道。新华网、中国经济网等中央重点新闻网站和澎湃新闻网、界面新闻等商业媒体相继转载,热度逐渐攀升,舆情开始出现。

(2)舆情发展期。12 月 16 日起,网民纷纷在新浪微博发布附图、附视频帖文,反映天津市津滨高速等收费站由于取消人工收费车道,没有 ETC 的车辆需要现场办理后才能驶入高速,造成了大面积的交通拥堵。@新京报我们视频、@蓝鲸财经记者工作平台等先后在新浪微博发布视频关注此事,@新浪财经、@汽车之家等媒体纷纷跟进报道,舆情热度迅速上升。

(3)舆情高潮期。12 月 19 日,界面新闻网登载《非 ETC 车辆无法上高速?交通部要求天津整改》称,已就此事询问了交通运输部公路局 ETC 业务相关负责人,该负责人表示,经核查情况属实,正在要求天津整改。同时,界面新闻记者以市民身份对市交通运输委进行电话询问,要求保留一条人工收费通道,工作人员表示:"这是已经发布的政策,无法投诉,我们只能帮您呼吁和建议,但不会有回复,一经采纳会向社会公布。"从而引发舆论热议,舆情持续保持高位运行。20日,天津交通运输委官方发布《天津市取消高速公路省界收费站工作全面进入全流程测试阶段》侧面回应称,全市包括津滨、津蓟、津港在内的所有高速公路入口均按要求至少保留了1条混合车道供未办理ETC业务车辆驶入。21日,人民日报发布评论员文章《推广ETC,别以"便捷"的名义添堵》称,各地执行部门应照一照镜子,既查缺补漏,也防止乱作为。同时,监管部门也有责任加强督查,防范"好经被念歪",叫停侵犯车主合法权益的现象,让老百姓回家的路更顺畅。22日—29日,央视新闻、南国早报客户端及部分网民也曝光百色、玉林、贵港、北海、来宾等地"将办理ETC与车辆年检挂钩",围绕多地相继出现强制推广ETC的现象,呼吁推行ETC不能"一刀切"。

(4)舆情回落期。12月30日,《天津日报》刊发《市交委系统两处长被严肃问责,受到免职处理》称,天津市交通运输委在推动本市高速公路ETC发行工作中,因有关干部不作为、乱作为,导致部分高速公路收费站入口车辆大量拥堵,给群众出行带来严重不便。市委有关部门责令市交通运输委党委,对2名相关责任人不作为、乱作为问题进行严肃问责。问责的相关新闻一经发布,舆情逐渐回落至低位。

(三)天津市出租车调价事件

1.事件概述

2019年11月,市政府新闻办召开新闻发布会公布天津出租车将调整运价,"天津市出租车调价"话题步入公众视野。12月1日,出租车运价正式调整,随着市民体验到出行价格的切实变化,网上相关话题热度也逐渐走高。通过市委网信办前期深入分析舆情潜在风险点并提出应对建议,市交通运输委对出租车行业违规运营行为的整治与曝光,本地媒体发挥矩阵优势推出出租车行业的正面报道,全面提升民众对出租车调价的理解及对行业服务质量的信心,民众对出租车行业整治成效给予肯定,网民关注由"涨价"向"提质"过渡,舆论场重归理性客观。天津市出租车调价事件的舆情经过证明,要谋定而后动、信息透明的同时注重线上线下并举,以此来有效化解舆情。

2.舆情分析

2019年11月,市政府新闻办召开新闻发布会公布天津出租车将调整运价开始引发"调价"舆情,从整体上看,该事件舆情发展态势历经发生期、发展期、爆发期、缓慢回落期四个时期。

(1)舆情发生期。11月25日,天津市人民政府新闻办公室召开新闻发布会,公布天津将于2019年12月1日起调整出租车基本运价,同时执行新的运价与燃料价格联动机制。媒体报道主要集中在对调价政策进行详细解读,如调整基本运价方面包括适度提高起步价和车公里运价、优化低速等候费、优化空驶费、增设夜间附加费。网民关注出租车调价相关信息,舆情热度小幅升温。"天津交通运输"微信公众号连续发布《天津市客运出租汽车驾驶员运营服务文明行为规范及负面行为清单》《出租汽车调新价文明服务展新姿》等文章,向广大乘客展现出租车行业文明服务新面貌。

(2)舆情发展期。11月30日,新浪微博@花鑫儿87123网民发布附图帖文称,"今天是11月30日,打车的发票和价格已经按照12月1日的执行了?"所附图片显示为一张12月1日调价后的出租车收费发票。随后,@天津交通运输官方微博发文回应称:目前正处于全市出租车价格调整测试期,市道路运输局已先后发现6部出租车因计价器时间不准,导致新的运价文件提前激活。相关车辆已停止运营并完成维修调试。津云发挥本地新媒体矩阵优势发文《还没到日子出租车就涨价了? 相关部门:6部出租车计价时间不准,已停运维修》,网民情绪得到平息。

(3)舆情爆发期。12月1日,出租车价格正式调整,随后市民乘坐出租车切实感受到价格较调价前有较大变化,促使话题讨论热度不断升温,助推舆情热度达到峰值。部分网民认为,出租车调价幅度较大,一时间难以接受。同时也有网民认为出租车调价符合市场规律,是出租车行业的一个重大利好消息,对调价表示认可,并认为涨价不会影响人们的出行选择。津云发布《调价后更好打车了吗? 记者在这些点位发现:违规收费、黑车趴活的现象还有……》,通过实地走访与朋友圈讨论的方式,将出租车调价话题转向部分出租车乱象问题。由于网上宣传引导工作有序进行,出租车调价话题虽热度较高,但舆论声音整体较为理性客观。

（4）舆情缓慢回落期。随着民众对出租车调价的逐渐适应,官方权威声音及正面稿件持续发布,舆论关注重点已从对"涨价"本身的讨论转移至对出租车服务态度和乘车环境、网约车企业政策变动、相关部门解决乘客实际问题等方面,网民集中讨论出租车服务质量。随着市交通运输委进一步公开出租车行业不文明不规范行为整治情况,加大对社会的曝光力度,解除大众的疑虑,全面提升出租车行业整体水平,出租车涨价相关话题逐步淡出舆论场。

二、舆情引导教学案例教学设计与教学实施

（一）适应班次:厅局级干部进修班级、厅局级后备干部班、年轻干部培训班、县处级干部任职班、新闻工作专题班

（二）教学设计

1. 教学总时长

课程所需要的总时长约 3 小时:其中教师讲授网络生态环境、领导干部媒介素养等基本理论并布置每小组任务 50 分钟,小组依据案例提供的信息进行分析、思考、研讨 40 分钟,全班互动 50 分钟,教师对教学全过程做出点评,对案例涉及的问题进行理论分析最终提炼 40 分钟。

2. 教学流程及要求

第一阶段:教师就网络生态环境、领导干部媒介素养相关理论和总体要求进行讲述;第二阶段:分组进行案例分析,研讨网络舆情回应过程中应把握的原则和策略。第三阶段:全班互动,每组代表发言,其他小组可补充、质疑和提问。第四阶段:由教师针对全班互动进行指导点评,梳理总结出所有案例共性的规律。

三、提高舆情引导能力的路向

（一）做好政策发布前期的风险评估工作，防患于未然

凡事预则立，不预则废。一些民生政策与民众生活息息相关，通常会受到广泛关注，也容易引发舆情事件。要在相关政策发布前对各种风险源进行全面的分析研判，对各种可能发生的风险及其原因做到心中有数，将可能出现的舆情风险点及时扼杀在摇篮里，避免舆情的扩散和发酵带来的负面影响。"高速收费站禁止未安装 ETC 车辆通行事件"案例中舆情事件的发生与政府政策发布直接相关，但由于政策发布前没有进行风险评估，继而引发了舆情事件，带来了负面影响。而在"天津市出租车调价事件"案例中做到了提前谋划、深入分析，找准舆情潜在风险点。为做好"出租汽车调价"相关网上舆情应对和保障工作，天津市委网信办按照出租车调价的内容和特点，借助大数据比对和专家综合研判的方式制定风险评估报告，对潜在舆情风险进行比对和研判，梳理潜在舆情风险点。根据潜在风险，协调相关部门加强前期政策解读，规避容易形成舆情炒点的敏感词，同时政策正式实施前加大行业监管力度，监控舆情苗头，做好线下相关工作，确保了舆情平稳过渡。

（二）坚持"线上舆情，线下解决"的处置原则

网络舆情往往看似发生在线上，而实则根源在线下。因此，网络舆情的引导既需要完善线上的处理技巧，更需要线下问题的圆满解决，舆情失去了存在的根基，平息也就顺理成章。在"天津市出租车调价事件"案例中，为有效整治出租汽车行业违规运营行为，市交通运输委通过一系列举措切实提升出租车行业服务整体水平。市交通运输委先后组织出租车文明服务推动会等活动，邀请先进驾驶员代表提出服务倡议，出台出租汽车行业《文明行为规范》《负面行为清单》等相关文件。通过对违规运营行为的整治与曝光，提升了民众对出租车调价的支持度。在"高速收费站禁止未安装 ETC 车辆通行事件"案例中，天津市交通运输委通过增设混合通行车道、增派人员维持通行秩序、调试 ETC 通行设备等举措，多管齐下及时回应网民线上关切，确保了未安装 ETC 的车辆能够顺利通行有效解决了高速路进出口交通拥堵问题,线下问题的顺利解决,有效平息了网络舆情。在"'12.1'城市大厦火灾事故"案例中,第一时间通报调查结论回应舆论焦点,线上线下联动处置,一方面积极解决问题,排除隐患;另一方面,线下情况,线上通报,官方发布不缺位,第一时间对社会公布权威信息,说清我们正在开展的工作和取得的进展,对于未调查清的情况可以采取分段式回应的方式,压缩负面信息和谣言信息传播的空间。

(三)专项整治类工作要避免一刀切

通过"'12.1'城市大厦火灾事故"案例和"天津市出租车调价事件"案例,不难总结出,舆情处置中一定要注意防范不合理要求造成的舆情反弹,要注意工作的方式方法,粗暴简单的政策往往是舆情发酵的"助燃剂",有关部门要不断换位思考,预判网民和相关利益群体可能发生的反应,在制定政策时,全盘考虑潜在风险点和出血点,提前布局引导,防止引发关联炒作。

后　记

　　干部教育培训是建设高素质干部队伍的先导性、基础性、战略性工程，是加强党的执政能力建设和先进性建设的重要途径，是一项为增强综合国力服务的基础性工作，也是党和政府人力资源开发的一个重要组成部分。为进一步强化习近平新时代中国特色社会主义思想在干部教育培训内容中的核心地位，提升干部教育培训实效性，适应天津市干部培训的需求，天津哲学社会科学工作领导小组办公室于 2020 年 8 月立项重点课题"天津市领导干部学习习近平新时代中国特色社会主义思想教育培训时效性研究"，本书作为此课题的最终成果。本书对干部教育培训中案例教学法的运用进行理论与实践研究，集中展示了以习近平新时代中国特色社会主义思想为核心教学内容，以案例教学法为主要教学形式的干部教育培训教学案例的实施过程和教学效果。

　　本书的撰写得到天津市委党校各级领导和课题组成员的大力支持。参与撰写的老师还有市委党校社会学教研部副教授沈莘、滨海新区党校高级讲师邵娜、市委党校社会学教研部副研究员杜敏，课题负责人王伟华最终修改、完善、统稿。

　　本书在撰写过程中主要参考书目有：周文彰《效果是硬道理》、晓山《干部教育培训工作二十六讲》、刘炳香《领导干部案例教学与执政案例》、王彩平《领导干部如何与媒体打交道》、中组部《贯彻落实习近平新时代中国特色社会主义思想在改革发展稳定中攻坚克难案例》等。

　　目前，相关党内法规和政策都明确要求在干部教育培训中加大案例教学力度，这样的刚性要求强化了干部教育培训案例教学研究成果的必需性。但当前市场中，以此为选题的专著并不多见，近似选题的图书仅有两类，一类是基础教育案例教学类,另一类干部教育培训类。这一方面彰显本书的重要价值,另一方面也决定了本书会有诸多不足。真诚希望各级领导干部及干部培训业内同行提出宝贵意见和建议,共同提高习近平新时代中国特色社会主义思想干部教育培训的时效性和针对性。

王伟华

2021 年 7 月于天津市委党校